**Lacan e Lévi-Strauss
ou o retorno a Freud**

Sujeito e História
Organização de Joel Birman

A coleção Sujeito e História tem caráter interdisciplinar. As obras nela incluídas estabelecem um diálogo vivo entre a psicanálise e as demais ciências humanas, buscando compreender o sujeito nas suas dimensões histórica, política e social.

Títulos publicados:

A crueldade melancólica, Jacques Hassoun
A psicanálise e o feminino, Regina Neri
Arquivos do mal-estar e da resistência, Joel Birman
Cadernos sobre o mal, Joel Birman
Cartão-postal, Jacques Derrida
Deleuze e a psicanálise, Monique David-Ménard
Foucault, Paul Veyne
Gramáticas do erotismo, Joel Birman
Lacan com Derrida, René Major
Mal-estar na atualidade, Joel Birman
Metamorfoses entre o sexual e o social, Carlos Augusto Peixoto Jr.
Manifesto pela psicanálise, Erik Porge, Franck Chaumon, Guy Lérès, Michel Plon, Pierre Bruno e Sophie Aouillé
O aberto, Giorgio Agamben
O desejo frio, Michel Tort
O olhar do poder, Maria Izabel O. Szpacenkopf
O sujeito na contemporaneidade, Joel Birman
Ousar rir, Daniel Kupermann
Problemas de gênero, Judith Butler
Rumo equivocado, Elisabeth Badinter

Markos Zafiropoulos

Lacan e Lévi-Strauss ou o retorno a Freud

(1951–1957)

Tradução de
Clóvis Marques

Revisão técnica de
João Rocha

2ª edição

Rio de Janeiro
2022

Copyright © Presses Universitaires de France, 2003
Copyright da tradução © Civilização Brasileira, 2018

Título original: *Lacan et Lévi-Strauss ou le retour à Freud, 1951–1957*, by Markos Zafiropoulos (Philosophie d'aujourd'hui, 2003)

CIP-BRASIL. CATALOGAÇÃO NA PUBLICAÇÃO
SINDICATO NACIONAL DOS EDITORES DE LIVROS, RJ

Zafiropoulos, Markos
Z22L   Lacan e Lévi-Strauss ou o retorno a Freud (1951-1957) / 2ª ed. Markos Zafiropoulos; tradução Clóvis Marques. – 2ª ed. – Rio de Janeiro: Civilização Brasileira, 2022.
384 p. : il.

Tradução de: *Lacan et Lévi-Strauss ou le retour à Freud (1951-1957)*
ISBN 978-85-200-1262-8
1. Lacan, Jacques, 1901-1981. 2. Lévi-Strauss, Claude, 1908-2009. 3. Freud, Sigmund, 1856-1939. 4. Psicanálise e cultura. 5. Psicanalistas – História – Séc. XX. 6. Psicanálise. I. Título.

16-37522   CDD: 150.195
                                    CDU: 159.964.2

Todos os direitos reservados. É proibido reproduzir, armazenar ou transmitir partes deste livro, através de quaisquer meios, sem prévia autorização por escrito.

Texto revisado segundo o novo Acordo Ortográfico da Língua Portuguesa.

Direitos exclusivos desta tradução adquiridos pela
EDITORA CIVILIZAÇÃO BRASILEIRA
Um selo da
EDITORA JOSÉ OLYMPIO LTDA.
Rua Argentina, 171 – Rio de Janeiro, RJ – 20921-380 –
Tel.: (21) 2585-2000

Seja um leitor preferencial Record.
Cadastre-se no site www.record.com.br
e receba informações sobre nossos
lançamentos e nossas promoções.

Atendimento e venda direta ao leitor:
sac@record.com.br

Impresso no Brasil
2022

Aviso aos leitores e agradecimentos

Ao professor Claude Lévi-Strauss

Devo, antes de mais nada, registrar minha gratidão ao professor Claude Lévi-Strauss pelo tempo que disponibilizou para a leitura deste manuscrito, que lhe foi enviado, já que fazia parte da própria publicação. Não se trata apenas, com efeito, de uma nova contribuição à arqueologia do pensamento lacaniano com este *Lacan e Lévi-Strauss*, mas de uma análise do *retorno a Freud* de Lacan, com o objetivo de esclarecer tudo o que esse movimento que revolucionou a história do campo psicanalítico deve à obra de Lévi-Strauss. Nessa perspectiva, queríamos finalmente chamar a atenção para a importância dessa dívida, cujo valor é recalcado, em grande medida, no campo psicanalítico, embora se equipare à metamorfose introduzida na transmissão da psicanálise por ess*e retorno*.

Reconhecer, assim, o que cabe a Lévi-Strauss na herança de Lacan não significa honrar uma dívida, mas simplesmente reconhecê-la e, por isso mesmo, avançar na análise de uma filiação da qual depende, para muitos psicanalistas, a abordagem clínica do sintoma em seu momento singular ou coletivo.

Desse ponto de vista, as *filiações imaginárias* – como as designava L. Althusser – não são muito recomendáveis.

Mas o que realmente determina a eficácia simbólica do reconhecimento de uma dívida é, sem dúvida, que ela tenha sido aceita como tal pelo credor, ainda mais se ele de fato não sabia que tinha tantos devedores.

"Graças às suas muitas citações, li mais Lacan que nunca", disse-nos C. Lévi-Strauss após a leitura deste manuscrito, acrescentando: "Só posso acreditar que de fato o influenciei, já que ele mesmo declarou isso várias vezes nos textos por mim desconhecidos e que você me trouxe ao conhecimento."

Se reproduzimos essas linhas de uma correspondência privada, não é para forçar a confidência e a interpretação das obras, que se bastam por si mesmas, mas, pelo contrário, para que tentemos reduzir e precisar o campo das interpretações.

A pena de Lévi-Strauss não indica uma concordância finalmente percebida entre a sua obra e o pensamento de Lacan – pois este, na sua própria expressão, "lhe permanece hermético" –, limitando-se a acusar o recebimento de nosso manuscrito ou de nossa mensagem, que lhe permite tomar conhecimento do lugar ocupado por sua obra no pensamento lacaniano e, ao mesmo tempo, no campo psicanalítico, o que até então não lhe parecia claro.

Mais uma vez, no entanto, devemos ser precisos: reconhecer não significa aprovar nem desaprovar.

Se por um lado é necessário distinguir aqui, então, entre o regime do reconhecimento e o da avaliação científica, o fato é que o acontecimento ilustra muito bem, em compensação, a formulação que associa a obra de Lacan à de Lévi-Strauss, como veremos, numa espécie de musicalidade familiar a Lacan e não totalmente estranha aos ouvidos do etnólogo: *o emissor recebe do receptor sua própria mensagem de uma forma invertida...*

Outros agradecimentos

Agradeço também ao sr. Alain Delrieu que se dispôs a fazer uma leitura extremamente atenta deste manuscrito, o qual será enriquecido se lido paralelamente com as teses que ele apresenta em sua própria obra *Lévi-Strauss lecteur de Freud* [*Lévi-Strauss, leitor de Freud*] (col. "Psychanalyse et pratiques sociales", Paris, Anthropos/Economica, 1999); assim como agradeço à sra. Claudine Guitton, ao sr. René Sarfati e, de maneira geral, a todos que me ajudaram na elaboração deste texto.

Abreviaturas

As referências aos Livros do Seminário de Lacan aparecem neste trabalho com a abreviatura L, seguida do número do livro e da página ou das páginas em algarismos arábicos correspondentes à edição do Seminário publicada por Le Seuil; (L I, 40-41), por exemplo, remete às páginas 40 e 41 do livro I do seminário *Les Écrits techniques de Freud*, Paris, Le Seuil, 1975. [No

Brasil, *Os escritos técnicos de Freud*, Rio de Janeiro, Zahar, 1986.]*

As referências aos *Écrits* [*Escritos*] de Lacan serão feitas seguindo o mesmo modelo. (*E*, 6)

O mesmo acontecerá nas referências aos dois volumes da *Anthropologie structurale* [*Antropologia estrutural*] de Lévi-Strauss, indicadas, por exemplo, como (*AS* I, 40) para o primeiro volume da *Antropologia estrutural*.

---

* As citações aos seminários foram traduzidas livremente, a partir das citações publicadas na edição original deste livro. Portanto, as indicações de páginas remetem aos seminários publicados pela Le Seuil. [*N. da E.*]

Sumário

Introdução	13
O jovem Lacan	13
Os desvios de Freud	17
O retorno a Freud	21
Nosso método	23
A excomunhão	25
A cisão de 1953	27
Lacan e Lévi-Strauss	29
Situação de nossas pesquisas	31

1. A transcendência do imaginário pelo simbólico ou o estádio do espelho relido com a função simbólica dos antropólogos — 41

I. A técnica de Freud, a transferência de Lacan a Freud e a resistência dos pós-freudianos — 46
  A técnica de Freud — 46
  A transferência de Lacan a Freud — 54
  A resistência dos pós-freudianos a Freud — 61
  A culpa de Anna — 73
  Do complexo de Édipo à tríade imaginário, simbólico e real — 78

II. A eficácia simbólica: de Anna Freud a Claude Lévi-Strauss — 83
  A cura segundo Lévi-Strauss — 84
  O inconsciente de Lévi-Strauss e o de Freud: o social e o indivíduo — 94

III. Do estádio do espelho ao buquê invertido 100
*Do estádio do espelho ao buquê: Lacan, Freud
e Lévi-Strauss* 100
O lobo: a mãe ou o totem? Senhora! O lobo! 110
Do buquê à coisa, ou a invenção do eu 115
*Da natureza à cultura: do estádio do espelho
ao buquê invertido* 120
Retorno a Freud com Lévi-Strauss 128
A transcendência do eu e o regime simbólico do sintoma 139

2. O sujeito recebe do Outro a própria mensagem
de uma forma invertida: a investigação 167

I. Intervenção sobre a transferência (1951) 174
O caso Dora ou a dialética de Freud 174
Dora ou o emblema da condição feminina 181

II. A coisa freudiana ou sentido do retorno a Freud
em psicanálise (7 de novembro de 1955) 190
A renegação de Freud ou a rejeição da história e dos mitos 191
A causalidade subjetiva do mal-estar dos grupos 195
As bases teóricas de 1955 197
O anúncio feito ao grupo 202

III. O ano de 1953 206
A cisão 206
Carta de Lacan a Loewenstein 213
Os processos de Praga 217
A passagem 222

IV. O "Discurso de Roma": *Função e campo da fala
e da linguagem em psicanálise* ou o testemunho
de um passe (setembro de 1953) 224
*Palavra vazia e palavra plena na realização psicanalítica
do sujeito* 226

*Símbolo e linguagem como estrutura e limite do campo
psicanalítico* 229
*As ressonâncias da interpretação e o tempo do sujeito
na técnica psicanalítica* 256

3. O *Nome-do-Pai*, a psicose e a fobia 277

I. Do Homem dos Ratos ao Pequeno Hans: a questão
do *Nome-do-Pai* 278

II. As formas institucionais de tipo zero segundo Lévi-
-Strauss e o diálogo Lacan/Lévi-Strauss de 1956 288

III. A relação de objeto: *Livro IV do Seminário*,
1956–1957 303
Pergunta a Lévi-Strauss 306
A fobia como solução 309
A fobia como equivalente da metáfora paterna 318
O mito do pai morto e suas suplências 322

Conclusão 335
A *doxa*: seus ideais e o recalque de Lévi-Strauss 335
O ponto de vista de Louis Althusser 344
O essencial: o ponto de vista de Lacan 353
Obrigado a Lévi-Strauss 356

Posfácio 365
A descompletude do mundo 365
A falta no Outro 367
Lacan, crítico de Lévi-Strauss 370
O excomungado sublime 371

Bibliografia 379

Introdução

Então, para que comentar? Sim, para quê? Mas esse "para quê?" também é ele próprio supérfluo: quer a consideremos inútil ou perigosa, da necessidade de repetir não se pode esquivar.

Maurice Blanchot, *De Kafka a Kafka*

Comentar um texto é como fazer uma análise.

Jacques Lacan, *O Seminário, Livro I*

O jovem Lacan

Em nosso trabalho anterior, *Lacan et les sciences sociales: le déclin du père (1938-1953)*[1] [Lacan e as ciências sociais: o declínio do pai (1938-1953)], assinalamos:

1. Que muito cedo se manifesta em Lacan a elaboração de uma antropologia distinta da antropologia freudiana.

2. Que essa antropologia lacaniana de maneira inicial assenta suas bases na antropologia durkheimiana da família.

3. Que a situação do grupo familiar, sua composição, sua inserção social, o valor social nele encontrado por seu chefe, o pai de família, determinam, segundo o Lacan da época, as vicissitudes sintomáticas e mesmo as catástrofes estruturais de uma maturação subjetiva que se desenvolveria sob o primado dos três complexos

seguintes: complexo de desmame, complexo de intrusão, complexo de Édipo.

Tratemos de desenvolver rapidamente:

1. Nessa perspectiva, o complexo de desmame – polarizado pela "imago materna" necessária para a sobrevivência da criança ainda na descoordenação motora, no "despedaçamento do corpo" e sua angústia correspondente – domina os seis primeiros meses do sujeito.

2. O complexo de intrusão (de seis a dezoito meses), dominado pela imago do semelhante (a imago do irmão), oferece ao sujeito a imagem unificadora de um corpo próprio – que lhe chega, portanto, do outro e espelhada, para fundar uma imagem ideal dele próprio, ou seja, a imagem do seu eu ideal – e constitui a solução do complexo de desmame.

Esse complexo de intrusão se caracteriza, ao mesmo tempo, pelo júbilo experimentado pelo sujeito diante do espelho quando finalmente se dá conta da unidade, mas também se caracteriza, numa contrapartida mórbida, pela grave ameaça de captura narcísica, da qual o complexo de Édipo permitiria sair.

3. O complexo de Édipo, por sua vez, é dominado pela imago paterna, ou ainda por essa imagem do "estranho" na família que supostamente introduz, enfim, o sujeito na alteridade, no ideal do eu e nas trocas sociais.

Quando o sujeito, escrevia Lacan em 1938, é criado num grupo familiar incompleto, vale dizer, sem pai, há chances de ocorrer uma estagnação no registro narcísico no plano da:

INTRODUÇÃO

- "estrutura libidinal", vale dizer, no plano do investimento da libido no próprio corpo, mas, também,
- no plano da "... estrutura mental no sentido pleno do mito de Narciso; esse sentido indica a morte – a insuficiência vital da qual saiu esse mundo –, ou a reflexão especular – a imago do duplo que lhe é central –, ou a ilusão da imagem – esse mundo, veremos, não contém Outro".[2]

Esse mundo sem pai é, portanto, um mundo sem Outro.

"A clínica mostra que, de fato, o grupo assim incompleto é muito favorável à eclosão das psicoses e que nele vamos encontrar a maioria dos delírios a dois", escreve Lacan.[3]

No ambiente mórbido de um mundo sem pai, proliferariam, assim, as psicoses, mas também um conjunto impressionante de patologias que convém distribuir segundo o momento de fixação, que impede o desenvolvimento normalizador mencionado acima – e que levaria o sujeito do complexo de desmame ao complexo de intrusão, até culminar na solução edipiana.

1. Quando há fixação no complexo de desmame, dominado pela imago materna cuja sedução é mortífera, vale dizer, quando domina, segundo o Lacan de 1938, "o instinto de morte" (ou o abandono da mãe), podem se manifestar:

- a greve de fome da anorexia mental;
- o envenenamento lento de certas toxicomanias pela boca;

LACAN E LÉVI-STRAUSS OU O RETORNO A FREUD

- o regime de fome das neuroses gástricas;
- suicídios não violentos.

2. Quando há fixação no complexo de intrusão, dominado pela imago do semelhante, assistiremos à proliferação das psicoses, dos delírios a dois, mas também à escolha de objeto homossexual, ao fetichismo sexual ou à neurose hipocondríaca.

O complexo de Édipo encontra várias versões no Lacan de então:

a) o complexo de Édipo "em bom estado de funcionamento", ou seja, o de antes da "crise vienense", em que a idealização do pai é considerada suficiente para tirar *in fine* o sujeito da viscosidade do apego doentio à mãe;

b) o complexo de Édipo contemporâneo da crise psicológica dos filhos da Viena do fim do século (XIX), herdando apenas – segundo Lacan – uma imago paterna em declínio, declínio que acarreta uma primeira degradação do Édipo e desemboca num apego excessivo à mãe, não compensado pela idealização da figura paterna;

Donde o surgimento das neuroses do "fim do século" (neurose obsessiva, histeria etc.) e a descoberta do Édipo nessa forma degradada, por Sigmund Freud – "um filho do patriarcado judeu"[4] –, logo, a invenção da psicanálise também;

c) a versão de 1938 do complexo de Édipo, caracterizada por um agravamento da falência paterna (o pai

INTRODUÇÃO

humilhado) e o surgimento correlativo da "grande neurose contemporânea", diagnosticada pelo Lacan de então, com seu núcleo subjetivo, expressando-se nas neuroses de fracasso, nas neuroses de destino e em certos suicídios;

d) essa versão de 1938 do Édipo antecipa, na escrita de Lacan, a de 1950,[5] cujos traços se obscurecem ainda mais, pois identificamos aí um novo agravamento do declínio da imago paterna – degradando um pouco mais o complexo de Édipo – e o enfraquecimento das capacidades de identificação das famílias, deixando seus filhos às voltas com o ponto subjetivo da sua neurose e, muito mais dolorosa ainda, a morbidade socioclínica das psicopatias.

Nessa teoria dos anos 1938-1950, o sintoma depende do que enfim Lacan chamaria claramente de "condições sociais do edipismo",[6] em 1950, constituindo o eixo de uma teoria da maturação subjetiva, que gira essencialmente em torno da imago paterna, imago cujo valor de estruturação está diretamente relacionado ao valor social do pai de família e, em seguida, à integração social da própria família.

Os desvios de Freud

Essa posição teórica não é freudiana, pois, para Freud, o valor do pai inconsciente não se discute, e o complexo de Édipo é algo universal.

LACAN E LÉVI-STRAUSS OU O RETORNO A FREUD

Durante todo esse período, no entanto, Lacan – embora já fosse um psicanalista competente – não era freudiano numa série de pontos fundamentais da doutrina, entre eles: a universalidade do Édipo, o primado do pai no complexo de castração e, por conseguinte, na formação da lei, mas também a teoria freudiana do narcisismo primário, a formação do supereu, do ideal do eu etc.

Em compensação, tomando de empréstimo a sociologia de Durkheim[7] e de Marcel Mauss, os etnólogos americanos (Malinowski,[8] Benedict,[9] Mead...[10]), as pesquisas de alguns pós-freudianos, à frente deles Melanie Klein,[11] e também os trabalhos de Henri Wallon[12] ou L. Bolk, Lacan buscou soluções para o que não o satisfazia no *corpus* freudiano. Ele se reapropria da teoria do estádio do espelho[13] e a repensa nesse período, inventa as condições sociais do edipismo,[14] mas também uma teoria do supereu absolutamente inédita – invenções que permitiriam a análise das vicissitudes clínicas de sujeição do ser à lei e, também, de maneira mais fundamental, a resolução do enigma antropológico da passagem da natureza à cultura.[15]

Se, de 1938 a 1950, Jacques Lacan adota considerável desvio da doutrina freudiana, isto não o torna, naturalmente, não freudiano. Suas pesquisas visam resolver aqueles que lhe parecem "problemas cruciais" da clínica do sujeito, mas também, e no mesmo movimento, problemas da clínica do social, vale dizer, os "problemas cruciais da psicanálise".[16]

Esse engajamento numa investigação para esclarecer as formações sociais – e mesmo a emergência da história – e

INTRODUÇÃO

as formações do inconsciente, subjetivamente apresentadas sob a forma de uma queixa individual sintomática, é exatamente a epistemologia freudiana.

Para fins de esclarecimento, cabe reiterar que nesse período de 1938 a 1950 Lacan é, sem dúvida, absolutamente freudiano quanto à origem, ao cerne e à fonte de sua *démarche*, embora não o seja numa série de conceitos, que ele tem a honestidade de dizer que não combinam com o seu ponto de vista sobre a coisa (freudiana).

É fato que durante o seu "momento durkheimiano" Lacan promoveu um relativismo sócio-histórico da estruturação subjetiva, que ia de encontro ao universalismo de Freud, assim como também trabalhou – em meio à indiferença generalizada e à cegueira dos psicanalistas e dos etnólogos – para o esclarecimento do enigma antropológico mais importante, o da passagem da natureza à cultura.

Alguns comentadores do nosso primeiro trabalho sustentaram que promovíamos uma leitura "sociológica" de Lacan, outros ficaram embaraçados com nossas observações, chamando a atenção para tudo que separava Lacan de Freud no seu momento durkheimiano, enquanto outros, finalmente, se mostraram chocados com a ideia de que o diagnóstico do pai humilhado tivesse fontes sociológicas e também fontes maurasso-claudelianas,* não fazendo objeções a um recurso ao pai político-religioso incompatível com a ética freudiana.

O certo é que endossar nosso ponto de vista sobre o estado desses espaços teóricos redunda em desenvolver uma

---

* Referência a André Maurois e a Paul Claudel. [*N. da E.*]

arqueologia crítica do *corpus* de Lacan, chamar a atenção para tudo aquilo que sua antropologia e suas investigações clínicas devem aos pesquisadores das ciências sociais da sua época, avaliar aquilo que, nas suas buscas, parece hoje obsoleto, para, enfim, deixá-lo decididamente para trás.

Cabe, portanto, reiterar:

- Sim, a teoria durkheimiana da contração familiar e, portanto, o seu prolongamento clínico do declínio da imago paterna é cientificamente obsoleta.
- Sim, é necessário conhecer a lei da contração familiar, inventada pelo jovem Durkheim em 1892 (quando tinha 34 anos), para entender a teoria do jovem Lacan (então com 37 anos) sobre o declínio da imago paterna, a degradação do Édipo e, com isso, a descoberta da psicanálise, a estruturação das neuroses e sua evolução histórica entre 1938 e 1950.
- Sim, é preciso conhecer as investigações da Escola de Cambridge, assim como as que as confirmaram e prolongaram nos planos histórico e etnológico, para que nos libertemos do que deve ser chamado de teoria infantil do declínio do pai, que dificulta a análise de tudo aquilo de que supostamente devia dar conta.[17]
- Sim, Lacan abandonou suas referências durkheimianas e sua teoria da imago paterna (e do seu declínio) em 1950.
- Não, não podemos mais usar essa teoria para dar conta da descoberta da psicanálise ou do mal-estar moderno.

INTRODUÇÃO

- Sim, até 1950, numa série de conceitos fundamentais da psicanálise, Lacan tinha divergências importantes com o *corpus* freudiano; e, sim, não querer (ou não poder) perceber esse desvio é impedir-se de compreender o que constitui o ponto de origem das suas investigações, como também o que distingue o próprio texto do texto freudiano, seu desejo de analista do desejo de Freud e, portanto, para terminar, é impedir-se de compreender as molas propulsoras mais poderosas do seu retorno ao texto do pai morto da psicanálise.

Se por devoção transferencial se imagina um Lacan freudiano "desde sempre", como dar conta da necessidade epistemológica do seu retorno a Freud?

O retorno a Freud

Mencionamos os desvios do texto de Lacan em relação ao de Freud para elucidar com precisão esses caminhos do retorno a Freud e não utilizar diretamente o conceito de recalque dos fragmentos do texto freudiano rejeitados por Lacan, muito embora o registro analítico requeira pensar o retorno (do recalcado) como o próprio recalcado. O retorno de Lacan a Freud acaso deveria ser analisado como um movimento determinado pela volta do que fora, até ele, recalcado pelos herdeiros de Freud, da palavra do pai?

É o que veremos.

LACAN E LÉVI-STRAUSS OU O RETORNO A FREUD

Entretanto, transformar esse retorno numa simples questão institucional redundaria numa cegueira "sociologista" nada recomendável, exatamente como não recomendamos a ninguém que leia Lacan estagnado na ignorância de seus referenciais antropológicos, quer se trate de Durkheim no período de 1938-1950 ou dos trabalhos de Lévi-Strauss – cuja influência sobre as pesquisas de Lacan retornando a Freud se torna imensa a partir de 1951.

No que diz respeito ao conceito de "pai" (conceito central da psicanálise), indicamos rapidamente, no nosso primeiro trabalho, o que a invenção lacaniana do *Nome--do-Pai* devia à leitura de Lévi-Strauss. Cabe agora voltar a atenção talvez não para tudo aquilo que, nas pesquisas de Lacan, se relaciona à influência de Lévi-Strauss, mas pelo menos para o que, no seu retorno a Freud, não pode ser entendido sem perceber o que, nesse movimento, decorre de uma transferência de saber entre o campo antropológico e o campo psicanalítico.

Vamos, então, abordar o conceito de transferência?

Sim, pois esse retorno a Freud trata, antes de mais nada, de uma retificação subjetiva da posição lacaniana em relação ao saber, e, antes de tudo, ao saber de Freud.

É preciso deixar clara a nossa linha de investigação.

Se queremos, desta vez, decifrar o momento específico desse *retorno a Freud* (depois do seu momento durkheimiano), o fazemos após ter demonstrado o que até então separava Lacan do pai morto da psicanálise (especialmente na questão do pai), para já agora esclarecer a sua retificação transferencial a Freud, retificação que

INTRODUÇÃO

consideramos o acontecimento de destaque nesse retorno sobre qualquer outra apreciação, mas também demonstrar o que nesse retorno se relaciona à transferência de Lacan a Lévi-Strauss.

A tese deste trabalho é simples: o retorno de Lacan a Freud se faz pelo caminho de Lévi-Strauss.

Não pretendemos aqui avaliar se esse retorno se justificava, mas simplesmente, o que já é muito, retraçar seu itinerário e estabelecer sua cartografia teórica e clínica.

Nosso método

No que diz respeito ao método, cabe desde logo indicar que, por uma questão de clareza e por respeito ao que domina o movimento de Lacan, optamos por expor nossa decifração do retorno a Freud, lembrando antes de mais nada de que maneira, já na inauguração do seminário lacaniano, ele se situa no cerne da experiência analítica, interrogando *Les Écrits techniques de Freud*, sintagma que forma o título do primeiro livro do seu ensino[18] e demonstra sua preocupação propriamente clínica.

Para nossos leitores, pouco ou nada familiarizados com o *corpus* psicanalítico, apresentaremos os fragmentos do texto freudiano comentados por Lacan antes mesmo da nossa leitura do seminário quando se tratar de elementos que permitam estabelecer a diferença entre o que ele indica a respeito da direção da cura e o que, a esse respeito, dizem os pós-freudianos por ele criticados.

O leitor, assim, poderá julgar por si mesmo.

Esse ponto é importante, pois se o retorno a Freud é antes de mais nada o de Lacan, também o é dos analistas franceses que seguiram sua leitura crítica dos textos freudianos naquele momento e mesmo de outros analistas anglo-saxões (Fenichel,[19] Anna Freud,[20] Annie Reich[21]), cujas pesquisas estavam então polarizadas quanto à questão crucial das resistências, com uma concepção teórica do eu influenciando fortemente o manejo transferencial dessa formação psíquica.

Caberia fazer uma aliança com o eu ou, pelo contrário, considerá-lo como o lugar da ilusão e a mola propulsora do recalque?

O que é a resistência à análise?

Quem resiste?

Qual técnica e, mesmo, qual autoridade seria o caso de mobilizar para se garantir o progresso da cura etc.?

São questões tratadas no texto freudiano, mas também retomadas pelos pós-freudianos numa espécie de leitura cujos desvios Lacan pretende mostrar no seu seminário.

Desse ponto de vista, a posição lacaniana deve ser claramente percebida, pois se foi o fato de ter avaliado seus desvios em relação a Freud (fundamento daquilo que chamamos de sua honestidade) o que permitiu a análise destes pelo próprio Lacan, e, portanto, seu retorno aos textos, devemos entender também que foi analisando esses desvios que Lacan percebeu e demonstrou a distância que separa todos os outros pós-freudianos de Freud, e, logo, sua profunda heterodoxia. Com isso, seu comentário ou sua análise do texto freudiano que orienta

INTRODUÇÃO

esse retorno torna-se insuportável (como veremos) para muitos de seus pares, que a partir de 1953 deixarão de aceitá-lo na casa de Freud (a Associação Internacional de Psicanálise, IPA), chegando a *excomungá-lo* em 1964.

A investigação que faz, portanto, não é destituída de condições institucionais nem de efeitos de grupo, mas ainda é preciso entender a maneira como ele concebe as respostas que dá à situação institucional com que se defronta de 1953 em diante.

Se, no ano de 1953, Lacan é afastado da IPA e participa da criação da Sociedade Francesa de Psicanálise, a questão para ele não tem a ver com uma vontade de prestar contas de invenções teóricas que o levassem a se destacar e dominar a cena analítica francesa, suas instituições e seus rendimentos de todos os tipos. É fundamental entender que o psicanalista francês sempre interpreta o que lhe acontece institucionalmente – aqui, o seu afastamento da IPA – segundo a própria lógica da "caixa de ferramentas", que lhe serve de orientação na experiência analítica, bem como no grupo.

O que vale para 1953, e também para 1964.

Donde a ideia de esclarecer a conjuntura de 1953 pelo que sucede em 1964.

A excomunhão

Pulemos dez anos.

No momento em que conclui o ano do seminário dedicado à angústia (1963, Livro X) com a separação entre o olhar e a voz do pai, Lacan anuncia que dedicará o ano de 1964 ao tema dos *Nomes-do-Pai*.

Ele é expulso em 1964 da IPA.

O que faz então?

Limita-se simplesmente a prosseguir, afirmando sua legitimidade de psicanalista e o valor do seu ensino para a formação dos psicanalistas, apesar da expulsão?

Não, ele coloca publicamente a questão da sua autorização para tratar dos "fundamentos da psicanálise"[22] e muda o tema *Nomes-do-Pai* por *Quatro conceitos fundamentais da psicanálise*, pois tem que assumir sua "excomunhão" e, ao mesmo tempo, retomar os conceitos fundamentais da psicanálise (inconsciente, repetição, transferência, pulsão), para que volte a colocar a incontornável questão que se lhe apresenta: em que um psicanalista é autorizado a ensinar os fundamentos da psicanálise, a formar analistas, enquanto seu ensino é proscrito pela e na Associação de Freud (IPA)?

Privado da garantia do grupo e impedido de transmitir, Lacan não pode prosseguir sem voltar àquilo que a garantia do grupo supõe resolvido, a saber, a delicada questão das condições de exercício do psicanalista.

Nessa conjuntura, ele não tergiversa, colocando a única boa questão, aquela de que, em casos assim, não escapam os proscritos ou os eliminados mais graves:

"Qual é o desejo do analista?"

"Que fazer do desejo do analista para que funcione de maneira correta?" (L XI, 14)

Esse "segundo retorno" aos conceitos fundamentais, de 1964, que vai aos princípios, vale dizer, aos textos e

INTRODUÇÃO

ao desejo fundador de Freud, confirma que sua maneira de responder à ruptura da instituição analítica é voltar-se para os "monumentos" da palavra fundadora (os conceitos fundamentais da psicanálise) e questionar, menos sua posição institucional e mais sua relação com a palavra e, portanto, o desejo de Freud.

Não há aqui a negação do seu banimento, mas uma avaliação do que lhe acontece e a resposta por um trabalho público sobre os conceitos freudianos e sobre o desejo do analista.

Explicitemos melhor: em 1964, Lacan ocupa o lugar do excluído (ele diz *excomungado, proscrito*). Encarna, portanto, para o grupo, o objeto refugado que teorizou pouco antes (o objeto *a*). A partir daí, interroga os conceitos fundamentais da psicanálise, o desejo do analista que (vamos adiantar) "se faz passar por objeto (a)" na experiência analítica.

A cisão de 1953

Voltemos a 1953, de onde partiremos para esta segunda parte de nossa investigação: a mesma lógica epistemológica que a de 1964.

Em 1953, Lacan se situa clinicamente tanto na cura quanto no grupo por meio de uma nova versão do estádio do espelho, chamada de experiência do buquê invertido. Nessa montagem óptica, o sujeito apenas consegue perceber o próprio corpo ou a própria imagem se for devidamente situado ou nomeado pelo Outro da função simbólica. Digamos aqui o pai.

LACAN E LÉVI-STRAUSS OU O RETORNO A FREUD

O afastamento da IPA em 1953 não provoca uma resposta semelhante à de 1964, pois, na verdade, Lacan iniciara seu retorno a Freud em 1951, e ele mesmo assinalava que esse retorno fora a própria *causa* do que o tornou propriamente insuportável para os analistas dominantes da Sociedade Psicanalítica de Paris (SPP).

Entretanto, deixando de perceber sua imagem no espelho da IPA, ele dá prosseguimento, com firmeza, a sua análise de *e com* a palavra do pai fundador, para nela identificar seus desvios, retificar sua posição e orientar sua geração e seus alunos nesse *retorno*, como a Sociedade Francesa de Psicanálise (SFP, o novo grupo de analistas fundado em 1953), que gostaria de ver reintegrada ao corpo da IPA.

Ao analisar seus desvios, contudo, ele também analisa os dos herdeiros anglo-saxões, que, por sua vez, apresentam uma fragmentação de seu corpo profissional pouco consoante com o desejo de Freud, pela própria diversidade de suas práticas e teorias.

Se aplicarmos a teoria do buquê invertido (que será exposta mais adiante), poderemos dizer que essa fragmentação, reconhecida pelos próprios herdeiros, dá testemunho do seu afastamento (ou recalque) da palavra de Freud e explica – segundo a perspectiva de Lacan e seguindo a aplicação do seu modelo óptico – que eles enxerguem de maneira imprecisa nas suas experiências clínicas.

O que poderia distinguir sincronicamente a conjuntura francesa da que prevalece além-mar é que lá nenhum dos herdeiros de Freud se levanta para desvendar que o que causa a imprecisão e a geometria extremamente variável

INTRODUÇÃO

das práticas analíticas são os recalques catastróficos que marcam a relação desses psicanalistas com a palavra e o desejo do fundador da psicanálise.

No plano diacrônico, o que diferencia 1953 de 1964 – afora as modalidades estilísticas dessas retomadas, indexando bases teóricas diferentes – é que Lacan não desistira de voltar à IPA em 1953, assim como não abrira mão de recompor a imagem do corpo (profissional) de todos os herdeiros de Freud.

De 1953 a 1963, ele ensina no Hospital Sainte-Anne, no contexto do Seminário "voltado para psicanalistas", nas suas próprias palavras. (L XI, 7)

A partir de 1964, a École normale supérieure (ENS) e a École des hautes études en sciences sociales (EHESS) formarão o contexto do Seminário, que ele não mais proporá apenas aos psicanalistas, como se tivesse desistido da imagem unificada do grupo analítico na IPA.

Lacan e Lévi-Strauss

Em 15 de janeiro de 1964, Jacques Lacan dá início a seu seminário sobre os *Quatro conceitos fundamentais* na condição de excomungado, mas também a partir de um abrigo encontrado no cruzamento do ensino da filosofia (ENS) *com* as ciências sociais (EHESS).

Claude Lévi-Strauss assiste a essa aula inaugural.

Caberia enxergar aí a confirmação da ampliação do "lugar" de endereço do Seminário e da persistência do vínculo forjado entre os dois homens desde 1949?

Certamente.

Seja como for, se essa presença do etnólogo no seminário foi única, o lugar ocupado por suas pesquisas foi fundamental para o psicanalista a partir de 1949, e não podemos entender o primeiro *retorno a Freud* de Lacan – o da década de 1950 – sem ler por cima dos seus ombros os grandes textos de Lévi-Strauss, que lhe forneceram o seu estilo de leitor dos textos freudianos, vale dizer, o estilo do seu retorno a Freud, ou, finalmente, o estilo do retorno do desejo do próprio Freud, no ponto de crise mais agudo do campo psicanalítico (teórica e institucional), cuja metamorfose foi iniciada por Lacan.

Numa segunda parte, veremos de que maneira, para além (e antes) do primeiro seminário de 1953, ou seja, no nebuloso campo de textos e artigos que acompanham o seminário de Lacan ("Intervenção sobre a transferência",[23] "O mito individual do neurótico",[24] "O Discurso de Roma"[25] etc.), a obra de Lévi-Strauss infiltrava as pesquisas lacanianas, especialmente a que dizia respeito à teoria do sujeito do inconsciente, mas também sua releitura clínica dos grandes casos paradigmáticos da clínica freudiana (Dora, o Homem dos Ratos etc.).

Numa terceira parte, veremos como Lacan conclui sua visita aos pacientes de Freud e fornece um esclarecimento estruturalista das psicoses (L III) e da fobia (L IV), esclarecimento impensável sem o seu contato com os textos lévi-straussianos e sem a invenção da teoria do *Nome-do-Pai*, grande parte da qual, na nossa opinião, ele deve ao etnólogo, e à qual ainda será necessário voltar para que fique claro seu alcance clínico.

INTRODUÇÃO

No fim dessa terceira parte, teremos, portanto, concluído toda uma parcela da nossa investigação sobre "Lacan e as ciências sociais". Investigação que implica a capacidade de nos orientarmos no *corpus* lacaniano, mas também no *corpus* de suas fontes, o qual, já vimos, nem sempre era citado pelo próprio Lacan.

Para fins de orientação do nosso leitor, teremos assim de expor o movimento mesmo de investigação lacaniana, as questões propriamente psicanalíticas que nela estavam em jogo e mostrar tudo aquilo que esse movimento deve às ciências sociais.

Situação de nossas pesquisas

Sobre a situação atual de nossas pesquisas nos trabalhos referentes a Lacan, diremos muito globalmente que, por terem deixado à sombra o momento durkheimiano, seus autores não foram de fato capazes de evidenciar a lógica que tornava imperativo o seu retorno a Freud de 1951, especialmente na questão tão crucial do pai.

Desse modo, muitos comentários sobre o *retorno* de Lacan começam levando em conta apenas os textos posteriores a 1950, ou seja, unicamente considerando os originados no momento exato do retorno a Freud.

Da mesma forma, se o pesquisador ignorar a influência de Durkheim sobre Lacan, não será capaz de perceber o que está em jogo no abandono das referências ao pai na sociologia francesa em proveito de Lévi-Strauss.

LACAN E LÉVI-STRAUSS OU O RETORNO A FREUD

Essas duas insuficiências caminham juntas, e ainda hoje a influência das ciências sociais no *corpus* psicanalítico é em grande medida negligenciada, como também, por sinal, o próprio lugar da psicanálise enquanto ciência social no projeto de Freud e de Lacan.

Se nosso trabalho tem como objetivo acabar com esse recalque epistemológico, é, então, pela exposição dessa parte "esquecida" da rede simbólica dos textos que antecedem a obra, parte sem a qual ela permanece ininteligível, assim como permanece ininteligível o desejo do analista lacaniano e sua causa: se "orientar" na Coisa freudiana.

Se de fato quisermos entender o *retorno a Freud*, será necessário, com efeito, endossar o ponto de vista de Lacan indicado em 1957, ano que encerra o período de análise abarcado neste livro (1951-1957):

> ... seria uma aberração isolar completamente nosso campo e nos recusar a ver o que, nele, é não análogo, mas diretamente conexo, ligado a uma realidade que nos é acessível por outras disciplinas, outras ciências humanas. Estabelecer essas conexões parece-me indispensável para bem situar nosso terreno, e mesmo simplesmente para nos orientar nele. (L IV, 252)

Na conclusão de nosso trabalho, seguindo Althusser, interpretaremos o recalque do lugar de Lévi-Strauss pelos leitores do texto de Lacan (ou antes, sua *doxa*), que idealizam excessivamente as referências filosóficas usadas pelo psicanalista, trazendo como um dos efeitos maléficos

INTRODUÇÃO

"pôr à parte" (*Verdrangung*, recalque) a contribuição das ciências sociais na filiação simbólica do ensino lacaniano, sua fala ou seu desejo.

Notas

1. Markos Zafiropoulos, *Lacan et les sciences sociales: le déclin du père (1938-1953)* [1] [Lacan e as ciências sociais: o declínio do pai (1938-1953)], Paris, PUF, 2001.
2. Jacques Lacan, *Les Complexes familiaux* (1938), Paris, Navarin, 1984, p. 44-45. *Os complexos familiares*, Rio de Janeiro, Zahar, 2002.
3. *Ibid.*, p. 49.
4. *Ibid.*, p. 73.
5. Jacques Lacan e Michel Cénac, "Introduction théorique aux fonctions de la psychanalyse en criminologie" [Introdução teórica às funções da psicanálise em criminologia], *Écrits*, p. 125, Paris, Le Seuil, 1961.
6. *Ibid.*, p. 136.
7. Émile Durkheim (1858-1917) é um dos pais da sociologia francesa, mas também um autêntico chefe de escola, cujos discípulos se expressaram a partir de 1897 em *L'Année sociologique*, revista fundadora do grupo dos durkheimianos, cuja influência na sociologia francesa foi (e, em certa medida, continua sendo) considerável. Durkheim foi nomeado, em 1906, titular da cadeira de ciências da educação na Sorbonne, e seu sobrinho, M. Mauss, ensinou na École pratique des hautes études.
8. Bronislaw Malinowski (1884-1942) é etnólogo e um dos fundadores do funcionalismo. Suas pesquisas sobre os

comportamentos sexuais fazem dele um pioneiro nesse terreno de estudos. Trabalhou em particular com os melanésios de Trobriand; ver especialmente *La Sexualité et la répression dans les sociétés primitives,* Paris, Payot, 1932. [Sexo e repressão na sociedade selvagem, Petrópolis, Vozes, 1973]

9. Ruth Fulton Benedict (1887-1948) chega à etnologia depois dos estudos de literatura inglesa, tendo sido assistente de Franz Boas. Sua originalidade está em considerar as culturas dotadas de uma personalidade própria numa ampla escala.

10. Margaret Mead (1901-1978). Aluna de Boas e de Benedict, consegue convencer Boas a deixá-la trabalhar sobre a adolescência em Samoa. Fez várias outras viagens à Polinésia, de onde trouxe trabalhos sempre voltados de maneira crítica para os ideais do seu país, os Estados Unidos.

11. Melanie Klein (1882-1960), psicanalista inglesa. Nascida em Viena de pai judeu polonês e mãe judia eslovaca. A família se estabelece em Budapeste, onde Melanie Klein se torna membro da Sociedade Psicanalítica em 1919. Inicialmente analisada por Sandor Ferenczi, ela se instala em Berlim, em 1921, e inicia uma segunda análise com Karl Abraham. Mais tarde, viria a se estabelecer em Londres. Sua obra constitui uma contribuição da maior importância à psicanálise infantil, dando origem a uma grande corrente do freudismo, o kleinismo.

12. Henri Wallon (1879-1962). Henri Wallon entrou para a École normale supérieure, onde se preparou para a docência de filosofia. Doutor em medicina em 1980, médico militar durante a guerra, ganhou uma experiência em neurologia que lhe permitiu interpretar suas observações sobre as crianças. Torna-se diretor de estudos na École pratique

INTRODUÇÃO

des hautes études e depois professor no Collège de France, onde ocupou a cadeira de psicologia e educação infantil.

13. Jacques Lacan, "Le stade du miroir comme formateur de la fonction du Je (1936-1949)" [O estádio do espelho como formador da função do eu], *Écrits*, Paris, Le Seuil, p. 93-100.

14. *In* "Introduction théorique aux fonctions de la psychanalyse en criminologie", *op. cit.*

15. Ver nosso *Lacan et les sciences sociales*, p. 118 e sg.

16. Título do *Seminário, Livro XII* (ano 1965, inédito).

17. Uma versão modernizada dessa teoria obsoleta se expressa nos diagnósticos polimórficos (mas invariavelmente catastróficos) de certos clínicos que abraçam as teses dos ensaístas empenhados em identificar de maneira quase compulsiva uma espécie de "dessimbolização" generalizada da pós-modernidade, sem se dar conta de tudo aquilo que, nessas mesmas sociedades, tem a ver com a produção das mitologias modernas e é bem analisado pelos especialistas das referidas mitologias. A esse respeito, ver, por exemplo, os trabalhos de B. Méheust e D. Duclos, para ficar nos mais próximos, sobre a produção dos mitos, atividade que se revela – após investigação – particularmente rica nos Estados Unidos (pátria da pós-modernidade). Sobre isso, foram lidas com proveito as contribuições desses pesquisadores à análise pluridisciplinar dos mitos, tendo reunido antropólogos e psicanalistas na sede do CNRS durante as Jornadas de novembro de 2002 em Paris (em particular, P.-L. Assoun e M. Zafiropoulos [org.], *Mythe et psychanalyse* [Mito e psicanálise], Anthropos, no prelo).

Se, por outro lado, quisermos constatar que a teoria do *declínio do pai* é ela própria um mito – não reservado às sociedades ocidentais –, não surpreenderia que exatamente aqueles que a vivenciam de maneira mais intensa (ou aqueles que nela acreditam mais sinceramente) estejam menos preparados para apreender seu alcance (de mito), assim como se pode entender perfeitamente que, encerrados no seu mito, também sejam os mais cegos à vivacidade e até à força das outras formas constantemente assumidas pela função simbólica no cerne das sociedades ocidentais. Que essa função seja lábil e polimórfica em nossas sociedades não significa que teria abandonado nosso mundo, com a ressalva dos "territórios" dos nossos pós-modernos bem situados para perceber (do ponto onde se encontram) o que dramaticamente estaria faltando a todos os outros. Quanto à ideia de que é a partir do seu consultório de analista que alguns observam essa dessimbolização do mundo, não podemos endossá-la, exatamente pelo fato de que constatamos com frequência em nossa experiência analítica (assim como numerosos colegas) a atualidade da descoberta freudiana (ver M. Zafiropoulos, *La Solution paternelle en déclin?* [A solução paterna em declínio?], *in* P.-L. Assoun e M. Zafiropoulos (org.), *Les Solutions sociales de l'inconscient* [As soluções sociais do inconsciente], Paris, Anthropos, 2001), ao passo que não dá para entender de que maneira psicanalistas poderiam se valer da própria experiência clínica justamente para diagnosticar o pulular de sujeitos cuja economia psíquica impediria a análise. Parece, portanto, mais heurístico trabalhar na evolução social das formas simbólicas e nos efeitos de subjetivação diferencial dessas formas (formas do Outro) do que ficar repetindo sem parar que, não satisfeito em ter abandonado o céu, o Outro também estaria desertando o mundo, muito embora se trate de uma espécie de ritual para corroborar a opinião de um desaparecimento ten-

INTRODUÇÃO

dencial da função simbólica em suas diferentes formas: função paterna, rituais, mitos...

Por sinal, nada teríamos contra esse mito senão o fato de que, com demasiada frequência, motiva uma orientação socioclínica equivocada. Finalmente, veremos ao fim deste trabalho que aquilo que garante no campo psicanalítico (lacaniano) o sucesso desse mito (ou dessa tese sociológica obsoleta), que supostamente dá conta da origem da psicanálise, nada mais é que a própria escolha de Lacan de privar essa comunidade do seminário de 1964 sobre os *Nomes-do-Pai*, no qual ele deveria fornecer a análise do que, em seus próprios termos, "... em Freud, nunca foi analisado". E ele prossegue: "Era exatamente aí que eu estava no momento em que, por uma singular coincidência, me vi na posição de me demitir do meu seminário.

"O que eu tinha a dizer sobre os *Nomes-do-Pai* visava apenas, com efeito, questionar a origem, a saber, mediante qual privilégio o desejo de Freud viera a encontrar, no campo da experiência que ele designa como o inconsciente, a porta de entrada.

"Voltar a essa origem é absolutamente essencial se quisermos colocar a análise sobre os próprios pés" (*in Les Quatre concepts fondamentaux de la psychanalyse*, Paris, Le Seuil, p. 16). [Seminário, Livro XI: *Os quatro conceitos fundamentais da psicanálise*, Rio de Janeiro, Zahar, 1987]

No momento da sua "excomunhão", portanto, Lacan voluntariamente deixa um buraco na análise da origem (freudiana) da psicanálise, ao mesmo tempo deixando a porta aberta para o eterno retorno do mito do *declínio do pai* que ele próprio havia convocado para dar conta da origem da psicanálise em 1938. Não tendo voltado, em 1964, a colocar a psicanálise *"sobre os próprios pés"*, não surpreende que ainda venhamos a encontrá-la às vezes *sobre a própria cabeça.*

18. Advertimos ao leitor que, fiéis à nossa opção inicial, usamos a numeração dos seminários de Lacan tal qual foram publicados, pois, mesmo sabendo que houve seminários antes de 1953-1954, constatamos que, no momento de sua publicação (1975), Lacan optou por publicar na forma de Livro I o texto estabelecido por Jacques-Alain Miller e intitulado *Les Écrits techniques de Freud* [Os escritos técnicos de Freud].

19. Otto Fenichel (1897-1948). Nascido em Viena, encaminhou-se para a psicanálise em torno de 1918, fez uma primeira análise com Paul Federn e depois uma segunda com Sandor Rado em Berlim. Participando da esquerda freudiana, tentou salvar suas atividades marxistas e psicanalíticas apesar do advento do nazismo. Acabou indo para os Estados Unidos, onde seus trabalhos se tornaram uma referência fundamental para os psicanalistas americanos.

20. Anna Freud (1895-1982). Nascida em Viena, Anna Freud é a sexta filha de Freud. Analisada pelo próprio pai, dedicou-se inicialmente à psicanálise de crianças, foi editora das obras do pai e diretora do novo Instituto de Psicanálise de Viena, por fim se posicionando, especialmente contra M. Klein, como guardiã da ortodoxia freudiana. Estabeleceu-se em Londres em 1938, com toda a família Freud.

21. Annie Reich (1902-1971). Nascida em Viena numa família judia, Annie Reich era filha de uma militante feminista. Depois de estudar medicina, enveredou pela psicanálise e se casou com Wilhelm Reichap. Instalou-se em Praga até 1939, depois veio a emigrar para os Estados Unidos, onde fez carreira na New York Psychoanalytical Society.

INTRODUÇÃO

22. *Séminaire, Livre XI, Les Quatre concepts fondamentaux de la psychanalyse* [Seminário, Livro XI: Os quatro conceitos fundamentais da psicanálise], Paris, Le Seuil, 1973, p. 8.
23. Jacques Lacan, "Intervention sur le transfert" [Intervenção sobre a transferência], pronunciada no Congresso de Psicanalistas de Línguas Românicas de 1951, *in La Revue française de psychanalyse*, t. XVI, n° 1-2, janeiro-junho de 1952, *Écrits, op. cit.,* p. 215-226.
24. Jacques Lacan, "Le mythe individuel du névrosé" [O mito individual do neurótico], *in Ornicar?*, n° 17/18, Paris, Lyse, 1979.
25. Jacques Lacan, "Fonction et champ de la parole et du langage en psychanalyse" [Função e campo da fala e da linguagem em psicanálise], relatório do Congresso de Roma realizado no Instituto Di Psicologica della Università di Roma em 26 e 27 de setembro de 1953, *in Écrits, op. cit.,* p. 237-322.

1. A transcendência do imaginário pelo simbólico ou o estádio do espelho relido com a função simbólica dos antropólogos

Como veremos adiante, é possível sustentar, com Lacan, que seu *retorno a Freud* foi inaugurado publicamente pela "Intervention sur le transfert", proferida no Congresso de Psicanalistas de Línguas Românicas de 1951, vale dizer, quando ele ainda era membro eminente da SPP ligada à Internacional.[1]

Nessa intervenção, Lacan dá início à visita que faria aos grandes casos paradigmáticos de Freud entre 1951 e 1957, começando pelo de uma jovem vienense de 18 anos, o caso Dora, dividida entre a percepção imaginária de si mesma – inclinada para o lado masculino – e o seu lugar de mulher, que ela deve automaticamente à função simbólica que reguladora de seu grupo de pertencimento.

Logo de saída o psicanalista enfatiza, com esse caso, o eixo epistemológico que orienta todo seu retorno a Freud, visando a dar conta da maneira como o sujeito se vê dividido entre o registro imaginário fundador de suas primeiras identificações – aquelas do estádio do espelho – e o registro simbólico, no qual situa o complexo de Édipo, mas também, de maneira mais genérica, a função simbólica que toma de empréstimo à antropologia francesa e que inclui esse mesmo complexo.

Esse eixo epistemológico, imaginário – simbólico, cobre amplamente o eixo que já orientava as suas pesquisas no momento durkheimiano, no qual ele elevava o pai à condição de operador familiar, capaz de extrair a criança da captura imaginária em que quase se via encerrada por sua captação pela imago materna (complexo de desmame) e, posteriormente, pela do irmão (complexo de intrusão).

Mas o que supera e confere seu regime ao registro imaginário da estruturação subjetiva, do ponto de vista do Lacan que retorna a Freud, são as regras da própria função simbólica, e não mais a fecundidade socioclínica do pai de família.

Quanto à estruturação do sujeito do inconsciente – e de seus sintomas –, Lacan, então, descarta as leis durkheimianas da família nesse momento para abraçar as da palavra e da linguagem, da qual fazem parte, naturalmente, a organização simbólica das sociedades e, portanto, da família, mas numa versão estrutural totalmente remanejada pelas pesquisas de Claude Lévi-Strauss, promovendo em Paris uma radical reviravolta do conjunto do campo das ciências do homem desde seu retorno dos Estados Unidos e sua tese de 1947: *As estruturas elementares do parentesco*.[2]

Nessa lógica, podemos, assim, considerar o *retorno a Freud* como um momento de mutação ou de metáfora, que fez prevalecer a versão lévi-straussiana das regras da função simbólica na clínica de Lacan sobre a versão durkheimiana da vida familiar.

A TRANSCENDÊNCIA DO IMAGINÁRIO PELO SIMBÓLICO...

E são exatamente os desdobramentos teóricos, mas também as consequências, que esse retorno, ou ainda, essa metamorfose do *corpus* lacaniano, teve sobre o campo psicanalítico, que constituem o próprio objeto desta segunda parte da nossa pesquisa.

Devemos declarar logo de início que é no seu *retorno*, como veremos mais adiante, que Lacan situa a causa – no sentido forte – da dolorosa experiência que o levou, em 16 de junho de 1953, a se demitir de sua posição de presidente da SPP. E Lacan formula já em 1951 aquilo que, na fala de Freud que se escuta de sua boca, parece motivar o temor dos clínicos:

> Se Freud assumiu a responsabilidade – indo de encontro a Hesíodo, para quem as doenças enviadas por Zeus avançam sobre os homens em silêncio – de nos mostrar que existem doenças que falam e de nos fazer entender a verdade do que elas dizem – parece que essa verdade, à medida que sua relação com um momento da história e com uma crise das instituições se nos revela mais claramente, inspira um temor crescente aos clínicos que perpetuam sua técnica.[3]

Apesar desse diagnóstico, isolando aquilo que em breve tornaria sua "simples existência" insuportável ao grupo, Lacan dá prosseguimento a sua leitura dos textos freudianos no contexto da SPP até sua demissão em 1953.

É em Sainte-Anne, em seguida, no serviço hospitalar de seu amigo Jean Delay,[4] que o psicanalista continuará o seu retorno a Freud, "contra tudo e contra todos", pelo viés extremamente clínico dos textos técnicos do mestre vienense.

Nesse ponto, optamos por encontrá-lo, pois as sessões do ano de 1953-1954 foram reunidas em 1975 sob o título *Os escritos técnicos de Freud*, como o *Seminário, Livro I*.

Vamos respeitar na nossa pesquisa essa posição de Livro I desejada por Lacan, no início das 24 obras que formam a série dos livros do seu Seminário, muito embora, como dissemos, seu retorno a Freud date realmente de 1951.

Iniciaremos, assim, a primeira parte da segunda etapa da nossa pesquisa pela leitura desse *Seminário, Livro I*, reiniciado em Sainte-Anne no outono de 1953, após o afastamento de Lacan da SPP ou, ainda, depois dessa experiência que o fez, nas suas palavras, um psicanalista dotado de uma "espécie de fé", decorrente, em particular, do fato de saber cada vez mais o que tinha a dizer "sobre uma experiência que só os últimos anos" lhe "permitiram, afinal, reconhecer na sua natureza e, assim, dominar realmente"; e, no fim das contas, "um homem mais seguro dos seus deveres e do seu destino".[5]

É, portanto, nessa espécie de certeza que o psicanalista relança sua leitura dos textos freudianos.

E ele, cuja técnica foi condenada por aqueles que o expulsaram da "casa de Freud", opta exatamente por prosseguir com um comentário sobre os escritos técnicos, levando-o ao cerne mesmo da clínica psicanalítica, que fornece as coordenadas do seu "delito" e, assim, o motivo da sua acusação.

A TRANSCENDÊNCIA DO IMAGINÁRIO PELO SIMBÓLICO...

Veremos agora tudo aquilo que essa leitura dos escritos técnicos freudianos deve à renovação do seu questionamento depois da "descoberta" do estádio do espelho (1936), questionamento voltado para a maneira como a estruturação do sujeito do inconsciente se efetua na junção do imaginário com o simbólico.

Se a questão não é nova para Lacan, a sua resposta, como já dissemos, é metamorfoseada pelo questionamento da função simbólica, tal como a encontra nas descobertas da antropologia francesa renovada desde o pós-guerra pelas investigações de Claude Lévi-Strauss.

Retornando aos escritos técnicos, Lacan mostrará tudo aquilo que a técnica freudiana deve ao manejo das regras da linguagem e da fala na experiência da cura, assim como nas leituras das formações do inconsciente (sonhos, lapsos, sintomas...).

Mostrará, ao mesmo tempo, tudo o que disso foi abandonado pelos herdeiros de Freud, cuja técnica tende, segundo ele, à estagnação no registro dual do imaginário; essa estagnação impede a análise das resistências e, por conseguinte, sua resolução, muito embora essa questão constituísse uma das questões essenciais do debate interno do campo psicanalítico na época.

Ao abordar o seu Seminário de 1953 pela perspectiva da resistência, teremos, assim, de ir ao texto do próprio Freud para fornecer o ponto de vista deste sobre essa questão e, de maneira mais geral, indicar os elementos decisivos do conjunto dos escritos técnicos freudianos – traduzidos por Anne Berman –, oportunamente publicados pela Presses Universitaires de France naquele ano de 1953, com o título *La Technique psychanalytique* [A técnica psicanalítica].[6] No primeiro ano do Seminário de Lacan[7] – tal como editado –, que vai de novembro de 1953 a julho de 1954, o leitor não terá dificuldade de verificar que seu ensino é de fato contemporâneo das questões e da atividade intelectual (aqui também editorial) de sua época.

Vejamos agora o que devemos levar em conta dos artigos freudianos comentados por Lacan que inauguram esse ano de seminário.

I. A técnica de Freud, a transferência de Lacan a Freud e a resistência dos pós-freudianos

A técnica de Freud

Freud e a resistência

Na conferência pronunciada no Colégio dos Médicos em Viena, a 12 de dezembro de 1904, sob o título *Sobre psicoterapia*, Freud começou por esclarecer a constante confusão entre a técnica psicanalítica e o procedimento hipnótico por sugestão, enfatizando essa distinção pelo conceito de resistência. A sugestão

> ... impede qualquer conhecimento do jogo de forças psíquicas; ela não nos permite, por exemplo, reconhecer a *resistência* que faz com que o doente se agarre à doença e, com isto, lute contra o restabelecimento;

> no entanto, é o fenômeno da resistência o *único* [grifo nosso] que nos permite entender o comportamento do paciente.[8]

O abandono da sugestão hipnótica por Freud, longe de ser fruto de um "sentimento liberal ou libertário", como parece indicar Mikkel Borch-Jacobsen, por exemplo, no seu livro *Le Sujet freudien*,[9] é motivado na verdade pelo fato de que a sugestão hipnótica impede a percepção da resistência, "a única que permite entender o comportamento do paciente".

A recusa da sugestão não tem a ver (ou não unicamente) com um posicionamento freudiano contrário a um dispositivo hipnótico eticamente insuportável para ele, mas com a rejeição científica a uma abordagem do "doente" tecnicamente incompatível com a exploração das resistências.

A segunda conferência desse trabalho de Freud, *As perspectivas futuras da terapêutica psicanalítica*, data de 1910 e traz um público diferente, dessa vez se trata dos seus companheiros reunidos antes do segundo congresso psicanalítico de Nuremberg. O progresso alcançado pelos psicanalistas no conhecimento do inconsciente é considerável, segundo Freud, permitindo enfrentar melhor as resistências do paciente.

Não se trata mais de confiar apenas ao doente a tarefa analítica, pois agora os analistas estariam em condições de proporcionar "... a ajuda intelectual que lhe facilitaria o fim das resistências entre o consciente e o inconsciente".[10]

O conhecimento adquirido pela experiência clínica desde a descoberta do inconsciente favoreceria, assim, o tratamento dos pacientes. Freud quer então esclarecer a "estrutura das neuroses", cuja compreensão deveria permitir, de maneira cada vez mais clara, a desmontagem das resistências.

O fim das resistências, portanto, não dependeria apenas da estratégia do caso a caso para ele; decorreria do entendimento da organização estrutural das neuroses, que, sendo percebida na transferência, permitiria enfraquecer o que se opõe ao progresso da análise, muito embora seja precisamente por superar as resistências que aparecem no caso a caso que a estrutura comum das neuroses (assim como de suas modalidades) possa ser revelada. Em outras palavras, o caso a caso permite, segundo Freud, atingir a generalidade das estruturas (ou dos complexos), cuja apreensão, por sua vez, favorece a análise do caso:

> Atualmente, nossos esforços tendem diretamente a encontrar e superar as *"resistências"*, e acreditamos, justificadamente, que os complexos se revelarão sem dificuldade a partir do momento em que as resistências tiverem sido descobertas e afastadas.[11]

Uma vez afastado, o quadro das resistências, o cristal do complexo poderia ser isolado. Mas nem todas as resistências são de mesma natureza, assinala Freud, solicitando aos companheiros que as classifiquem e verifiquem de que maneira, especialmente para os homens, "... as principais resistências ao tratamento parecem advir do

A TRANSCENDÊNCIA DO IMAGINÁRIO PELO SIMBÓLICO...

complexo do pai e se traduzir num temor de insubmissão a ele, bem como numa atitude de desafio".[12]

Donde retomamos a questão do tratamento desse complexo paterno.

O complexo paterno: motor da resistência

Situando o complexo paterno como um dos motores específicos da resistência à análise, Freud menciona a questão da autoridade necessária para superar esse obstáculo.

Em outras palavras, ele se interroga sobre que natureza deve ter a autoridade do psicanalista para afastar as resistências ligadas ao complexo paterno, especialmente quando a questão não passa pela sugestão.

Antes de responder à pergunta, Freud situa o alcance do que é necessário ser ultrapassado nesse caso:

> Muito poucas pessoas civilizadas são capazes de levar uma vida perfeitamente autônoma ou mesmo, simplesmente, de fazer um julgamento pessoal. Você não consegue compreender em todo o seu alcance a necessidade de autoridade e a fraqueza interna dos seres humanos.[13]

O diagnóstico não traz ilusões.

A necessidade de autoridade é tamanha que buscamos sempre, segundo Freud, a sua satisfação, e é isso o que motiva as resistências, como o recalque exigido pelos herdeiros do pai, vale dizer, as autoridades sociais cujo poder de sugestão obstrui o esforço psicanalítico.

Essas poucas linhas invocando o complexo paterno e a necessidade de autoridade como motor principal das resistências naturalmente prenunciam textos mais tardios da antropologia freudiana, como *Futuro de uma ilusão*[14] ou *Mal-estar na civilização*[15] já que é em especial neste trabalho que o psicanalista chama a atenção para a *nostalgia do pai* como operador central das dependências e mola propulsora decisiva das ilusões (sempre mais ou menos religiosas) que impedem o progresso para a verdade.

A necessidade de autoridade, a força da verdade, a escolha do analista

A partir de 1910, indo de encontro a esse complexo paterno que alimenta a resistência à psicanálise no âmbito particular e também no social, será necessário obter um acréscimo de autoridade de qualquer maneira, diz Freud.

O que se pode esperar nesse terreno?

De início, uma longa espera, adverte ele, pois no que diz respeito às autoridades sociais, os psicanalistas se deparam com uma dupla acusação:

1. São acusados de ameaçar os ideais, destruindo as ilusões.
2. Ao mostrar no que o social é responsável pelas neuroses, eles estariam investindo contra a ordem social.

A TRANSCENDÊNCIA DO IMAGINÁRIO PELO SIMBÓLICO...

De modo que a aliança com as autoridades sociais não se desenrola naturalmente.

Apesar disso: "A verdade mais dura acaba sempre sendo percebida e se impondo, uma vez que os interesses que ela fere e as emoções que provoca esgotaram a sua virulência", garante Freud.[16]

"É necessário, portanto, saber esperar", e o encaminhamento do caso será tão mais facilitado quanto menos a autoridade dos analistas for socialmente contestada, as resistências menos escoradas nas ilusões coletivas e a verdade tiver aberto caminho.

Cabe frisar que a profecia freudiana visa aqui muito além da clínica individual, pois indica a maneira como o tratamento será facilitado pelo esgotamento da virulência das autoridades sociais contrárias à psicanálise, e, em contrapartida, que o progresso social da verdade enfraquecerá ainda mais as causas e os mecanismos mórbidos das neuroses.

Diante dos seus companheiros, Freud esboça nos seguintes termos a extensão de seu projeto analítico e o efeito de retorno que espera do desvendamento coletivo das verdades inconscientes:

> ... o sucesso alcançado pela terapêutica no indivíduo também deve ser obtido na massa. Os doentes não podem deixar transparecer suas diferentes neuroses, sua excessiva ternura ansiosa destinada a dissimular o ódio, sua agorafobia reveladora de uma ambição contrariada, seus atos obsessivos que representam as autorrecriminações decorrentes das más intenções e as precauções

tomadas contra estas quando sabem que todos, próximos ou estranhos, dos quais pretendem esconder seus pensamentos e sentimentos conhecem o significado geral desses sintomas. Os doentes em semelhante caso, sabendo também que todas as suas manifestações mórbidas são imediatamente interpretadas pelos outros, tratarão de dissimulá-las. Mas essa dissimulação, que por sinal se torna impossível, vai destruir o próprio intento da doença. A exposição do segredo terá atacado "a equação etiológica" da qual derivam as neuroses...[17]

Vemos mais uma vez, se necessário fosse verificar, que a ambição freudiana não se limita à clínica individual, mas que de fato visa às massas, como reafirma o psicanalista diante dos discípulos, e de maneira que não esqueçam essa parte da aventura coletiva que lhes é apresentada dias antes do seu segundo congresso.

O que devemos reter dessa ambição freudiana?

De início, para alcançar o objetivo, vale dizer, a "equação etiológica" das neuroses, Freud não conta tanto com o reforço de uma autoridade institucional dos psicanalistas ou de um acréscimo de reconhecimento social, antes apostando no desvendamento do segredo que motiva as neuroses, no enfraquecimento das ilusões ou das resistências decorrentes do complexo paterno, especialmente nos homens.

Devemos, então, ter em mente que a força com a qual se deve contar, segundo o Freud de 1910, para o enfrentamento das neuroses individuais e as das massas não é tanto a de uma instituição, mas a da verdade; e que a

A TRANSCENDÊNCIA DO IMAGINÁRIO PELO SIMBÓLICO...

questão do coletivo não se manifesta novamente como um prolongamento de sua prática clínica, estando de fato ativa na própria *etiologia* das neuroses e, portanto, no consultório do analista, bem como no restante do social, através das ilusões, da sugestão dos poderes e da necessidade crônica do paciente por autoridade.

Tudo isso é formulado oralmente pelo Freud que trabalha no coletivo, pois o ano de 1910 foi crucial para a história do movimento psicanalítico. No dia 30 de março daquele ano, ele fundou, juntamente com Sandor Ferenczi,[18] a primeira associação internacional freudiana (a *Internationale psychoanalytische Vereinigung*). Essa instituição manteria o seu nome até 1936, quando se transformou na IPA.

Numa perspectiva freudiana, caso seja necessário escolher entre o campo da verdade e a autoridade da instituição de psicanalistas, melhor será optar pela ênfase na força simbólica da verdade inconsciente, a única capaz de reduzir as neuroses e o mal-estar coletivo.

Os psicanalistas reunidos na associação aparecem como uma base secundária da potência analítica nesses textos.

A verdadeira bússola freudiana é o texto inconsciente e a verdade do sintoma: "... não devemos esquecer que a relação analítica se baseia no amor à verdade, ou seja, no reconhecimento da realidade, e que exclui qualquer simulação ou engodo", escreve Freud em 1937[19]

Vimos já o bastante para entender por que o Lacan do seminário (1953-1954) sobre os escritos técnicos se engaja num retorno a Freud pela via da resistência, que coloca o analista contra a parede, diante da escolha do que o mobiliza para avançar.

Ou a autoridade do eu ou a da verdade.

Dois caminhos, dois sentidos: o clínico que busca superar as resistências pelo registro egoico se afasta, segundo Lacan, do desejo de Freud, pois restabelece o impasse da experiência ao garantir a sua estagnação no registro imaginário. Ora, é precisamente pela decifração do invólucro simbólico do sintoma que o desejo freudiano se efetua.

Mas quem é Freud para Lacan em 1953?

A transferência de Lacan a Freud

A inauguração do "retorno a Freud" coincide com os antecedentes da cisão que levaria Lacan – como veremos adiante – a deixar, a 16 de junho de 1953, a associação de analistas fundada por Freud em 1910.

Devemos, então, examinar o que ele diz nesse período sobre a sua relação com Freud e o que, para ele, deve ser considerado na fala deste, ao mesmo tempo nos perguntando: O que significa para ele a autoridade do ponto de vista da descoberta freudiana?

Um dos nomes da autoridade no campo freudiano é o "supereu". Ora, podemos observar que, desde a primeira sessão do seminário (de 18 de novembro de 1953),[20] Lacan menciona o conceito psicanalítico de supereu, propondo um remanejamento teórico que transformasse essa formação psíquica numa estrutura menos ligada ao imaginário das primeiras identificações do estádio do espelho, como

A TRANSCENDÊNCIA DO IMAGINÁRIO PELO SIMBÓLICO...

fizera na primeira parte de suas investigações[21] (1938-1950), e mais a uma estrutura já agora relacionada, para ele, à linguagem.

Sua formulação já nessa primeira sessão é a seguinte:

> O supereu é uma lei destituída de sentido, que, no entanto, se escora exclusivamente na linguagem. Se digo *você vá para a direita*, é para permitir que o outro harmonize sua linguagem com a minha. Penso no que está acontecendo em sua cabeça no momento em que falo com ele. Esse esforço por encontrar uma harmonização constitui a comunicação própria da linguagem. Esse *você* é de tal maneira fundamental que interfere antes da consciência. A censura, por exemplo, que é intencional, intervém, no entanto, antes da consciência, funciona com vigilância. *Você* não é um sinal, mas uma referência ao outro, é ordem e amor.[22] (L I, 9)

Esse remanejamento da teoria do supereu, para transformá-lo num operador de ordem e de amor anterior à consciência, situa sua eficácia no registro da linguagem, e não nos surpreenderá ler já na segunda sessão do seminário uma declaração de *admiração* pelos textos freudianos, indicando de forma inconteste que o psicanalista Jacques Lacan está disposto a harmonizar a sua linguagem com a de Freud: "Se considerarmos que estamos aqui para nos debruçar com *admiração* [grifo nosso] sobre os textos freudianos e nos maravilhar com eles, alcançaremos evidentemente plena satisfação" (L 1, 15), diz ele em 13 de janeiro de 1954.

Admiração, perplexidade diante dos textos ou da palavra do pai – ao que ele repete desde a conferência *O mito*

LACAN E LÉVI-STRAUSS OU O RETORNO A FREUD

individual do neurótico: "que é necessário confiar" –, a autoridade de Freud é situada por Lacan, no que lhe diz respeito, numa zona problemática que vai do supereu ao ideal do eu.

Para dizer as coisas com mais precisão e de maneira mais genérica, afirmaremos que, ao mesmo tempo que comenta os escritos técnicos, Lacan interroga, ou melhor, *analisa* discretamente sua transferência com Freud. E aqui ele examina logo de início essa transferência, não apenas indicando aos alunos qual a incidência da teoria da autoridade freudiana (o supereu), mas também evocando a incidência de sua relação com a autoridade freudiana. Admiração, perplexidade, confiança, ordem, amor.

Em seguida, ao empreender a análise das opções técnicas dos outros pós-freudianos, veremos que ele se engaja também numa espécie de desvendamento de suas relações com Freud.

Desse ponto de vista, diremos que nesse primeiro ano de seminário, Lacan esclarece o lugar do seu retorno a Freud no campo analítico e trabalha, também, no sentido de se situar em relação aos seus "irmãos em psicanálise".

O seu retorno se caracteriza, então, pelo fato de que ele ocupa um ponto de vista que lhe permite lançar um duplo olhar:

1. Sobre os textos fundadores de Freud, que comenta (a palavra do pai);
2. Sobre os textos dos pós-freudianos (seus contemporâneos), cujo trabalho avalia à luz da doutrina de Freud, ou, ainda, à luz do desejo do fundador.

A TRANSCENDÊNCIA DO IMAGINÁRIO PELO SIMBÓLICO...

Nessa conjuntura, Lacan formula sua admiração pelo pai da psicanálise enquanto autor, como vimos, mas devemos acrescentar que se mostra mais reservado quanto ao uso institucional que Freud fez da sua autoridade no movimento analítico:

> É o caráter mórbido da sua personalidade, o sentimento que tem de necessidade da autoridade, o que, nele, coincide com certa depreciação fundamental daquilo que pode esperar alguém que tenha algo a transmitir ou ensinar dos que o ouvem e o seguem. Uma certa desconfiança profunda na maneira como as coisas são aplicadas e entendidas aparece em muitos lugares. Acho, inclusive, como verão, que encontramos nele uma depreciação muito particular da matéria humana que lhe é oferecida no mundo contemporâneo. É seguramente o que nos permite entrever por que Freud, *ao contrário do que se encontra nos seus escritos* [grifo nosso], exerceu concretamente o peso de sua autoridade para garantir, segundo acreditava, o futuro da análise. Ele foi, ao mesmo tempo, único em relação a todos os tipos de desvios – muito efetivamente desvios – que se manifestaram, e imperativo na maneira como deixou que se organizasse ao seu redor a transmissão do seu ensino. (L 1, 16)

Embora seus escritos pudessem ficar menos carregados do peso de sua autoridade, dentro da instituição Freud se mostrava único, imperativo, depreciativo em relação aos que o cercavam, segundo afirma Lacan, e isso porque desconfiava da maneira como seus textos eram lidos e

LACAN E LÉVI-STRAUSS OU O RETORNO A FREUD

utilizados, em suma, da maneira como seu ensinamento, afinal, seria utilizado pelos discípulos.

O tempo da investigação não podia se confundir com os efeitos da transmissão; nessa última questão, Freud teria usado de sua autoridade.

Nesse retorno, que passa pela leitura dos textos do fundador da psicanálise, Lacan se permite, assim, a desconfiança que atribui a Freud em relação aos seus discípulos, geralmente pouco preparados para examinar corretamente a doutrina freudiana. O diagnóstico do Lacan rejeitado pela Internacional se harmoniza com a "desconfiança" atribuída a Freud, exigindo tal retorno aos textos. O que o psicanalista faz.

Para ser ainda mais preciso, diremos, nessa perspectiva, que ele inaugura seu Seminário sobre *e pelos* escritos técnicos tentando rapidamente elucidar a relação de Freud com a autoridade, mas também as relações de outros analistas com o *corpus* freudiano, além de dar a entender, de modo discreto, o estado de sua relação com a autoridade do pai da psicanálise.

Sua leitura se faz sob *transferência*, e essa transferência com Freud é analisada "de través" por ele, ao longo de todo o Seminário, como veremos.

Se quisermos tentar entender o progresso do Seminário lacaniano, e antes de mais nada (já que se trata do primeiro ano) a leitura dos *Escritos técnicos de Freud* feita por ele, certamente precisaremos perceber a relação transferencial subjacente a sua fala nesse momento.

Esse imperativo (da epistemologia freudiana) que exige a exposição da transferência de um a outro para uma

A TRANSCENDÊNCIA DO IMAGINÁRIO PELO SIMBÓLICO...

melhor compreensão da obra lacaniana pode parecer despropositado, pois redunda em considerar que Lacan, no seu retorno a Freud e no seu trabalho de elaboração para o Seminário, ocupa uma espécie de posição de analisando em relação a Freud; ou, ainda, que seu seminário não passa do próprio texto de sua análise com Freud.

Mas o fato é que ele próprio aponta a proximidade existente entre o comentário do texto e a experiência psicanalítica, visando a tornar inteligível o que não o é imediatamente:

> É aí que o método dos comentários se revela fecundo. *Comentar um texto é como fazer uma análise* [grifo nosso]. Quantas vezes não o assinalei aos que estão sob minha orientação quando dizem – *achei que ele estava querendo dizer isto, ou aquilo* –; uma das coisas com que devemos ter mais cuidado é entender demais, entender mais do que o que o que realmente existe no discurso do sujeito. Interpretar e imaginar que se está entendendo não é, em absoluto, a mesma coisa. É exatamente o contrário. Eu diria, inclusive, que é com base numa certa recusa da compreensão que abrimos a porta da compreensão analítica. (L 1, 87-88)

Uma das chaves da interpretação do Seminário é fornecida por ele mesmo, e assim podemos tentar lê-lo como o texto de sua análise com Freud, embora possa parecer bastante exorbitante. Mas atenção: trata-se – para o nosso projeto – de ficar na lógica epistemológica escolhida pelo próprio Lacan e não de "recorrer" a uma espécie de história de vida mais ou menos romanesca, ou a bases psicológicas que tentassem dar conta da relação de um com o outro para avançar na análise do texto.

"Comentar um texto é como fazer uma análise."

Se nosso projeto de pesquisa de fato consiste em ler o que vincula as pesquisas de Lacan às ciências sociais de sua época, e, de maneira geral, o próprio movimento de suas pesquisas – ou de sua análise – que inclui a verdade dessas disciplinas, postularemos que é preciso fazê-lo situando o texto do Seminário como aquele que dá testemunho do retorno lacaniano a Freud pela via do comentário, ou, enfim, de uma espécie de análise do autor com o fundador da psicanálise.

Se se reconhecer que o ensino de Lacan (e os escritos que o acompanham) explicita os principais efeitos de sua análise com Freud, ou seja, de sua "conversão" em Analista Freudiano (AF), diremos que esse texto transmitido no campo psicanalítico está de acordo com o que ele viria muito posteriormente a esperar dos que, tendo terminado sua análise, estivessem, por sua vez, em posição de ensinar sobre os pontos significativos da teoria analítica, a saber, os Analistas de sua Escola (AE). Em outras palavras, e para resumir, diremos na linguagem técnica que o ensino de Lacan é o seu texto do passe.[23] Se lembrarmos que o encerramento do texto de 1967 sobre a formação do psicanalista ("Proposição de 9 de Outubro de 1967 sobre o psicanalista da Escola") recomenda *extrair a autoridade* do analista *da ficção* (segundo nós, hipnótica ou fantasmática, do tipo "bate-se numa criança"), não surpreenderá que Lacan já abordas-

A TRANSCENDÊNCIA DO IMAGINÁRIO PELO SIMBÓLICO...

se a questão da autoridade do psicanalista em 1953, e, portanto, da resistência à análise, pois nessa data ele precisava se situar em relação à autoridade de Freud, sob a dupla relação do campo institucional (depois da IPA) e também, e sobretudo, textual (a palavra do pai *morto*) da psicanálise – com o qual dá prosseguimento "como numa análise".

Para resumir nosso objetivo e nossa posição (de leitor), diremos que a leitura lacaniana de Freud – explicitada no Seminário – precisa ser revisitada com o cuidado de pontuar o que Lacan diz a respeito de sua própria transferência a Freud, o que o texto lacaniano apresenta do desejo de analista e do julgamento (ou da interpretação) que ele formula a respeito dos depoimentos de colegas sobre suas escolhas técnicas e teóricas, mas também no que se refere a suas relações (*i.e.* suas transferências) com a doutrina freudiana e seu ensinamento.

Dando testemunho público no Seminário desse seu "retorno a Freud", o psicanalista envia a mensagem de que avalia seu desejo de analista à luz do de Freud, assim como avalia o dos outros pós-freudianos.

A resistência dos pós-freudianos a Freud

Defesa do eu e resistência

Na década de 1950, parece haver um consenso no campo psicanalítico que poderia ser expresso da seguinte forma: se as resistências na experiência analítica não são equivalentes aos sistemas de defesa do eu, existe uma espécie de afinidade eletiva entre o conceito de defesa do eu (incluindo o recalque) e o de resistência à psicanálise, na medida em que a segunda utiliza os mesmos mecanismos que a primeira.[24] Donde a evidente importância, para todos, do conceito de resistência na obra e também na técnica freudiana, e o valor em geral reconhecido da descoberta desses mecanismos resistentes.

Essa questão também está presente no Seminário de Lacan, e, segundo alguns participantes – entre os quais um certo M. Z... (que, não se sabe por que, perdeu sua identidade na edição do livro) –, seria o autoritarismo da personalidade de Freud que teria motivado a descoberta da noção de resistência, já que ele não teria suportado que seus pacientes resistissem ao tratamento.

Ao contrário do afeto libertário freudiano, motivando a descoberta das resistências, segundo M. Borch-Jacobsen, desta vez seria o autoritarismo que explicaria essa descoberta, segundo M. Z...

Lacan contradiz M. Z..., sustentando que Freud foi muito menos autoritário do que seus mestres – entre eles Charcot, por exemplo –, e que foi justamente por ele ter renunciado à sugestão e à hipnose que descobriu as resistências como obstáculo para o trabalho analítico, embora fossem via de acesso ao recalque.

Em outras palavras, quando não mais funcionam perfeitamente – ou quando são degradadas, diríamos, para ficar na lógica da epistemologia lacaniana[25] – é que essas resistências, segundo Lacan, se manifestam a Freud. Mas o que deve ficar bastante claro é que, para ele, Freud não

A TRANSCENDÊNCIA DO IMAGINÁRIO PELO SIMBÓLICO...

situou o drama da resistência entre o eu do analista e o do analisando no *hic et nunc* da sessão, como parecem fazer naturalmente alguns de seus herdeiros.

Lacan comenta nos seguintes termos, então, o artigo de Annie Reich sobre a contratransferência.

"... o analista. Como ele age? Que é que conduz o que ele faz?

"Para os autores em questão, para Annie Reich, conta apenas o reconhecimento pelo sujeito, *hic et nunc*, das intenções de seu discurso. E suas intenções apenas têm valor em seu alcance *hic et nunc*, na interlocução presente. O sujeito pode perfeitamente estar às turras com o dono da mercearia ou seu cabeleireiro – na realidade, está xingando o personagem ao qual se dirige, ou seja, o analista.

"Há algo de verdadeiro...

"O analista aqui se julga autorizado a fazer o que eu chamaria de uma interpretação de eu a eu, ou de igual para igual – se me permitem o jogo de palavras –, dizendo de outro modo, uma interpretação cujo fundamento e cujo mecanismo em nada se distinguem dos da projeção...

"Essa interpretação da defesa, que chamo de eu a eu, convém abster-se dela, qualquer que seja seu valor eventual. Nas interpretações da defesa, é necessário haver sempre um terceiro termo pelo menos." (L I, 40, 42, 43)[26]

A análise das resistências polariza, portanto, mas de maneira ruim – conforme Lacan –, a atividade dos psicanalistas anglo-saxões, que interpretam a fala de

LACAN E LÉVI-STRAUSS OU O RETORNO A FREUD

seus pacientes na atualidade da sessão e na relação dual analisando-analista.

Para eles (Annie Reich, Anna Freud, Fenichel etc.), o eu seria pensado como operador individual: ao mesmo tempo, o único interlocutor do analista e, também, aquele que se defenderia (resistiria) contra as interpretações, freando o próprio progresso do processo de despertar para a consciência. Donde o interesse de Anna Freud, por exemplo, pelos mecanismos de defesa do eu e o título de seu livro *Le Moi et les mécanismes de défense* [O ego e os mecanismos de *defesa*].[27] O imperativo freudiano de enfraquecer as resistências levaria os analistas anglo-saxões a dar excessiva ênfase ao lugar do eu no tratamento e, por consequência, à influência da própria pessoa, fazendo da experiência analítica uma espécie de recinto imaginário no qual dois eus estariam se enfrentando.[28]

À exceção do caso "abençoado" no qual o eu *concorda com o analista*, Anna Freud distingue duas atitudes do eu em relação ao clínico:

> O eu se apresenta como adversário do analista quando se mostra, durante a sua auto-observação, parcial, cheio de má-fé [...] *(ou)* enfim, o eu é ele próprio objeto da análise, na medida em que a atividade defensiva que exerce incessantemente avança de modo inconsciente [...] Acontece que, sendo o objetivo da psicanálise garantir que essas ideias que representam a pulsão recalcada tenham acesso ao consciente [...], segue-se que as medidas de defesa adotadas pelo eu contra o surgimento dessas ideias assumem automaticamente o caráter de uma re-

sistência ativa contra a análise. E como o psicanalista, além disso, *valendo-se de sua influência pessoal* [grifo nosso], intervém em nome do respeito à regra analítica fundamental que permite a essas ideias surgirem no curso das associações livres, a defesa do eu contra a pulsão se transforma, desse modo, em oposição direta ao clínico.[29]

Nessa lógica, portanto, o vínculo com o clínico atualiza a defesa contra a pulsão, e o que está em jogo no tratamento se faz representar em cena numa dualidade transferencial na qual o analista deve utilizar a influência de sua pessoa.

Ora, Lacan lembra que Freud – desde os *Estudos sobre a histeria*[30] (apresentados por Anzieu[31] nas sessões do Seminário de Lacan dos dias 20 e 27 de janeiro de 1954), e mais adiante no trabalho *Métapsychologie*[32] [Metapsicologia] – assinala: "... que a força da resistência é inversamente proporcional à distância do núcleo recalcado." (L I, 30)

Segundo ele, assim, a resistência seria tanto maior "... na medida em que o sujeito se aproxima de um discurso que seria o último e o bom, mas que ele recusa absolutamente"; é, enfim, uma "sucessão de fonemas" (L I, 31) que é recusada, pois ameaça revelar o "vaso de rosas" da verdade inconsciente, de que o analisando não quer saber.

Mais do que o fato de um obstáculo na dualidade transferencial, a resistência encontraria, então, seu lugar no campo da linguagem, e é porque o discurso do

LACAN E LÉVI-STRAUSS OU O RETORNO A FREUD

paciente começaria a enunciar uma fala verdadeira que a resistência se manifestaria.

Temos aqui quase uma paráfrase do Freud dos *Estudos sobre a histeria*, que apresenta os materiais psíquicos dessa neurose como um edifício estruturado segundo a lógica de um núcleo de lembranças traumáticas envolto em outras recordações ou extratos de recordações, classificados de acordo com o conjunto de temas que constitui o núcleo ao mesmo tempo estruturado e estruturante das formações sintomáticas.

Vamos ouvir Freud:

> É como se fôssemos abrindo arquivos mantidos em perfeita ordem [...]. Já assinalei que o agrupamento dessas espécies de lembranças numa pluralidade de camadas, de estratos lineares, se apresentava como uma pasta suspensa de atos, um pacote etc. e caracterizava a formação de um *tema*. Esses temas, por sua vez, são agrupados de outra maneira, o que eu só poderia descrever dizendo que são *concentricamente dispostos em torno do núcleo patogênico*. Não é difícil dizer o que representa essa estratificação, nem qual a proporção crescente ou decrescente em que se verifica. Trata-se de resistências que vão aumentando em torno de um núcleo central [...]. À medida que penetramos mais profundamente por essas camadas, o reconhecimento das lembranças que surgem se torna mais difícil, até o momento em que nos deparamos com o núcleo central das lembranças, cuja existência o paciente persiste em negar quando de sua manifestação.[33]

A TRANSCENDÊNCIA DO IMAGINÁRIO PELO SIMBÓLICO...

Incontestavelmente, Lacan está aqui na linhagem direta da descoberta freudiana que atualiza.

A resistência e o discurso

> Para saber onde isso acontece, onde está o suporte material, biológico, Freud, sem rodeios, toma o discurso como uma realidade enquanto tal, uma realidade que está aí, massa compacta, feixe de provas... Freud ainda não dispunha do conceito de suporte material, da fala, isolado enquanto tal. Hoje, teria tomado como elemento de sua metáfora a sucessão de fonemas que compõem uma parte do discurso do sujeito. Diria que encontra uma resistência tanto maior na medida em que o sujeito se aproxima de um discurso que seria o último e o bom, mas que ele recusa absolutamente. (L I, 30-31)

A leitura de Freud por Lacan, portanto, radicaliza a consideração do discurso enquanto tal.[34] Lacan é levado pelo objeto – a saber, o inconsciente e o recalque como *erro de tradução*, segundo o Freud de 1896 – ao uso da metáfora linguística. E é ao se aproximar do núcleo patogênico de significação que a resistência se revela. Com isso, a análise do discurso deve se ambientar na experiência analítica, superando, evidentemente, as análises em termos biológicos e também a análise do eu dos anglo-saxões.

O que resiste, para Lacan, não é o eu do paciente, sobre o qual a pessoa do analista deve influir, mas o enunciado de uma fala cuja proximidade com uma verdade inconsciente é forte.

O inconsciente ou suas formações são, assim, entendidos como conjuntos de fonemas que devem ser investigados por meio da atividade de fala do analisado. E é de fato pela homogeneidade com o material recalcado (dos fonemas) que a cura pela fala pode ser eficaz. O sujeito do recalcado, ou seja, o sujeito do inconsciente nasce, portanto, – segundo Lacan – pela via da fala, o que requer que o inconsciente seja "pensado" como um conjunto de significantes cujo entrecruzamento precisa ser seguido, pois leva (muito além do eu aqui e agora) ao cerne do núcleo de significantes recalcados. A experiência analítica supera por essa via os fascínios egoicos e mobiliza a história do sujeito e do seu grupo. Sendo assim, é da posição inconsciente do sujeito, para o qual se tem uma situação simbólica, que se trata, e não do indivíduo reduzido aos limites do seu eu.

Estamos no mesmo nível da lógica analítica dos sistemas simbólicos de linguagem, de discurso e de trocas sociais, nos quais o sujeito estaria situado "desde sempre" e dos quais dão testemunho os seus sintomas (discurso derradeiro de sua verdade inconsciente e das situações da história que o engendraram).

O sujeito:

> ... *tomá-lo em sua singularidade*, o que isso significa? Significa essencialmente que, para ele, o interesse, a essência, o fundamento, a dimensão própria da análise é a reintegração, pelo sujeito, de sua história até seus derradeiros limites sensíveis, vale dizer, até uma dimensão *que supera em muito os limites individuais*

A TRANSCENDÊNCIA DO IMAGINÁRIO PELO SIMBÓLICO...

[grifo nosso]... o que essa dimensão revela é a ênfase conferida por Freud, em cada caso, a pontos essenciais a serem conquistados pela técnica, o que eu chamaria de situações da história. (L I,18-19)

O objeto do trabalho psicanalítico não é o *hic et nunc* da transferência, mas o "tempo passado", não no sentido de que solicite uma investigação de historiador, e sim por requerer uma análise do trabalho de reconstrução histórica feita pelo sujeito face às *situações da história*.
"Quando voltamos à origem da experiência freudiana – e quando digo *origem*, não digo origem histórica, mas a fonte [...]. O que conta é o que é reconstruído. [...].
"Chegamos então, na concepção do próprio Freud, à ideia de que se trata da leitura, da tradução qualificada, experimentada, do criptograma[35] representado por aquilo que o sujeito possui atualmente na sua consciência [...] – dele próprio e de tudo, vale dizer, do conjunto do seu sistema." (L I, 19-20)
É, portanto, seguindo o encadeamento da fala, lendo e traduzindo o *criptograma* representado pelo que o sujeito possui do seu sistema (seus arquivos), que o progresso analítico se faz. O sujeito (do inconsciente) é, assim, descrito por Lacan, leitor de Freud, como tendo a ver com um criptograma que é necessário saber ler e traduzir.
A resistência seria, então, tanto mais forte quanto mais a leitura desse criptograma se aproximasse do "tesouro inconsciente" que constitui o seu núcleo.
Cabe frisar que leitura e tradução são termos que evocam o trabalho sobre a letra e procedem do próprio Freud.

LACAN E LÉVI-STRAUSS OU O RETORNO A FREUD

Vemos, também, que o objeto "inconsciente" é situado numa perspectiva de reconstrução histórica do passado. Trata-se do sistema de reescrita do sujeito. Reescrita de si mesmo e das situações às quais foi levado (cf. Freud, "Les temps du sujet" [O tempo do sujeito], carta 52).[36]

Contra as versões anglo-saxônicas de análise, que dão ao eu uma posição-chave, Lacan, então, preconiza a descoberta dos sistemas de reescritura das situações históricas nas quais se encontrou o sujeito, mas também a decifração dos conjuntos fonemáticos que a eles conduzem. Da mesma forma, ele "reinventa" na leitura de Freud o estatuto do analista como tradutor *e* leitor dos entrecruzamentos linguísticos dos quais se deduzem a subjetividade inconsciente e seus distúrbios:

> ... pode-se dizer que em nosso discurso, atualmente, o eu seja senhor de tudo que está por trás dessas palavras?
>
> O sistema simbólico é incrivelmente intricado, marcado por essa *Verschlungenheit*, *propriedade de entrecruzamento*, que na tradução dos escritos técnicos aparece como *complexidade*; o que é muito fraco, *Verschlungenheit* designa o entrecruzamento linguístico... (L I, 65)

Para Lacan, não é a influência do analista visando a neutralizar a hostilidade do paciente que devemos convocar como princípio de autoridade na experiência analítica, mas a capacidade linguística de um clínico experiente na tradução e na leitura significante (fonemática) do sintoma.

A TRANSCENDÊNCIA DO IMAGINÁRIO PELO SIMBÓLICO...

Cabe lembrar que, já no "Discurso de Roma" (setembro de 1953) – ao qual retornaremos de forma extensa –, Lacan claramente formulou o regime significante do sintoma e sua leitura por Freud nos seguintes termos:

> O sintoma é aqui o significante de um significado recalcado da consciência do sujeito. [...] Decifrando essa fala é que Freud encontrou a língua primeira dos símbolos, ainda viva no sofrimento do homem da civilização (*Das Unbehagen in der Kultur*). *Hieróglifos* da histeria, brasões da fobia, labirintos da *Zwangsneurose*...[37]

É preciso que se saiba não reduzir a resistência impressionando, seduzindo ou induzindo à identificação egoica, mas traduzir e ler o que o sujeito diz, pois a solução do enigma inconsciente ou do criptograma não está na boa vontade do eu do paciente, sempre ultrapassado pelo sentido das palavras que levam precisamente ao cerne desse criptograma.

Pela orientação freudiana, lembra Lacan, o sujeito é sujeito de um sistema simbólico a ser reconstruído, ou ainda, é sujeito de situações históricas que devem ser decifradas no criptograma que encerra o conjunto dos fonemas que formam o núcleo da verdade do desejo recalcado e o polo de resistência mais forte ao desvendamento.

A resistência à análise emana desse núcleo de fonemas, e é "deixando que fale" que ele tem alguma chance de emergir na consciência.

LACAN E LÉVI-STRAUSS OU O RETORNO A FREUD

Especificamente, usar do autoritarismo ou da sugestão para fazer com que o eu do paciente passe para o campo do analista não pode encabeçar o nascimento desse conjunto fonemático.

Segundo tempo

A recusa freudiana da sugestão é mencionada por Lacan numa outra oportunidade de seu ensino, a 10 de fevereiro de 1954, quando solicitou a Jean Hyppolite[38] que apresentasse no seminário o artigo de Freud *Die Verneinung*,[39] que se abre ao mito da gênese da linguagem para o sujeito. Antes, porém, de entrar na leitura desse texto, cujo título foi traduzido pelo filósofo como noção de negação, Lacan lembra a ajuda momentânea que Hyppolite dera a um outro participante (o Senhor Z...) algumas sessões antes, explicando a descoberta da resistência pelo caráter autoritário de Freud.

Lacan lembra que

...tratava-se, caso lembrem, de ver qual era a atitude fundamental, intencional de Freud em relação ao paciente, no momento em que pretendia substituir a subjugação operada pela sugestão ou a hipnose pela análise das resistências através da fala.

Eu me mostrara então muito reservado quanto a saber se havia aí, em Freud, uma manifestação de combatividade, e mesmo de dominação, resíduo do estilo ambicioso que podíamos ver evidenciado em sua juventude. (L I, 67)

A TRANSCENDÊNCIA DO IMAGINÁRIO PELO SIMBÓLICO...

Ao voltar uma segunda vez a esse ponto, Lacan indica a importância que isso tem para ele.

Hyppolite se distingue, então, do sr. Z...

Vem em seguida a exposição do filósofo sobre a gênese subjetiva da linguagem, e então um prolongamento, justificadamente intitulado, na edição do seminário, "Análise do discurso e análise do eu".

De certa maneira, Lacan lembra aos seus ouvintes e, depois, aos leitores que é preciso escolher entre a rigorosa decifração do engrama e a análise do eu. Essa escolha tem implicações essenciais no plano da relação com o outro no grupo e na clínica. E é o que interessa a Lacan aqui.

A culpa de Anna

É interessante, assim, constatar que o progresso do seminário passa pela análise crítica de um texto de Anna Freud, abordando um fragmento de tratamento no qual ela inicialmente enfrentou o problema de ter "... tomado desde logo as coisas sob o ângulo da relação dual entre o doente e ela mesma".

Para Lacan, "... ela deveria ter distinguido a interpretação dual, na qual o analista entra numa rivalidade de eu para eu com o analisando, e a interpretação que avança no sentido da reestruturação simbólica do sujeito e que deve ser situada para além da estrutura atual do seu eu". (L I, 78)

De fato, Anna Freud "confessa" no seu texto que se deixou envolver pelo dispositivo até permitir o surgimento, na paciente, da lembrança de um "pai morto e amado com ternura", segundo as próprias palavras da autora.

A situação teria sido liberada, acreditando-se em Anna Freud, com a reintrodução do pai no relato da história da analisanda, mas também – acrescentamos nós – na transferência, ou ainda na situação analítica entre as duas rivais (Anna Freud e sua paciente).

Essa reintrodução do pai morto na experiência freudiana é naturalmente – como repetimos – o próprio projeto lacaniano com o retorno a e *de* Freud, e, neste, Lacan frisa a ausência paterna até na prática analítica da própria filha do criador da psicanálise.

Destacar essa falta na prática da filha pode parecer, aos leitores, apenas um detalhe diante da importância da vasta extensão teórica abordada, mas é preciso ter em mente, no caso, que seguimos aqui a epistemologia freudiana, na qual o exemplo mencionado coloca o analista em busca da "coisa em si", e que, se seguimos alguns traços da transferência de Lacan a Freud, essa evocação crítica lacaniana da falta que distancia a filha do pai da psicanálise faz parte dessa expressão transferencial, encontrada no livro aberto do Seminário. É a nossa hipótese, pelo menos.

Ao reintroduzir o pai morto, não se trata de reintroduzir a pessoa do pai, mas seu valor simbólico e o de sua fala, logo, o do seu desejo. O desejo do analista Freud.

A TRANSCENDÊNCIA DO IMAGINÁRIO PELO SIMBÓLICO...

A lembrança do pai morto

No seminário, Lacan lê e escuta Anna Freud:

> Do ponto de vista histórico (*escreve Anna Freud*), esse procedimento de defesa pelo ridículo e a ironia se explica, em nossa paciente, por uma identificação com seu falecido pai, que pretendia ensinar autocontrole à filha e zombava dela toda vez que se entregava a manifestações sentimentais. O método de defesa contra o afeto fixa portanto, aqui, a lembrança de um pai amado com ternura. (L I, 77)[40]

Ele acrescenta que Anna interpretou a agressividade da paciente em relação a ela como uma manifestação transferencial, reproduzindo a situação vivida anteriormente pela paciente. O que não deixa de ser verdade, avalia ele, embora não considere o que estruturava a situação historicamente "passada no inconsciente".

Reintroduzir a identificação com o pai morto permite um progresso da clínica, segundo Lacan, porque abre um ponto de vista para a estrutura inconsciente do sujeito e sua organização simbólica, constituindo *ipso facto* a saída para essa experiência até então estagnada no registro dual do alter ego ou do imaginário.[41]

Trata-se, portanto, de saber, diz ele, para que tipo de consentimento abrem o pacto e o progresso da análise. Já no primeiro encontro, a resistência é de responsabilidade do analista, pois se ele engajar o paciente numa relação dual, estará garantindo a retomada dos recalques. Nesse caso, o pacto não terá sido freudiano. No sentido inverso, se o analista endossa o desejo de Freud, se engajará numa leitura do material inconsciente do qual o analista nada sabe, "... na medida em que ignoramos a constelação simbólica que subjaz no inconsciente do sujeito". (L 1, 79)

É essa constelação simbólica que constitui a questão central da análise, ou, ainda, essas "... situações estruturadas, organizadas, complexas. Freud nos forneceu seu primeiro modelo, o padrão, no complexo de Édipo" (L 1, 79), conclui o autor.

O esquecimento do lugar do pai morto, por Anna Freud, na sua direção da cura aparece assim, nessa perspectiva, como um duplo erro (que na realidade é apenas um):

1. Erro contra o progresso da análise de sua paciente, pois não lhe fornece a pedra angular estrutural da organização edipiana desta;
2. Erro contra o próprio pai, pois, como analista e filha, ela esquece, no caso, "de harmonizar sua linguagem com a dele", segundo a lógica exigida pelo supereu anteriormente evocado por Lacan, na qual o "você" (vindo da boca do pai) "não é um sinal, mas uma referência ao outro, é ordem e amor". (L I, 9)

Anna esquece a referência a esse desejo freudiano, que indica para todos os analistas o caminho das estruturas simbólicas inconscientes.

A TRANSCENDÊNCIA DO IMAGINÁRIO PELO SIMBÓLICO...

Ao identificar o esquecimento do pai morto na técnica da filha de Freud, Lacan atenta não tanto para a falha de devoção filial (esquecimento do pai morto da paciente e de Anna), mas para o erro cometido contra o próprio pai ou contra sua fala, "no qual é preciso confiar", segundo dizia meses antes.[42]

E é preciso confiar em Freud justamente porque ele soube situar no cerne da experiência analítica a morte e a função simbólica do pai, que é função "da fala e do amor".[43]

Assim, esquecer o pai da analisanda e o próprio pai morto significa levar a direção da cura, com Anna Freud, a uma relação de rivalidade dual, que impede o acesso às formações simbólicas que organizam o inconsciente e, em primeiro lugar, o complexo de Édipo.

Com essa crítica, Lacan chama atenção para o pai morto, para o seu desejo de analista, o seu *corpus*, a sua técnica, a sua descoberta e, nesse sentido, apresenta-se como "o filho" mais fiel; aquele que não esquece nem o pai morto nem o Édipo, ou seja, que não esquece o desejo de Freud, muito embora – como vimos – ele não compartilhe o ponto de vista universalista do Édipo sustentado pelo fundador da psicanálise.

Em 1953, o complexo edipiano ainda é de fato o "modelo, o padrão", segundo Lacan, de um esquema simbólico insuficientemente desenvolvido, embora seja fundamental para qualquer "realização simbólica, pelo sujeito, do isso, do inconsciente – que é um si-mesmo e não uma série de pulsões desorganizadas". (L I, 79) Em outras palavras, o inconsciente é simbolicamente

LACAN E LÉVI-STRAUSS OU O RETORNO A FREUD

organizado, reafirma o psicanalista, e a capacidade de estruturação do mito edipiano é considerável – como vem a demonstrar o seu comentário sobre a apresentação clínica de um caso de Melanie Klein[44] –, mas, para ele, a função simbólica que encarna o mito edipiano é o que realmente importa, mais do que sua atualização nesse mito.

Desse ponto de vista, o psicanalista mantém certa reserva quanto à universalidade da concepção freudiana sobre o Édipo.

Do complexo de Édipo à tríade imaginário, simbólico e real

Para Lacan, é a integração simbólica do sujeito que interessa, e o complexo de Édipo representa apenas uma chave para esta.

> É realmente a chave – uma chave muito reduzida. Já assinalei que provavelmente havia todo um molho de chaves. Talvez eu venha a dar um dia uma conferência sobre o que nos fornece, a esse respeito, o mito dos primitivos – não direi dos *primitivos inferiores*, pois eles não são inferiores, sabem muito mais que nós. Quando estudamos uma mitologia, por exemplo, a que pode surgir a propósito de uma população sudanesa, vemos que o complexo de Édipo não passa, para eles, de uma brincadeirinha boba. Um ínfimo detalhe num mito imenso. O mito permite cotejar uma série de relações entre os sujeitos, de uma riqueza e de uma complexi-

A TRANSCENDÊNCIA DO IMAGINÁRIO PELO SIMBÓLICO...

dade, perto do que o Édipo parece apenas uma edição de tal maneira condensada que, no fim das contas, nem sempre pode ser utilizada.

Mas o que importa? Nós, analistas, nos contentamos com isso até agora. É bem verdade que tentamos elaborar um pouco, o que, no entanto, parece bem tímido. Continuamos nos sentindo terrivelmente enredados, pois não distinguimos bem entre imaginário, simbólico e real. (L I, 101)

Se Lacan, nesse *Seminário, Livro I*, remete à fala do pai morto e à exigência do simbólico é para indicar que a organização descrita por Freud (o complexo de Édipo) não passa de uma hipótese de um sistema muito mais amplo, e que não é necessário buscar a universalidade do complexo ou de sua forma, mas da função simbólica e de sua ordem.

Nota-se que o psicanalista trata aqui de situações simbólicas, e que a passagem aos três registros – imaginário, simbólico e real – é claramente indicada.

Assim, se ele reconhece o pai morto, sua fala e o lugar deste como ponto fundamental da orientação freudiana é para melhorar e superar a figura crucial, mas não universal, do Édipo pela figura da função simbólica, promovida no campo psicanalítico por ele e que, naturalmente, é, ela sim, universal.

Para Lacan, o Édipo é uma situação simbólica.

Verifica-se de fato uma ruptura, que devemos mais uma vez pontuar, da situação familiar do sujeito, evocada por ele de 1938 a 1950, ou, ainda, das "condições sociais do edipismo", ao imperativo já agora formulado que reconhece, para o progresso da análise, a situação ocupada pelo sujeito na ordem simbólica:

> O que está em jogo na análise não é outra coisa – reconhecer qual função o sujeito assume no registro das relações simbólicas, que cobre todo o campo das ações humanas e que tem como célula inicial o complexo de Édipo, em que se decide a assunção do sexo. (L I, 80)

O Édipo: um resto de simbólico

Para permanecer numa lógica antropológica que pretendesse ver na evolução da constituição do sujeito uma função das evoluções sociais, diríamos, segundo Lacan, que o sujeito do Édipo ou o sujeito moderno se revelaria menos, em 1953-1954, como efeito de um núcleo familiar (teoria lacano-durkheimiana de 1938) do que como efeito de um traço do mito que empalidece diante de outros sistemas simbólicos, como os do Sudão evocado pelo psicanalista.[45] A função do Édipo para Lacan, nesse momento, seria de uma "simples" situação simbólica presente na modernidade. Nessa visada, nada teria de universal nem de miticamente rica.

Para ele, portanto, o sujeito do inconsciente é menos um sujeito do Édipo do que dos sistemas míticos. O sujeito do inconsciente é o do sistema simbólico no seu conjunto, e é exatamente por isso que ele prossegue, ou, melhor, retorna a Freud com as ciências sociais e os trabalhos de Lévi-Strauss.

A TRANSCENDÊNCIA DO IMAGINÁRIO PELO SIMBÓLICO...

Se, por um lado, declara publicamente esse retorno com o Seminário e convoca os psicanalistas a identifica-rem seu desejo com o desejo do fundador – desejo que ele decifra nos escritos de Freud, e não pelo que sabe de sua pessoa –, por outro lado, Lacan também avalia, como dissemos, os desvios da doutrina freudiana cometidos nas formulações de outros analistas. Mas constatamos que ele próprio, em 1953-1954, nem sempre adota, sobre a ques-tão fundamental do Édipo, uma postura verdadeiramente freudiana, pois continua negando seu universalismo em proveito do universalismo da função simbólica, da qual dependeria a estruturação do sujeito do inconsciente.

Essa noção de função simbólica é extraída, pelo psi-canalista, das pesquisas da etnologia francesa, sobretudo de Marcel Mauss, a quem já se referia em 1950 – como mostramos – no seu artigo "Fonction de la psychanalyse en criminologie".[46]

Nesse texto, Lacan revisitava a clínica dos psicopatas com as noções de simbolismo parcial e simbolismo com-pleto, sugeridas por Marcel Mauss.* No que diz respeito à função simbólica de maneira mais geral, contudo, foi essencial para o psicanalista, sobretudo, a leitura da introdução de Lévi-Strauss à edição póstuma da obra *Sociologie et anthropologie* [Sociologia e antropologia], de M. Mauss. Essencial porque, na nossa opinião, é nela que Lacan descobre, particularmente, o operador teórico de que voltará a se apossar com o designativo *Nome-do-Pai*, ao qual voltaremos; mas, também, porque

---

* Marcel Mauss, Ensaio sobre a dádiva, Coimbra, Edições 70, 2008.

é exatamente nesse texto que o etnólogo promove uma reviravolta impressionante da problemática de Marcel Mauss, que em vão tentava fornecer uma teoria sociológica do simbolismo, ao passo que Lévi-Strauss a concluía com elegância: "É necessário, evidentemente, buscar uma origem simbólica da sociedade."[47]

Ao reconhecer o primado da função simbólica sobre as sociedades, Lévi-Strauss dá início a uma antropologia nova, "vale dizer, (a) um sistema de interpretação que dá conta simultaneamente dos aspectos físicos, fisiológicos, psíquicos e sociológicos de todas as condutas..."[48]

A esse respeito, cabe destacar que a prova da interpretação somente pode ser feita, segundo o etnólogo, pelo mental:

> É bem verdade que, num certo sentido, todo fenômeno psicológico é um fenômeno sociológico, que o mental se identifica com o social. Mas num outro sentido tudo se inverte: a prova do social só pode ser mental; em outras palavras, nunca podemos estar certos de ter alcançado o sentido e a função de uma instituição se não estivermos em condições de reviver sua incidência numa consciência individual.[49]

E o que faz com que "mental e social se confundam"?[50]

Nada mais que a origem simbólica dos dois, ou melhor, a força de indução da *eficácia simbólica*[51] demonstrada por Lévi-Strauss, no seu artigo de 1949, e cuja importância foi prontamente percebida por Lacan.

É sobre esse artigo que vamos agora tratar, pois nele encontramos uma teoria das resistências, da transferência e da cura, em suma, um "escrito técnico" que devemos ter em mente para entender a leitura de Lacan dos escritos técnicos de Freud.

II. A eficácia simbólica: de Anna Freud a Claude Lévi-Strauss

A *eficácia simbólica* é uma referência lévi-straussiana absolutamente inaugural na obra de Lacan, já que o psicanalista cita pela primeira vez as pesquisas do etnólogo ao se referir, precisamente, a esse artigo na sua comunicação no XVI Congresso Internacional de Psicanálise, de 17 de julho de 1949, intitulada *Le stade du miroir comme formateur de la fonction du Je telle qu'elle nous est révélée dans l'expérience psychanalytique* [O estádio do espelho como formador da função do eu tal como nos é revelada na experiência psicanalítica].[52]

Introduzido por Claude Lévi-Strauss meses antes da intervenção lacaniana sobre o estádio do espelho, em Zurique, o conceito de eficácia simbólica é usado pelo psicanalista na sua leitura da experiência especular nestes termos um tanto misteriosos:

> Para as *imagos*, com efeito, cujos rostos encobertos temos o privilégio de ver perfilados em nossa experiência cotidiana e *na penumbra da eficácia simbólica* [grifo nosso] – a imagem especular parece ser o limiar do mundo visível, se nos fiarmos na disposição especular apresentada na alucinação e no sonho pela *imago do corpo próprio*, quer se trate de seus traços individuais, e

LACAN E LÉVI-STRAUSS OU O RETORNO A FREUD

mesmo de suas enfermidades ou suas projeções objetais, ou se observarmos o papel do aparelho especular nas aparições do duplo em que se manifestam realidades psíquicas, por sinal heterogêneas.[53]

Essa nova apreensão da "eficácia simbólica", ou, antes, de sua "penumbra" envolvendo as imagos no limiar do mundo visível encontraria, por um lado, seu esclarecimento lacaniano no seminário de 1953-1954, que propõe uma nova versão do estádio do espelho, harmonizando-se – como veremos – com o dispositivo óptico proposto por Freud no seu livro *L'Interprétation des rêves* [A interpretação dos sonhos],[54] mas também com o manejo da função simbólica proposto por Lévi-Strauss.

Vejamos, inicialmente (antes de voltar a Freud), o que Lévi-Strauss desenvolve no seu artigo "A eficácia simbólica" como teoria da cura, girando em torno do eixo simbólico que distingue, segundo ele, a cura xamânica da cura médica, mas ao mesmo tempo aproximando aquela da experiência freudiana.

A cura segundo Lévi-Strauss

A cura médica no Ocidente separa o universo da causa objetiva da doença (o micróbio, por exemplo) do mundo subjetivo do paciente, assinala Lévi-Strauss para começar, ao passo que a cura xamânica, pelo contrário, desconhece essa separação. E é isso que – segundo o etnólogo – permite o seu êxito, pois a causa da doença (o monstro) de fato

A TRANSCENDÊNCIA DO IMAGINÁRIO PELO SIMBÓLICO...

tem, no paradigma xamânico, o mesmo estofo simbólico que o universo das representações subjetivas do doente. Desse modo, a prática simbólica influencia a causa.

A doença: uma relação de significante a significado

Ouçamos Lévi-Strauss:

> ... A relação entre monstro e doença é interior a esse mesmo espírito, consciente ou inconsciente: é uma relação de símbolo à coisa simbolizada, ou, para empregar o vocabulário dos linguistas, de *significante a significado* [grifo nosso]. O xamã fornece a sua doente uma *linguagem*, na qual podem se expressar imediatamente estados não formulados ou até impossíveis de formular. E é essa passagem para a expressão verbal [...] que provoca o desbloqueio do processo fisiológico, vale dizer, a reorganização, num sentido favorável, da sequência cujo desdobramento é sofrido pela doente (*AS* 1, 218).[55]

O etnólogo, portanto, explicita perfeitamente a lógica da interpretação xamânica como um remanejamento do universo simbólico do sujeito e, já no início de 1949, se refere ao trabalho dos linguistas (como faria Lacan, mais tarde) para situar o registro dessa interpretação, a saber, o registro do significante.[56]

Mas se Lévi-Strauss distingue cientificamente a interpretação xamânica da cura médica ocidental, é, pelo contrário, e de maneira complementar, para aproximá-la da experiência analítica, nos seguintes termos:

LACAN E LÉVI-STRAUSS OU O RETORNO A FREUD

> Nos dois casos, o que se pretende é trazer à consciência conflitos e resistências até então inconscientes, seja em razão do seu recalque por outras forças psicológicas, seja – no caso do parto – por sua natureza própria, que não é psíquica, mas orgânica, ou mesmo simplesmente mecânica. Nos dois casos, igualmente, os conflitos e resistências se dissolvem, não em virtude do conhecimento, real ou suposto, que o doente vem a adquirir deles progressivamente, mas porque esse conhecimento possibilita uma experiência específica, durante a qual os conflitos se realizam numa ordem e num plano que permitem seu livre desenrolar e conduzem ao seu desenlace. Essa experiência vivida recebe, em psicanálise, o nome de *abreação*. Sabemos que ela tem como condição a intervenção não provocada do analista, que surge nos conflitos do doente, pelo duplo mecanismo da *transferência* [grifo nosso], como um protagonista de carne e osso, frente ao qual este último pode restabelecer e explicitar uma situação inicial que permanecia não formulada.
>
> Todas essas características serão encontradas na cura xamânica. (*AS* I, 219)

Segundo Lévi-Strauss, portanto, a resistência é suspendida na transferência pela interpretação significante, que irá reorganizar o universo simbólico do paciente.

Como dar uma definição mais concisa da concepção de análise preconizada por Lacan no seu retorno e depois de sua leitura de Freud e de Lévi-Strauss?

A importância dos conceitos de linguagem, resistências, transferência e interpretação significante é explícita

A TRANSCENDÊNCIA DO IMAGINÁRIO PELO SIMBÓLICO...

nesse texto do etnólogo, que devemos considerar fundamental nas pesquisas de Lacan.

Mas o fato é que, para Lévi-Strauss, a cura xamânica não se confunde com a psicanálise.

Retomando:

> Todas essas características serão encontradas na cura xamânica.
>
> Também nela, trata-se de suscitar uma experiência, e, na medida em que essa experiência se organiza, mecanismos situados fora do controle do sujeito se regulam espontaneamente para levar a um funcionamento ordenado. O xamã tem o mesmo papel duplo que o psicanalista; um primeiro papel – de ouvinte para o psicanalista, de orador para o xamã – estabelece uma relação imediata com a consciência (e mediata com o inconsciente) do doente [...]. O doente acometido de neurose liquida um *mito individual* [grifo nosso] opondo-se a um psicanalista real; a parturiente indígena supera uma desordem orgânica real identificando-se com um xamã miticamente transposto. O paralelismo não exclui, portanto, diferenças [...]. Na verdade, a cura xamânica parece um equivalente exato da cura psicanalítica, mas com uma inversão de todos os termos. Ambas visam a provocar uma experiência; e ambas o alcançam reconstituindo um mito que o doente deve viver, ou reviver. Entretanto, num caso, é um mito individual que o doente vem a construir com a ajuda de elementos extraídos do seu passado; no outro, é um mito social que o doente recebe do exterior e que não corresponde a um estado pessoal antigo... (*AS* I, 220)

LACAN E LÉVI-STRAUSS OU O RETORNO A FREUD

O conceito de mito individual do neurótico (retomado por Lacan em 1953)[57] surge na escrita de Claude Lévi--Strauss, já em 1949, como uma formação simbólica cuja posição na experiência analítica – e em relação à do mito social recebido pelo doente na cura xamânica – é invertida.

Mas é justamente pela interpretação ser do mesmo tecido simbólico que o sintoma, nos dois tipos de tratamento, que ela se mostra eficaz em ambos os casos.

Em seguida, há a leitura, por Lévi-Strauss, do tratamento de uma esquizofrênica relatado pela sra. Sechehaye.[58]

O etnólogo afirma: "É a eficácia simbólica que garante a harmonia do paralelismo entre mito e operações [...]. No tratamento da esquizofrenia, o médico realiza as operações e o doente produz seu mito; na cura xamânica, o médico fornece o mito e o doente realiza as operações." (*AS* I, 222) Operações (interpretações, remanejamentos) e formações míticas, portanto, se relacionam no xamanismo e na experiência psicanalítica, segundo Lévi-Strauss, mas funcionam de maneira inversa entre médico e paciente de acordo com o tipo de prática em questão. Cabe notar que, no tratamento analítico da esquizofrenia, a produção do mito cabe, por essa lógica, ao paciente, e que, por isso, essa produção surge como uma espécie de progresso subjetivo fundamental, para Lévi-Strauss. Assinalemos, ainda, que essa formulação antecipa mais uma vez o que Lacan desenvolveria posteriormente, como veremos na terceira parte, em relação às construções simbólicas com valor de suplementação das falhas da função paterna que motivam as organizações fóbicas ou a produção de delírios.[59]

Manuseando os símbolos, é também o órgão que vem a ser modificado, acrescenta o etnólogo. A eficácia simbólica encontra na escrita do estudioso, justamente, a sua especificidade, na medida em que se trata de uma propriedade indutora que permite as inter-relações entre os diferentes materiais e níveis do ser vivo:

> (*Com a cura xamânica ou psicanalítica*) tratar-se-ia, a cada vez, de induzir uma transformação orgânica, que consiste essencialmente numa reorganização estrutural, levando o doente a viver intensamente um mito, ora recebido, ora produzido, e cuja estrutura seria, no plano do psiquismo inconsciente, análoga àquela cuja formação se pretende determinar no plano do corpo. A eficácia simbólica consistiria, precisamente, nessa "propriedade indutora" exercida reciprocamente por estruturas formalmente homólogas capazes de se edificar, com materiais diversos, nos diferentes níveis do ser vivo: processos orgânicos, psiquismos inconscientes, pensamentos conscientes. (*AS* I, 223)

Segundo Lévi-Strauss, a eficácia simbólica se deduz da homologia das estruturas que organizam a vida e do princípio de indução que as interliga.

Donde a força da interpretação simbólica para o etnólogo e, mesmo, a força de qualquer remanejamento ou invenção simbólica, e donde, ainda, a surpreendente sustentação científica que ele confere ao ideal rimbaudiano: "A metáfora poética fornece um exemplo familiar desse procedimento indutor; mas sua utilização corrente não lhe permite superar o psíquico. Constatamos, assim, o valor da intuição de Rimbaud ao dizer que ela também pode servir para mudar o mundo." (*AS* I, 223)

Esse valor indutor que confere toda a sua força e o seu estatuto à eficácia simbólica permite pensar, naturalmente, o valor da interpretação psicanalítica não apenas remanejando a organização simbólica da qual são deduzidos o sujeito e seus sintomas, mas fornecendo um modelo para igualmente pensar as modificações orgânicas que podem ser deduzidas de um acontecimento simbólico, e mesmo o seu inverso (do organismo ao simbólico). O valor heurístico da aproximação dos objetos (orgânicos ou simbólicos) e de seu modo de interpretação prática (cura xamânica ou psicanálise) é confirmado por Claude Lévi-Strauss, que preconiza para a psicanálise uma nova inversão que assumisse valor dialético e visa um ponto decisivo, já que se trata pura e simplesmente do conceito fundamental de "inconsciente":

> A comparação com a psicanálise nos permitiu esclarecer certos aspectos da cura xamânica. Mas não é certo que, em sentido inverso, o estudo do xamanismo venha um dia a elucidar pontos que ficaram obscuros na teoria de Freud. Pensamos, em particular, no conceito de mito e no conceito de inconsciente.
>
> Vimos que a única diferença entre os dois métodos que sobreviveria à descoberta de um substrato fisiológico das neuroses diz respeito à origem do mito, reencontrada, num caso, como um *tesouro* [grifo nosso] individual, e recebida, no outro, da tradição coletiva. (*ibid*.)

A TRANSCENDÊNCIA DO IMAGINÁRIO PELO SIMBÓLICO...

Lévi-Strauss visa, portanto, a uma verdadeira teoria do inconsciente; uma teoria do inconsciente e de suas formações individuais, conforme o mito individual do neurótico que encontra a origem do mito (ou do sintoma) como um tesouro. Tesouro de quê? Sejamos claros, um tesouro situado no Outro da estrutura e, assim, encontrado pelo neurótico, ou seja, o tesouro do significante,[60] como viria a retomar e desenvolver Jacques Lacan.

Mas, então, a quem se dirige Lévi-Strauss nesse texto?

Aos etnólogos, sem dúvida, e seguramente também aos psicanalistas, pois, no encaminhamento do texto, ele afasta em seguida as resistências dos analistas que pretendessem objetar sua teoria do inconsciente, argumentando com a história real dos traumas vivenciados pelos pacientes.

> O que devemos nos perguntar é se o valor terapêutico da cura decorre do caráter real das situações rememoradas, ou se o poder traumatizante dessas situações não adviria do fato de que, no momento em que se apresentam, o sujeito as experimenta imediatamente na forma de mito vivenciado. Queremos dizer com isto que o poder traumatizante de uma situação qualquer não pode resultar de suas características intrínsecas, mas da capacidade de certos acontecimentos, surgindo num contexto psicológico, histórico e social apropriado, para induzir uma cristalização afetiva que se faz no molde de uma estrutura preexistente. Em relação ao acontecimento ou à anedota, essas estruturas – ou, mais exatamente, essas leis de estruturas – são de fato atemporais [...]. O conjunto dessas estruturas formaria o que chamamos de inconsciente. (*AS* I, 223-224)

LACAN E LÉVI-STRAUSS OU O RETORNO A FREUD

A tese evidentemente convence Lacan, que retoma mais de dez anos depois, mais precisamente em 24 de maio de 1961, essa articulação exposta pelo etnólogo entre mito e trauma, da qual depende a teoria do inconsciente.

O que diz Lacan em 1961?

> Os mitos são figuras desenvolvidas que podem ser relacionadas, não à linguagem, mas à implicação de um sujeito apanhado na linguagem – e, para complicar as coisas, no jogo da fala. A partir das relações do sujeito com um significante qualquer se desenvolvem figuras nas quais são constatados pontos de recruzamento, que são, por exemplo, aqueles que tentei representar no gráfico... Essa figura, esse gráfico, esses pontos de referência e também a atenção aos fatos nos permitem reconciliar com nossa experiência do desenvolvimento a *função verdadeira do que é trauma* [grifo nosso]. Não é trauma simplesmente o que irrompe num momento, rachando em algum lugar uma estrutura que se imagina total, já que para isto serviu a alguns o conceito de narcisismo. O trauma é que certos acontecimentos venham a se situar num determinado lugar dessa estrutura. E, ocupando-a, nela assumem o valor significante a ela vinculado num sujeito determinado. Eis o que faz o valor traumático de um acontecimento. Donde o interesse em retornar à experiência do mito. (L VIII, 380)

E esse retorno permitiria ao psicanalista, em 1961, pôr em perspectiva a série de mitos historicamente concatenados e que – segundo ele – sobrepairaram o destino

A TRANSCENDÊNCIA DO IMAGINÁRIO PELO SIMBÓLICO...

inconsciente do homem ocidental ou, ainda, forneceram as coordenadas simbólicas de seus sintomas: Édipo, Hamlet e depois o mito claudeliano que ele decifra na trilogia dos Coûfontaine, polarizada pelo rosto do *pai humilhado*, que nossos leitores conhecem bem, pois já a estudamos no nosso trabalho anterior como figura degradada da função paterna, que confere seu aspecto emotivo à *grande neurose contemporânea* diagnosticada por Lacan em 1938.

Com o artigo de 1949 "A eficácia simbólica", devemos notar que uma definição estruturalista do inconsciente surgiu, superando, para Lévi-Strauss e Lacan também, tudo aquilo que dizia respeito a uma definição psicológica do inconsciente e do seu inefável.

Cabe assinalar que, para essa definição mesma, Claude Lévi-Strauss se questiona sobre o ensinamento que recebeu dos textos do seu mestre Sigmund Freud, ao mesmo tempo que tenta uma crítica radical.[61]

Passemos à conclusão desse artigo, então, para de fato nos anteciparmos quanto à maneira como Lacan viria a reler Freud a partir de Lévi-Strauss, ou melhor, para voltar ao inventário da bagagem ou da caixa de ferramentas metodológica que a obra de Lévi-Strauss fornece a ele num ponto fundamental, que necessariamente o levará a se situar – no que diz respeito à teoria do inconsciente – em relação ao etnólogo no seu retorno a Freud, no momento em que Lévi-Strauss critica Freud.

O que torna verdadeiramente apaixonante a nossa investigação.

LACAN E LÉVI-STRAUSS OU O RETORNO A FREUD

O *inconsciente de Lévi-Strauss e o de Freud:*
o social e o indivíduo

Para bem avaliar a teoria do inconsciente em Lévi-Strauss como ferramenta de leitura de Freud por Jacques Lacan, é preciso ter em mente que o etnólogo rejeita o que julga perceber na teoria freudiana do inconsciente e que teria a ver com uma história inefável, para substituí-lo, como operador de produção do inconsciente, pelas regras da função simbólica.

Ouçamos, inicialmente, o Lévi-Strauss de 1949 redefinindo o inconsciente:

> O inconsciente deixa de ser o inefável refúgio das particularidades individuais, o depositário de uma história única, que faz de cada um de nós um ser insubstituível. Ele se reduz a um termo pelo qual designamos uma função: a função simbólica, especificamente humana sem dúvida, mas que se exerce em todos os homens segundo as mesmas leis; que na verdade se reduz ao conjunto dessas leis. (AS I, 224)

Lacan confirma isso quatro anos depois:

1. "O que está em jogo na análise não é outra coisa – reconhecer qual função assume o sujeito no registro das relações simbólicas que cobre todo o campo das relações humanas" (L I, 80) e,

2. Esse sujeito, *"tomá-lo em sua singularidade*, o que isso significa? Significa essencialmente que,

A TRANSCENDÊNCIA DO IMAGINÁRIO PELO SIMBÓLICO...

> para ele, o interesse, a essência, o fundamento, a dimensão própria da análise é a reintegração, pelo sujeito, de sua história até seus derradeiros limites sensíveis, vale dizer, até uma dimensão que supera em muito os limites individuais [...]. O que essa dimensão revela é a ênfase conferida por Freud, em cada caso, a pontos essenciais a serem conquistados pela técnica, o que eu chamaria de situações da história". (L I, 18-19)

Ao ler o Lacan de 1953-1954 com o Lévi-Strauss de 1949, observamos naturalmente que a formação do inconsciente, nos dois autores, supera a história do indivíduo. Tanto num quanto noutro, são as estruturas simbólicas que organizam as formações do inconsciente e, eventualmente, conferem às situações encontradas seu caráter traumático.

Lévi-Strauss indica, assim, que, no que diz respeito à inscrição de cada vida (logo, a sua decifração), é preciso saber – claramente – distinguir o lugar de depósito dos acontecimentos numa espécie de léxico que não é o inconsciente, mas mantém com ele as mesmas relações que o vocabulário com as leis do discurso.

> ... provavelmente será necessário restabelecer, entre inconsciente e subconsciente, uma distinção mais marcada do que aquela a que a psicologia contemporânea nos havia habituado. Pois o subconsciente, reservatório das lembranças e imagens colecionadas ao longo de cada vida, torna-se um simples aspecto da memória; ao

mesmo tempo que afirma sua perenidade, ele implica suas limitações, já que o termo subconsciente remete ao fato de que as lembranças, apesar de conservadas, nem sempre estão disponíveis. Em sentido inverso, o inconsciente está sempre vazio; ou, mais precisamente, é tão exterior às imagens quanto o estômago aos alimentos que o atravessam. Órgão de uma função específica, ele se limita a impor leis estruturais, que esgotam sua realidade, a elementos desarticulados que provêm de outro lugar: pulsões, emoções, representações, lembranças. Poderíamos dizer, assim, que o subconsciente é o léxico individual em que cada um de nós acumula o vocabulário de sua história pessoal, embora esse vocabulário só adquira sentido, para nós mesmos e para os outros, na medida em que o inconsciente o organiza segundo suas leis, dele fazendo, também, um discurso. (*AS* I, 224-225)

Lévi-Strauss mostra-se bastante claro nesse ponto, propondo que as particularidades sintomáticas do sujeito sejam analisadas segundo as leis do inconsciente que puseram em discurso os acontecimentos da vida do sujeito ou, ainda, fizeram desses acontecimentos, sintomas.

Como essas leis são as mesmas em todas as ocasiões em que ele exerce sua atividade e para todos os indivíduos, o problema que se coloca no parágrafo anterior pode facilmente ser resolvido. O vocabulário importa menos que a estrutura. Seja recriado pelo sujeito ou tomado de empréstimo à tradição, o mito só extrai de suas fontes, individuais ou coletivas (entre as quais se produzem

A TRANSCENDÊNCIA DO IMAGINÁRIO PELO SIMBÓLICO...

constantemente interpretações e trocas), o material de imagens que aciona; mas a estrutura permanece a mesma, e é por ela que a função simbólica se realiza.

Acrescentemos que essas estruturas não são apenas as mesmas para todos e para todas as matérias às quais se aplica a função, mas que são pouco numerosas, e entenderemos por que o mundo do simbolismo é infinitamente diverso em seu conteúdo, mas sempre limitado por suas leis. Existem muitas línguas, mas muito poucas leis fonológicas que valem para todas as línguas. Uma coletânea de contos e mitos conhecidos ocuparia uma massa impressionante de volumes. Mas podem ser reduzidos a um pequeno número de tipos simples, acionando, por trás da diversidade de personagens, algumas funções elementares; e os complexos, esses mitos individuais, também se reduzem a alguns tipos simples, moldes nos quais vem inscrever-se a fluida multiplicidade de casos.

Pelo fato de o xamã não psicanalisar seu doente, podemos concluir, assim, que a busca do tempo perdido, considerada por alguns como a chave da terapêutica psicanalítica, não passa de uma modalidade (cujo valor e cujos resultados não são desprezíveis) de um método mais fundamental, que deve se definir sem que se recorra à origem individual ou coletiva do mito. Pois a *forma* mítica prima sobre o conteúdo do relato. Pelo menos é o que a análise de um texto indígena nos pareceu ensinar. Num outro sentido, contudo, bem sabemos que todo mito é uma busca do tempo perdido. Essa forma moderna da técnica xamânica que é a psicanálise extrai, portanto, suas características particulares do fato de que, na civilização mecânica, não há mais lugar para o tempo mítico, senão no próprio homem. Dessa cons-

LACAN E LÉVI-STRAUSS OU O RETORNO A FREUD

tatação, a psicanálise pode extrair uma confirmação de sua validade, ao mesmo tempo que a esperança de aprofundar suas bases teóricas e melhor compreender o mecanismo de sua eficácia, mediante um confronto de seus métodos e objetivos com os dos grandes antecessores: os xamãs e feiticeiros. (*AS 1*, 225-226)

Nessa lógica, a neurose deve ser interpretada como uma formação mítica.

Para dizer de outro modo, escreveremos que, a partir da prevalência das organizações simbólicas socialmente compartilhadas, e para responder às dificuldades encontradas nas particularidades de sua história ou, ainda, às dificuldades de seu posicionamento no próprio cerne de sua inscrição mítica (ou simbólica), o sujeito produz sintomas, complexos, uma neurose que tem, ela própria, uma estrutura mítica, já que nada mais é do que uma versão individual das dificuldades encontradas pelo sujeito na situação simbólica com que se defronta (sua subjetivação).

Donde a ideia de Lévi-Strauss de reconhecer nas neuroses mitos individuais estritamente complementares às organizações míticas socialmente compartilhadas.

Lacan, em 1953, endossa essa perspectiva, descrevendo a neurose obsessiva como *O mito individual do neurótico*.

Seria realmente necessário frisar tudo aquilo que, no texto essencial do Lévi-Strauss de 1949, se reencontra na escrita do Lacan que relê Freud?

De forma muito genérica, assinalemos que, nesse retorno a Freud, Lacan retoma diversos aspectos da teoria da

A TRANSCENDÊNCIA DO IMAGINÁRIO PELO SIMBÓLICO...

função simbólica de Lévi-Strauss para resolver a questão de que trata na época e que diz respeito à articulação entre os três registros, do imaginário, do simbólico e do real, questão que o embaraça. E nesse momento, por sinal, é basicamente a virada do registro imaginário para o registro simbólico que merece sua atenção.

Se, como lembramos, a conferência de 1949 sobre o "estádio do espelho" já evocava a presença misteriosa da "penumbra da eficácia simbólica" envolvendo a imagem especular no limiar do mundo visível, é de fato essa penumbra que o psicanalista pretende, à época, dissipar, esclarecendo tudo aquilo que a estruturação do sujeito deve ao estofo entre o imaginário do estádio do espelho (o visível) e a função simbólica, ou melhor, sua eficácia apontada por Lévi-Strauss.

Em 1953, Lacan não se satisfaz mais com sua teoria do estádio do espelho para explicar as identificações originárias do sujeito e efetua um remanejamento teórico que encontra suas bases na exposição da eficácia simbólica por Claude Lévi-Strauss. Se o seu retorno a Freud é de fato, antes de mais nada, uma retificação transferencial quanto ao desejo freudiano, o remanejamento teórico que ele efetua implica a introdução de uma nova versão do estádio do espelho, que não exclui o pai morto da psicanálise nem sua fala, a fala do totem ou do pai simbólico, à qual se trata de retornar e que exige (e permite) o resvalar da experiência do espelho em direção ao buquê invertido que ele agora vai expor.

Devemos entender que essa transformação do estádio do espelho para o buquê invertido é um remanejamento teórico que se alicerça na exposição da "Eficácia simbólica" de Lévi-Strauss, e que são essas pesquisas, portanto, que impregnam a retificação transferencial de Lacan, muito embora seja precisamente quando retoma o conceito de função simbólica que o psicanalista continue sustentando o desvio que distingue o seu manejo do Édipo do manejo freudiano.

Notemos, por fim, que a experiência do buquê invertido é uma nova versão do estádio do espelho, cujos prolongamentos examinamos no nosso trabalho anterior, afinal trata-se simplesmente de repensar a própria origem da estruturação subjetiva e a passagem da natureza à cultura. O que mostra que, nesse retorno, o psicanalista dá prosseguimento a seu diálogo com Lévi-Strauss e com a antropologia no ponto em que esta se volta para o enigma dos enigmas.

III. Do estádio do espelho ao buquê invertido

Do estádio do espelho ao buquê: Lacan, Freud e Lévi-Strauss

Inicialmente, o retorno de Jacques Lacan a Freud se efetua pela via de um além e um aquém do Édipo, agora, tendo-se como pano de fundo a amarração que articula as três dimensões, do imaginário, do simbólico e do real, é que devemos ler, segundo ele, a função estruturante do mito edipiano. Em outras palavras, a maturação subjetiva, para Lacan, não deve ser percebida apenas, *in fine*, pela realização da operação edípica, mas, de maneira mais ampla, pela trama em que o mito edipiano atualiza uma possibilidade.

"Sem esses três sistemas de referência, impossível entender algo da técnica e da experiência freudianas." (L I, 87)

"O problema todo consiste, então, na junção do simbólico com o imaginário na constituição do real." (L I, 88)

E o psicanalista explica que, para se orientar na questão, "fomentou um pequeno modelo, sucedâneo do estádio do espelho" (L I, 88), que ficou conhecido dos seus leitores pelo nome de "buquê invertido".

Esse novo modelo visa a precisar a solução fornecida pelo estádio do espelho, apresentada desde 1936 por ele, para aquilo que julga identificar como uma carência na teoria freudiana das primeiras identificações.[62]

Desse modo, ele está apto a precisar a teoria da identificação originária, aquela do supereu lacaniano (que se forma antes do eu) e, mais globalmente, aquela do estádio do espelho, que também é, como vimos no nosso último trabalho, o momento em que se atualiza para Lacan o enigma antropológico da passagem da natureza à cultura.

A constituição do sujeito do inconsciente deve, assim, ser apreendida, segundo ele, não mais como consequência do estádio do espelho ou do Édipo, mas a partir do estádio do espelho "relido" com a função simbólica de Lévi-Strauss e a partir de um novo dispositivo óptico, cujo registro científico é buscado por Lacan no Freud de *A interpretação dos sonhos*.[63]

Lemos o Claude Lévi-Strauss de "A eficácia simbólica", estudemos agora a maneira como Lacan volta à clínica psicanalítica esclarecida por Lévi-Strauss, mas também ao Freud de *A interpretação dos sonhos* para avançar na elaboração de sua montagem óptica reformulada a partir do estádio do espelho.

Cabe lembrar, antes de mais nada, que, nesse estudo sobre os sonhos, Freud compara o instrumento que serve às produções psíquicas a uma espécie de microscópio complicado, de aparelho fotográfico.

Na sessão de 24 de fevereiro de 1954, Lacan observa:

> Para tentar esclarecer um pouco as coisas, fomentei para vocês um pequeno modelo, sucedâneo do estádio do espelho [...]. A óptica também teria o que dizer. Não me encontro aqui em desacordo com a tradição do mestre – mais de um entre vocês certamente terá observado, na *Traumdeutung*, no capítulo "Psicologia dos processos do sonho", o famoso esquema no qual Freud insere todo o processo do inconsciente [...]. Vou lê-lo tal como se encontra na *Traumdeutung*. (L I, 88-89)

E Lacan engata no texto freudiano:

> ... *a ideia que assim nos é apresentada é a ideia de um lugar psíquico* – trata-se exatamente do campo da realidade psíquica, ou seja, de tudo que acontece entre a percepção e a consciência motora do eu. Tratemos desde logo de afastar a noção de localização anatômica. Fiquemos no terreno psicológico e tentemos apenas imaginar o instrumento que serve às produções psíquicas como uma espécie de microscópio complicado, de aparelho fotográfico etc. O lugar psíquico corresponderá a um ponto desse aparelho no qual se forma a imagem. (L I, 89)[64]

Embora persista com sua crítica ao universalismo do Édipo, propondo logicamente uma solução que englobe o poder estruturante edípico (a amarração RSI), Lacan parte da autoridade do Freud de *A interpretação dos sonhos* para montar o novo esquema do buquê invertido que deveria permitir melhor imaginar a maneira como se constitui a subjetividade inconsciente. (L I, 90, 91, 92)

A óptica é convocada:

> Para que haja uma óptica, é necessário que, para todo ponto fornecido no espaço real, um ponto e um só corresponda num outro espaço, que é o espaço imaginário. É a hipótese estrutural fundamental [...]. Sem ela, não é possível escrever qualquer equação nem simbolizar nada. (L I, 90)

O real, o imaginário e o simbólico são articulados.

"Para que haja óptica", é verdade, mas para que haja sujeito?

Vejamos o esquema:

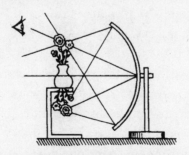

A experiência do buquê invertido

A imagem do vaso no novo dispositivo do "buquê invertido"[65] equivale à imagem do corpo no espelho no estádio do espelho.

Mas ao distinguir a imagem (do vaso) do real (das flores), desta vez o modelo óptico encena o próprio advento do eu no registro imaginário, ao passo que o real dos objetos do desejo se distingue do imaginário, muito embora, no espelho, objeto e imagem do corpo se juntem.

Em outras palavras, esse dispositivo permite situar "o que é do eu e o que não é. Pois bem, digamos que a imagem do corpo, se a situarmos no nosso esquema, é como o vaso imaginário que contém o buquê de flores real. Eis como podemos imaginar o sujeito *anterior ao nascimento do eu* [grifo nosso] e o surgimento deste". (L 1, 94)

O sujeito é anterior ao eu, afirma Lacan – que decididamente se afasta de toda psicologia do desenvolvimento –, mas, por esse novo dispositivo, ele não apenas retoma a questão da identificação primordial, aquela da imagem tronco (que estudamos em nosso trabalho anterior) ou a questão do surgimento desse envoltório do eu que inclui dialeticamente o real, como também indica que essa dialética opera desde que o olho que olha esteja situado no lugar certo.

Nessa lógica, o imaginário e o real se simbolizam reciprocamente num dentro-e-fora, que requer ou solicita a preservação da função discriminante do simbólico.

Nesse dispositivo, o olho simboliza o sujeito, mas é preciso estar atento; para que a amarração se efetue corretamente, é necessário – segundo Lacan – que o

A TRANSCENDÊNCIA DO IMAGINÁRIO PELO SIMBÓLICO...

olho esteja adequadamente situado. O olho ou o sujeito cuja "... situação é essencialmente caracterizada [...] por seu lugar no mundo simbólico, em outras palavras, no mundo da fala". (L 1, 95)

Nessa lógica, um feliz "desdobramento somente ocorre na medida em que o sujeito se integra ao sistema simbólico, nele se exerce e se afirma para o exercício de uma fala verdadeira". (L 1, 101)

Embora as leis da óptica sejam convocadas por Lacan (depois de Freud) para propor um novo modelo de estruturação psíquica, nem por isso deixa de ser verdade que é realmente da posição do olho no dispositivo que depende a amarração dos três registros (RSI); assim como é da posição atribuída ao sujeito no simbólico que depende o fato de ele se encontrar ou não na dialética do dentro-e--fora que liga o imaginário ao real (a imagem do corpo ao real dos desejos ou da pulsão).

Se a referência às leis da óptica é herdada de Freud, a força da função simbólica vem de Lévi-Strauss, como dissemos, mas isso não é nada "clinicamente", pois, quando a dialética falha, o sujeito não distingue o que é dele e o que não é.

Poderíamos dizer, então, que não existe um surgimento correto do eu, e isso graças a uma falha da posição do sujeito no simbólico.

Desse modo, toda a atenção clínica deve se voltar para essa posição subjetiva, inclusive, e talvez sobretudo, quando um sujeito articula apenas algumas palavras, como no caso do pequeno Robert, apresentado no seminário lacaniano por uma de suas alunas, Madame Lefort.

LACAN E LÉVI-STRAUSS OU O RETORNO A FREUD

Robert parece amarrado à fala na medida em que só "sabe dizer" *Senhora! O lobo!*

Antes de ver o uso que Rosine Lefort faz desse modelo óptico-teórico, cabe notar que Lacan toma o cuidado de aplicá-lo primeiramente à análise da posição que ele mesmo e seus alunos ocupam no movimento analítico.

A boa distância do espelho e de Freud

Lembramos que Lacan acaba de se aproveitar da autorização de Freud para passar da experiência walloniana do estádio do espelho para a do buquê invertido,[66] assinalando, particularmente, que o surgimento da imago primordial apenas se efetua de maneira adequada se o olho estiver situado a boa distância do espelho.

O olho ou a metáfora do sujeito.

Lacan explicita a ambição de seu comentário para o auditório:

> Vocês puderam se familiarizar, através do nosso diálogo, com a ambição que preside nosso comentário (*i.e.: nossa análise*): repensar os textos fundamentais da experiência analítica. O espírito do nosso aprofundamento é a seguinte ideia: o que numa experiência é sempre melhor visto é o que está a uma certa distância. Não surpreende, assim, que seja *agora e aqui* [grifo nosso] que sejamos levados, para entender a experiência analítica, mais uma vez a partir daquilo que está implicado em seu dado mais imediato, a saber, a função simbólica, ou, o que é exatamente a mesma coisa no nosso vocabulário, a função de fala.

A TRANSCENDÊNCIA DO IMAGINÁRIO PELO SIMBÓLICO...

Esse domínio central da experiência analítica, vamos encontrá-lo indicado em toda parte na obra de Freud, jamais nomeado, mas indicado em todos os seus passos. Não creio estar forçando nada ao dizer que é o que se pode imediatamente traduzir de um texto freudiano qualquer de maneira quase algébrica. E essa tradução fornece a solução de muitas antinomias que se manifestam em Freud, com essa honestidade que faz com que um texto dele nunca seja fechado, como se todo o sistema estivesse presente ali. (L I, 105)

Invocar o testemunho de Freud para desenvolver uma experiência de óptica como "metáfora" da estruturação subjetiva e, em seguida, transmiti-la aos alunos para uma apresentação clínica é uma coisa, mas Lacan faz mais, já que esclarece para os presentes no auditório onde é que eles estão, e, melhor ainda, onde é que ele próprio está nessa experiência do buquê invertido aplicada ao campo do movimento psicanalítico.

E, segundo afirma, ele está a uma boa distância de Freud, no ponto exato em que (ao contrário dos discípulos anglo-saxões) pode traduzir o texto freudiano e fornecer a solução das antinomias que a honestidade do pai não lhe permitiu deixar de lado.

Segundo essa análise de sua posição transferencial, portanto, é porque Lacan estaria a uma boa distância de Freud que é de uma honestidade sem mácula e que deixou, assim, um texto não fechado – mas sobre o qual é necessário fazer obra de analista (vale dizer, traduzi-lo) – que poderia trazer à luz as antinomias freudianas, que seriam

LACAN E LÉVI-STRAUSS OU O RETORNO A FREUD

sintomas de Freud transmitidos com a psicanálise e que podem estar ativos até na atividade clínica dos analistas.

A análise se inverte; o comentário do psicanalista torna-se também a análise de Freud por Lacan. Mas antes de colocar a questão da imputação do desejo, poderíamos dizer aqui que pouco importa, pois se trata do desejo do analista que foi encarnado por Freud e ao qual Lacan tenta voltar. Mais que do desejo de um ou do desejo de outro, trata-se do desejo do analista que Jacques Lacan está elucidando.

Se Lacan precisa estar previamente bem situado na sua relação com Freud para poder traduzir as antinomias sintomáticas deste, ainda será necessário, para encontrar o caminho, que a honestidade do fundador seja total, para que todo o sistema explicativo do sintoma esteja presente. E a concretude do sistema nada mais é que a do próprio sistema simbólico, finalmente permitindo dizer que a chave das antinomias freudianas é, segundo Lacan, a função simbólica ou a função da própria fala (e suas leis). Ele realmente se mostra aqui ao mesmo tempo freudiano e lévi-straussiano.

A distância errada e a estagnação no imaginário

E por que Lacan se encontra a uma boa distância de Freud?

Porque, particularmente, não está a uma má, quer dizer, por exemplo, que está distante da Anna que "esquece":

A TRANSCENDÊNCIA DO IMAGINÁRIO PELO SIMBÓLICO...

1. O pai morto ou o próprio pai, e
2. o desejo de analista do Freud e a descoberta dele de que o pai morto é a pedra angular da função simbólica enquanto tal.

Esquecer isso é esquecer Freud e a função simbólica na experiência analítica.

Ao reintroduzir a função da morte e do pai morto na experiência, Lacan demonstra que está a uma boa distância de Freud, aquela da qual pode decifrar as antinomias da fala deste, extrair sua chave – a função simbólica – e lembrar aos analistas seu dever de manusear de maneira adequada a função da fala na experiência analítica.

Trata-se, portanto, de uma chamada à ordem do desejo do pai morto ou, ainda, do bom uso "freudiano" da fala de Freud, e da fala pura e simplesmente, como ideal analítico ou regra superegoica.

Para ajustar esse bom uso, contudo, é necessário que haja uma concepção adequada da função da fala, "que é exatamente a mesma coisa que a função simbólica", indica Lacan. (L I, 105)

E se ele é capaz de conferir o devido valor a essa função que o mantém na linhagem direta de Freud, é graças ao trabalho de Lévi-Strauss e, de maneira geral, ao da antropologia francesa.

O que faz com que mesmo no momento mais clínico, como veremos, Lacan saiba mobilizar o lugar de uma palavra num sistema simbólico, em vez de aniquilar a interpretação sob o regime familista do qual, justamente, está se descartando.

É necessário, indica o psicanalista nesse momento, retrabalhar a concepção da experiência freudiana para entendê-la, ou, ainda, é necessário "partir novamente da função simbólica" ou "da fala", segundo seus termos.

Vejamos como isso é negociado:

1. na experiência clínica com Robert;
2. no plano da passagem brusca do estádio do espelho para o buquê invertido; passagem que nada mais é que o movimento teórico radical que parte de uma teoria da captura imaginária sem fala (estádio do espelho 1936-1949) para a teoria do vínculo estabelecido entre imaginário e simbólico nos primeiríssimos momentos da maturação subjetiva (estádio do espelho com a teoria da função simbólica de Lévi-Strauss).

Vamos partir clinicamente com Robert daquilo que percebemos quando essa função simbólica não coloca o sujeito numa posição em que possa ver sua imagem, ou seja, quando ele está numa posição em que essa função se exerce de maneira degradada.

O lobo: a mãe ou o totem? Senhora! O lobo!

Depois do estabelecimento do seu lugar em relação a Freud, que acabamos de assinalar, e que nada mais é do que o da sua transferência a ele, Lacan passa a palavra a Rosine Lefort para que desenvolva a análise do caso

A TRANSCENDÊNCIA DO IMAGINÁRIO PELO SIMBÓLICO...

Robert, o qual particularmente articula a "insuficiência egoica" de que é acometida a criança segundo a lógica da experiência do "buquê invertido" desenvolvida anteriormente pelo psicanalista.

Segue-se um breve diálogo entre a psicanalista Lefort e o filósofo Hyppolite, questionando o próprio alcance da palavra *lobo*.

Rosine Lefort parece analisar a figura do lobo como uma espécie de herdeiro da imago materna devoradora.

Longe de dar crédito a essa ideia, Lacan intervém para ressituar o lugar do lobo no próprio sistema simbólico e reorganizar a leitura do caso a partir daí:

"O lobo, naturalmente, coloca todos os problemas do simbólico: não é uma função limitável, pois somos obrigados a buscar sua origem numa simbolização geral." (L I, 118)

Lacan se afasta da interpretação familista do lobo como imago da "mãe devoradora", dando ênfase, em vez disso, ao sistema simbólico geral: seu lugar antropológico de totem.

Ouçamos Lacan:

> Por que o lobo? Não é um personagem que nos seja tão familiar onde vivemos. O fato de o lobo ter sido escolhido para produzir esses efeitos nos liga diretamente a uma função mais ampla no plano mítico, folclórico, religioso, primitivo. O lobo está ligado a toda uma filiação através da qual chegamos às sociedades secretas, com tudo que comportam de iniciático, seja na adoção de um *totem* [grifo nosso], seja na identificação a um personagem. (L I, 118)

Da "mãe devoradora" à questão do totem, vemos a abertura à interpretação analítica da figura do lobo feita pelo psicanalista, sua preocupação com o pai morto (o totem), o vínculo social e a função simbólica enquanto tal.

A retificação lacaniana desloca a interpretação de "*o lobo*" em termos da imago materna para a do pai morto que exige que o sujeito se identifique numa espécie de ritual "sagrado" dominado por essa figura antropológica do lobo, que nada mais é do que uma versão do ideal ou do supereu freudiano.

Lacan informa que ainda terá de esclarecer e distinguir essas duas instâncias da estruturação subjetiva.

Totem, supereu, ideal do eu na transferência

O supereu é constrangedor e o ideal do eu, estimulante. São coisas que tendemos a esquecer, pois passamos de um termo ao outro como se os dois fossem sinônimos. É uma questão que merecerá ser colocada a propósito da relação transferencial. Quando buscamos o fundamento da ação terapêutica, dizemos que o sujeito identifica o analista ao seu ideal do eu ou, pelo contrário, ao seu supereu, e no mesmo texto vamos substituindo um pelo outro ao sabor do desenvolvimento da demonstração, sem explicar muito bem a diferença.

Certamente serei levado a examinar a questão do supereu. Direi logo de início que, se não nos limitarmos a um emprego cego, mítico, desse termo, palavra-chave, ídolo, o supereu se situa essencialmente no plano simbólico da fala, ao contrário do ideal do eu.

A TRANSCENDÊNCIA DO IMAGINÁRIO PELO SIMBÓLICO...

O supereu é um imperativo. Como indicam o bom senso e o uso que dele é feito, ele é coerente com o registro e a noção de lei, vale dizer, com o conjunto do sistema da linguagem, na medida em que define a situação do homem enquanto tal, ou seja, na medida em que não é apenas o indivíduo biológico. (L I, 118-119)

Nesse fragmento clínico, o lobo como resto de fala encarna, então, para Lacan, a função da linguagem que "liga (*a criança*) à comunidade humana". (L I, 119)

Esse "resumo de uma lei" permite, segundo ele e na cura da criança, uma "elaboração extraordinária, que se conclui com esse espantoso autobatismo, quando ele pronuncia o próprio prenome. Tocamos aqui, em sua forma mais reduzida, a relação fundamental do homem com a linguagem. É extraordinariamente comovente". (L I, 119)

A emoção do psicanalista enfatiza o formidável alcance por ele atribuído à única fala que anima a criança. Essa fala é a expressão totêmica de uma lei superegoica que permite a virada para o autobatismo, por meio da qual o sujeito sente a superfície do seu corpo e faz surgir o seu eu de maneira talvez instável, mas efetiva. Ela é o fragmento mais reduzido (e, portanto, mais precioso) do tesouro de significantes que permite ao sujeito ligar-se (no sentido quase religioso da palavra) à comunidade humana.

Lacan se afasta, assim, da interpretação do animal em termos de mãe devoradora, para lembrar ao discípulo a riqueza quase sagrada do resto de palavra totêmica que anima o sujeito. Dá, então, a perceber a fecundidade do totem, vale dizer, da função paterna na prática analítica

LACAN E LÉVI-STRAUSS OU O RETORNO A FREUD

com "o menino-lobo" e também na relação transferencial dos analistas com o próprio Freud.

Percebemos, com isso, o movimento de Lacan nesse seminário.

Solidamente escorado na função simbólica que deve aos antropólogos, Lacan inicia um duplo movimento de análise dizendo respeito:

1. À técnica analítica e
2. À transferência a Freud, ou melhor, a suas falhas que explicam o desvario na prática.

É necessário avançar com ele – perfeitamente informado da função paterna – em direção à boa distância em relação a Freud para que se assista ao surgimento de analistas capazes de se deixar guiar pelo desejo do pai morto, de desatar seus sintomas e antinomias e finalmente preparados para admitir a posição crucial da função simbólica e da fala na constituição do sujeito sob transferência.

Não ter uma boa distância em relação a Freud significa enxergar de maneira imprecisa e se perder no registro do imaginário que ordena a prática anglo-saxônica, no registro da dualidade e de seus impasses. Não ter uma boa distância significa não perceber a herança freudiana, suas regras superegoicas, seus ideais, seu totem: Freud.

Significa, em suma, estagnar no imaginário.

A análise avança como a amplitude da lição freudiana, mas avança graças à profundidade antropológica da função simbólica, que Lacan foi buscar em Lévi-Strauss e que lhe permite mobilizar a função paterna na análise do caso, a ponto de metaforicamente deslocar a interpretação da voracidade materna do lobo em direção à sua fecundidade paterna totêmica.

Ele retorna a Freud.

Do *buquê à coisa, ou a invenção do eu*

O manejo do totem, vale dizer, do pai morto (o lobo), pela criança na clínica faz aparecer (e desaparecer) o seu eu, a superfície do seu corpo e a imagem psíquica do seu corpo. Seu lugar no simbólico não a torna ausente ao totem, ao pai morto, mas ele mantém aí uma relação alternativa mal situada que atrapalha o seu desenvolvimento, assim como o desenvolvimento do seu eu, que lhe aparece no momento de um autobatismo. O eu só aparece na relação com o lobo, o totem, o pai morto simbólico. Donde o interesse da função simbólica, naturalmente, mas também o interesse da óptica e do retorno a essa conexão com o pai morto da psicanálise para os analistas que se encontram nesse retorno de Jacques Lacan – que é também uma espécie de autobatismo para aquele ou aqueles que não possuem mais sua designação de analistas do grupo do qual se separaram.

E Lacan retorna, portanto, à sua herança freudiana.

"Freud já construiu algo semelhante e nos indicou, muito especialmente na *Traumdeutung* e no *Abriss*,[67] que a partir dos fenômenos imaginários é que *deveriam* [grifo nosso] ser concebidas as instâncias psíquicas." (L I, 167)

LACAN E LÉVI-STRAUSS OU O RETORNO A FREUD

Temos de confiar em Freud, repetiria ele, mas dando ênfase ao registro do "dever" teórico.

Antes de dar prosseguimento à análise dessa leitura, vamos destacar quanto a análise do autobatismo da criança mostra a extraordinária precisão clínica lacaniana, que renova a sua teoria do supereu e do ideal do eu, ao transformar os dois em instâncias cuja falta afeta gravemente a maneira como o sujeito pode ou não perceber o seu eu, vale dizer, como ele se projeta imaginariamente.

Conduzido à própria origem da humanização pela experiência clínica, o psicanalista indicaria, seis anos depois,[68] que nesse momento originário da estruturação subjetiva o ideal do eu e o supereu surgem do mesmo movimento.

"Como conceber as origens concretas do ideal do eu? [...] – essas origens não podem ser separadas das origens do supereu, ao mesmo tempo sendo distintas, vale dizer, estando a elas acopladas", indicaria Lacan, com efeito, a 7 de junho de 1961. (L VIII, 406 e 409)

Para se ver adequadamente no espelho, é necessário que seja internalizada a relação ao totem, ou seja, ao pai morto, ou seja, ainda, ao supereu e ao ideal do eu. Com efeito, como entender a estabilidade da função psíquica que assegura a da percepção do eu se não percebemos o movimento que faz a função simbólica socialmente disponível passar de fora para dentro?

Em 1961, no seminário *A transferência*, ele retomaria essa questão da passagem de fora para dentro com o conceito freudiano de introjeção do supereu (e mesmo do ideal do eu, não muito claramente distinguido por Freud do

A TRANSCENDÊNCIA DO IMAGINÁRIO PELO SIMBÓLICO...

supereu), através da solução do banquete totêmico, fixando o totem no corpo dos irmãos (*Totem e tabu*) depois do assassinato do pai, ou no do filho (depois de cada Édipo).

Em seguida, ele adiantaria uma segunda solução freudiana.

Ouçamos o que vem em seguida:

"O conceito de interior é uma função topológica capital do pensamento analítico, pois mesmo a introjeção refere-se a ele" (L VIII, 408), afirma Lacan para começar, indicando logo depois a primeira solução freudiana. A solução da "introjeção (*após assassinato*) de um objeto imperativo, interditor, essencialmente conflituoso" (L VIII, 410) que se transforma, por investimento narcísico, em ideal do eu internalizado.

> ... pelo fato de ser introjetado, ele entra – é uma primeira temática freudiana – na esfera que, no mínimo por ser interior, é por este simples fato suficientemente investida narcisicamente e pode ser objeto de investimento libidinal para o sujeito. E é mais fácil ser amado pelo ideal do eu do que pelo objeto que foi, por um momento, o seu original. (L VIII, 411)

Lacan indicou a primeira solução freudiana. A segunda solução continua sendo, segundo ele, que existe, para Freud,

> anteriormente ao próprio esboço da situação do Édipo, uma primeira identificação ao pai enquanto tal. O pai acaso lhe andava pela cabeça? O fato é que Freud

LACAN E LÉVI-STRAUSS OU O RETORNO A FREUD

permite que o sujeito cumpra uma primeira etapa de identificação com o pai, e que desenvolve aqui todo um refinamento terminológico, chamando-o de *exquisit männlich*, requintadamente viril. (L VIII, 416)

Decepcionado pela mãe, o sujeito voltaria a essa identificação primordial por regressão.

Essas duas identificações (primordial e regressiva) com o pai derivam de um processo anterior ao Édipo e se fazem com um traço do objeto, um sinal (não um significante) que vem do Outro, vale dizer, no plano óptico, que vem daquele para o qual o sujeito no espelho se volta para se assegurar do que é.

E do que é para o Outro.

É preciso se olhar desse ponto para se reconhecer depois de ter sido reconhecido. Esse ponto é o I do ideal do eu, explica Lacan. É o que falta à criança carente de reconhecimento:

> Esse olhar do Outro, devemos concebê-lo como se interiorizando por um signo. É o que basta. *Ein einziger Zug*. Não é necessário todo um campo de organização e uma introjeção maciça. Esse ponto, grande I, do traço único, esse signo do assentimento do Outro, da escolha de amor, sobre o qual o sujeito pode operar, está em algum lugar e se ajusta na sequência do jogo do espelho. Basta que o sujeito vá coincidir com sua relação com o Outro para que esse pequeno signo, esse *einziger Zug*, esteja à sua disposição.
>
> Cabe distinguir radicalmente o ideal do eu do eu ideal. Aquele é uma introjeção simbólica, ao passo que este é uma projeção imaginária. (L VIII, 418)

A TRANSCENDÊNCIA DO IMAGINÁRIO PELO SIMBÓLICO...

A instabilidade da projeção da imagem do seu próprio eu (eu ideal) por parte da criança resulta, nessa lógica, de uma falha de introjeção simbólica (ideal do eu), pois, por algum motivo, sua subjetividade não foi coincidir com o Outro do reconhecimento simbólico. Com isso, o batismo da criança só pode ser autoproclamado (autobatismo), instável, sujeito ao registro do supereu sem conexão fixa com a imagem dele mesmo.

Cabe notar o prodigioso alcance clínico do caso, mas também o traçado do seminário, pois se é fecundo remeter-se ao Livro VIII para entender esse fragmento do Livro I, é de fato nesse primeiro ano que Lacan indica que a questão do supereu "merecerá ser colocada a propósito da relação transferencial", e apenas seis anos depois ele a abordaria, retomando a teoria do buquê invertido no seminário sobre a transferência.

Mas o que dizer desse seminário do ano de 1953-1954?

Diremos que a análise clínica mostra, segundo o Lacan do primeiro ano do seminário:

1. Que uma teoria do registro da imagem (ou do imaginário) é necessária para se orientar na experiência freudiana, pois aquilo de que sofre gravemente a criança, aqui, é de estar sem imagem de si mesma: sem eu;[69]

2. Que a imagem do eu apenas surge e se estabiliza se o sujeito dispuser de uma posição de onde possa projetar uma imagem amável, vale dizer, completa de si mesmo;

LACAN E LÉVI-STRAUSS OU O RETORNO A FREUD

3. Que essa falta de posição tem a ver com uma situação simbólica de falta ou uma função totêmica falha para o sujeito e, no entanto, universalmente presente e insistente.

Desse modo, entendemos que as leis em causa na concepção do funcionamento psíquico do sujeito, ou, melhor dizendo, do seu lugar no simbólico, no imaginário, e que, afinal, condiciona seu vínculo com o real, sejam leis que derivam da óptica (imagem) e do simbólico (totem, supereu, ideal do eu).

Donde a necessidade de uma nova versão do estádio do espelho – o buquê invertido –, que se escora em Freud e endossa a teoria da função simbólica produzida por Lévi-Strauss.[70]

Da natureza à cultura:
do estádio do espelho ao buquê invertido

Entre o período 1938-1950 e o primeiro ano do Seminário, o que mudou?

Mudou que o menino-lobo nos leva, em 1954, às origens da humanização ou, ainda, à junção da natureza à cultura, anteriormente bem explicada pelo estádio do espelho, mas sem a função simbólica.

No texto de 1938 que estudamos atentamente no nosso último trabalho, Lacan promovia o Pai como Outro absoluto que introduz a alteridade necessária para a solução do complexo de intrusão, que, por sua vez, fornecia a solução do complexo de desmame.

Por falta de "Pai", a criança permanecia nessa lógica às voltas com a imagem do próprio irmão e, mesmo, com a terrível imago da mãe.

Essa captura imaginária fundava, segundo o psicanalista, os mecanismos do supereu, nos quais a mãe, mais antiga na função, desempenhava um papel tanto mais forte na medida em que era comparada ao pai.

A força imaginária, mas inconsciente, do supereu era contrabalançada, como lembramos, pela do ideal do eu, na qual o valor do pai superava o da mãe.

Por essa maturação, o sujeito acedia a uma posição subjetiva sexual e socialmente ajustada. Não obstante, lembramos que no plano das multidões se considerava que o declínio social do pai impedia o bom funcionamento do Édipo, e, portanto, o desenvolvimento satisfatório dos filhos da modernidade às voltas com o tom instável de suas neuroses. Em 1950, Lacan tornava a se apropriar dessa teoria, que enxerga no declínio do pai e, de maneira geral, das circunstâncias familiares, as condições de degradação do Édipo, mas também do supereu.

Essa última degradação permitia-lhe – segundo as próprias palavras – inventar o supereu lacaniano, que se distingue do supereu freudiano:

1. Na medida em que era absolutamente precoce e bastante anterior ao Édipo, pois encontramos suas coordenadas na confusão biológica da pré--maturação.

LACAN E LÉVI-STRAUSS OU O RETORNO A FREUD

2. Na medida em que dependia das condições sociais da família,
   — donde sua clínica das neuroses de caráter e do caráter neurótico desenvolvida em 1950 ("Introdução teórica às funções da psicanálise em criminologia"), mas também
   — a do supereu suportável ou não e, ainda,
   — a da passagem ao ato como tentativa de solução do psicopata.
3. Na medida em que colocava o clínico na pista de atos que exprimiam, na terminologia de Mauss, um simbolismo parcelar que se opunha ao simbolismo completo da ordinária estruturação da subjetividade.

Em 1950, se Lacan já se apropriara do conceito de simbolismo distribuído – particularmente em Mauss – entre as categorias de completo e parcelar para dar conta da clínica dos psicopatas e do supereu, lembramos que era necessária para a simbolização satisfatória ou para a saída da captura imaginária uma metamorfose do irmão em pai, realizada por e no drama edipiano.

O supereu como função simbólica vem agora do Outro da cultura; é uma formação simbólica ou, o que dá no mesmo, uma formação de linguagem que determina a situação da criança diante do sistema simbólico antes do seu nascimento.

As dificuldades herdadas pelo sujeito já não são, por exemplo, função de seus próprios "méritos" ou dos seus próprios erros, dependem daquilo que ocorreu no seu grupo social antes de sua presença no mundo: dívida do pai não quitada etc.

Os sintomas do sujeito são decididos antes mesmo do seu nascimento.

No que diz respeito à dupla supereu-ideal do eu, cabe lembrar que, segundo Lacan, é de fato a dialética da introjeção que produz a virada do supereu para o ideal do eu.

Desse ponto idealizado, o sujeito pode se ver, ou seja, pode projetar uma imagem do seu corpo (eu ideal típico).

Quando esse ponto não existe, o sujeito não se vê, e é o caso do menino-lobo, que, ao ostentar essa falha de estabilidade simbólica e de imagem egoica, descobre no autobatismo a presença de uma figura totêmica (o lobo) sempre ativa e que liga a criança à comunidade humana, embora a formação do ideal do eu não tenha se dado nem a estabilização da imagem do eu (projetiva) se faça.

O comovente é não apenas ser levado, assim, à inteligibilidade da posição subjetiva de um ser que somente se vê por movimentos de projeções alternativas, mas o fato de que esse ser pateticamente estagnado no limiar da cultura descubra e nos leve a descobrir o que ocorre na ordinária maturação subjetiva por seu próprio gesto de autobatismo verdadeiramente perturbador, pois fadado ao desvanecimento e, portanto, constantemente perturbado.

É pela graça de uma criança sem imagem de si mesma, uma criança sem eu, que Lacan pretende fornecer uma nova versão da solução do enigma antropológico, relacionada com a junção da natureza à cultura, do homem à linguagem, do filho sem rosto ao pai totêmico.

Relação que vale para todos, quer o sujeito saiba ou não, e que os analistas devem saber reconhecer na figura originária do supereu, já situada por Lacan no registro simbólico da fala nesse momento.

Se pudermos nos lembrar da maneira como o psicanalista busca desde "O estádio do espelho", e depois com a "Introdução teórica às funções da psicanálise em criminologia", resolver o próprio enigma da hominização, entenderemos que encontrá-lo no autobatismo de uma criança sem eu venha a tocá-lo no mais profundo da alma.

Ele acaso transforma esse cego num herói que, como Édipo, convenha aos analistas?

Digamos que o menino-lobo dá testemunho da persistência da eficácia simbólica que o sujeita à linguagem, ainda que disponha dela apenas da forma "mais reduzida".

Mas no que a criança aqui responde a Lacan?

No dia 26 de abril de 1955, ou seja, no ano seguinte ao seminário, ele esclarece nos seguintes termos a questão que motiva suas pesquisas há dois seminários: "'O *que é o sujeito*?', na medida em que é, tecnicamente, no sentido freudiano do termo, o sujeito inconsciente, e assim, essencialmente, o sujeito que fala. Ora, parece-nos cada vez mais claramente que esse sujeito que fala está além do eu." (L II, 207)

Não se percebe que a criança, se não é irmã do Édipo aqui, é perfeitamente emblemática do sujeito aquém do eu.

Sem eu, sem imagem de si mesmo, o menino-lobo, o filho do totem nos conduz ao que é o sujeito puro: um sujeito sem eu, uma simples função (no sentido de simplicidade), uma simples função do sistema simbólico.

E não nos devemos enganar, trata-se efetivamente do sujeito do inconsciente freudiano, esse sujeito singular de uma história que ele precisa reintegrar na experiência analítica "até uma dimensão que supera em muito os limites individuais", pois é a dimensão do "conjunto do seu sistema" arquivada na complexidade simbólica de seus criptogramas sintomáticos.

Encarnando a figura freudiana da subjetividade, a criança sem eu demonstra – para a sua infelicidade – que quanto mais a projeção imaginária é fraca, mais se isola a função simbólica de onde procede o sujeito do inconsciente.

É bastante impressionante perceber que, no caminho de retorno aos textos do pai morto da psicanálise, Jacques Lacan encontre o filho do totem sob a modalidade comovente de uma criança sem imagem de si.

Função do sistema simbólico que o engendrou, a criança de olhos vazios mostra que na melhor das hipóteses a verdade do seu ser é que é filho da própria função simbólica.

Encarnando a figura do pai morto para o campo analítico, fica claro que o retorno do desejo de Freud somente pode ocorrer por meio daqueles dos seus filhos que souberem dar as costas às projeções egoicas que atravancam a encarnação do desejo fundador.

Ao lembrar a conveniência de não se deixar desviar pelo deslumbramento imaginário (de si mesmo), Lacan leva de volta à fala do pai morto ou, de maneira mais genérica, se percebe assujeitado a esse conjunto simbólico que o antecede, assim como também antecede a todos os outros analistas e, no âmbito da clínica, ao ser no mundo dos filhos.

Mas esse desnudamento da subjetividade freudiana como efeito da função simbólica não poderia ser entendido pelo próprio Lacan sem a compreensão do que é a função simbólica enquanto tal e sua eficácia, ou a eficácia da fala, "o que, para o nosso campo, é rigorosamente a mesma coisa".

Donde o seu casamento teórico com a antropologia francesa e a referência muito precoce à eficácia simbólica de Claude Lévi-Strauss já em 1949 ("O estádio do espelho").

O diferente agora em relação ao estádio do espelho é que se torna necessário aqui saber reconhecer na própria origem do ser no mundo não a dependência a um supereu imaginarizado, mas a figura de um sujeito dependente da pregnância simbólica do supereu, muito anterior ao eu, que gera para o ser uma "circunstância simbólica" que determina a introjeção formadora do ideal do eu, de onde o ser poderá – ou não – ver a imagem do seu corpo (o seu eu).

Mas esse sujeito primordial da sujeição originária é o sujeito da linguagem, é o sujeito daqueles que constituem – quer ele queira ou não, quer o saiba ou não – os "estranhos" que engendram o seu desejo inconsciente, à frente dos quais o pai, sua fala, sua voz, mas também o conjunto das trocas simbólicas que antecederam sua vinda ao mundo, em suma, a organização simbólica da qual procede sua vida e em relação à qual ele permanece endividado.[71]

A TRANSCENDÊNCIA DO IMAGINÁRIO PELO SIMBÓLICO...

Essa organização simbólica é o Outro do sujeito enfim designado, em vez da eficácia simbólica misteriosamente evocada a partir de 1949.

O desejo do sujeito procede desse Outro simbólico e, no entanto, em vista da percepção projetiva do seu eu, é antes de mais nada no espelho do seu eu (ou na imagem do irmão) que ele julga localizar o que se ergue como sua vontade. Donde a sombra projetada pela imagem especular – sobre a função simbólica – no limiar do mundo visível, ou, ainda, a espécie de penumbra então habitada pela eficácia simbólica.

Lançado esse raio de luz – por Lacan – no centro da penumbra original e da separação radical que dela se deduz entre o eu e o sujeito do inconsciente, dá-se, sem dúvida, a transformação principal do retorno lacaniano a Freud, mas esse retorno só pode ocorrer por intermédio da voz de Lévi-Strauss.

A passagem do estádio do espelho à experiência do buquê invertido aparece agora como aquilo que realmente é: a ilustração dessa metamorfose. De fato, é na experiência do buquê invertido que Lacan vincula à época o registro imaginário de uma maquinaria óptica – utilizada dessa vez por Freud e não por Wallon – à função simbólica, isolada na sua eficácia por Lévi-Strauss.

Mas do que se trata nessa investigação do psicanalista?

Trata-se de informar melhor o desejo do analista que busca se orientar na elucidação do desejo de um analisante.

Desejo do analista, certamente, mas desejo de Lacan ou desejo de Freud?

Desejo de Lacan, na medida em que ele está – como vimos – seguindo a pista do desejo freudiano e porque as pesquisas de Lévi-Strauss o levam à decifração desse desejo pela vertente simbólica do texto.

Nesse momento do seminário, porém, a imputação do desejo que vem do Outro não é clara. Desejo do sujeito? Desejo do Outro? Desejo de Lacan? Desejo de Freud?

Como elucidar essa questão da teoria da imputação do desejo, senão buscando no texto freudiano a marca simbólica (o tom de verdade) capaz de esclarecer a espécie de certeza que levou o pai da psicanálise a elucidar a imputação subjetiva do desejo na produção de imagens dos sonhos.

Endereçar-se a isto é endereçar-se ao próprio inconsciente ou àquilo que dele resta: suas formações.

É fazer trabalho de analista.

Retorno a Freud com Lévi-Strauss

O sonho de Freud ou a imputação do desejo

Lacan se apropriou, portanto, de um modelo óptico desenvolvido por Freud para que construísse o modelo do buquê invertido:

"Freud já construiu algo semelhante e nos indicou, particularmente na *Traumdeutung* e na *Abriss*, que era a partir dos fenômenos imaginários que deveriam ser concebidas as instâncias psíquicas." (L 1, 167)

A TRANSCENDÊNCIA DO IMAGINÁRIO PELO SIMBÓLICO...

O esquema freudiano já não é, aqui, retomado apenas numa lógica de antecipação que autoriza a recorrer a um modelo óptico; ele designa para Lacan, nesse momento, o registro imaginário a partir do qual é *necessário* conceber as instâncias psíquicas.

O que era um exemplo freudiano transforma-se na própria coisa. A epistemologia psicanalítica é respeitada.

Debruçando-se sobre o texto do fundador da psicanálise, Lacan encontra ali um imperativo, o de conceber as instâncias psíquicas a partir do imaginário.

É desse modo que o psicanalista relê a experiência do buquê com a do espelho e, também, relê a temática hegeliana do registro imaginário do desejo com a auto-análise de Freud, de modo a perceber de que maneira a opacificação da imagem no sonho indica o lugar do investimento libidinal do imaginário no qual o eu vem a se representar por meio do outro.

No dia 7 de abril de 1954, depois de uma intervenção de Hyppolite, Lacan afirma:

> [...] Não vejo por que não haveria, aqui, de começar a lembrar o tema hegeliano fundamental – o desejo do homem é o desejo do outro (*tema hegeliano*).
>
> É, de fato, o que vem expresso no modelo pelo espelho plano (*modelo do buquê*). É aí também que encontramos o estádio do espelho clássico de Jacques Lacan... (*estádio do espelho clássico*).

LACAN E LÉVI-STRAUSS OU O RETORNO A FREUD

E o psicanalista explica:

> O desejo é apreendido inicialmente no outro e em sua forma mais confusa [...]. O sujeito identifica e reconhece originalmente o desejo através não apenas da sua própria imagem, mas do corpo do seu semelhante. É nesse momento, exatamente, que se isola no ser humano a consciência como consciência de si. É por reconhecer no corpo do outro o seu desejo que a troca se faz. É porque seu desejo passou para o outro lado que ele assimila o corpo do outro e que ele se reconhece como corpo. (L I, 169)

Quando o corpo do outro é percebido pelo prisma da completude (outra criança no seio, por exemplo), o sujeito se sente incompleto e afetado por um impulso desejante de ter acesso a essa forma total que percebe. Donde o registro fundamental da agressividade apresentado em 1938 sob a modalidade do complexo fraterno da intrusão, e donde também a fórmula hegeliana que nesse momento dá ênfase à confusão "identitária" do desejo especularizado e o impasse mortal dessa alienação ao irmão.

E essa captação imaginária do desejo seria todo o desejo?

A libido sempre passa por uma etapa imaginária, afirma Lacan, e vamos encontrar a lógica projetiva do desejo atuando novamente, no momento em que o homem fechou seus olhos para entrar na miragem dos seus sonhos à noite.

Para fundamentar a certeza dessa alienação que sempre leva a perceber o desejo do sujeito no outro, Lacan

A TRANSCENDÊNCIA DO IMAGINÁRIO PELO SIMBÓLICO...

volta-se para o artigo freudiano "Complemento meta-psicológico à doutrina dos sonhos".[72]

O dr. Perrier[73] expõe o texto e fala de sua perplexidade quanto ao julgamento freudiano, segundo o qual "[...] é sempre a pessoa daquele que dorme que é o personagem central".

Por que não endossar, simplesmente, a encenação manifesta do sonho, que atribui, com efeito, aos entes queridos daquele que dorme um conjunto de papéis que sempre será necessário, segundo Freud, associar ao desejo daquele que sonha?

Lacan intervém: "Quanto mais avançarmos, mais veremos o que há de genial nessas primeiras abordagens em direção à significação do sonho e do seu roteiro." (L 1, 175)

Num dos seus sonhos, Freud reconhece a própria ambição projetada em um dos seus colegas.

O gênio freudiano é reafirmado por Lacan, que confirma a sua posição transferencial.

É preciso confiar no fundador da psicanálise, mas, no que diz respeito ao nosso comentário, devemos observar que a análise da certeza freudiana feita por Lacan passa por uma observação dele a respeito do termo empregado por Freud para situar a pessoa que, segundo este, desempenha o papel principal no sonho. Esse termo não é um termo qualquer, é o termo vienense *agnosieren*.

Detalhe sem importância, poderia pensar o leitor.

Não, pois seguimos sempre a epistemologia do detalhe. Vemos, assim, que Lacan avança no seu comentário do texto freudiano selecionando uma palavra (um signifi-cante) ao mesmo tempo que trata de elucidar a imputação do momento imaginário do desejo, como se esse traço da fala do fundador da psicanálise conferisse ao texto e à autoanálise do próprio sonho, por Freud, não apenas o seu sotaque vienense, mas sobretudo seu tom de verdade e, devemos dizê-lo, de verdade inconsciente.

Segundo o psicanalista francês, um inciso da língua da infância de Freud se impõe, assim, à pena do pai da psicanálise no exato momento em que se faz necessário tornar incontestável a imputação do desejo daquele que sonha. E, vamos repetir, esse termo não é qualquer ter-mo, pois qualifica o próprio reconhecimento da pessoa (em dialeto vienense, *agnosieren* significa: reconhecida).

No momento em que é preciso reconhecer o sujeito do desejo do sonho, o simbolismo da fala vienense se impõe a Freud e vem a ser decifrado por Lacan:

> Interessante, com efeito, o significado do meio vienense.
>
> Freud nos proporciona a este respeito uma apreensão muito profunda da sua relação com o personagem fra-terno, com esse amigo-inimigo a cujo respeito nos diz que é um personagem absolutamente fundamental da sua vida, e que sempre será necessário que haja um que seja recoberto por essa espécie de *Gegenbild*. Mas, ao mesmo tempo, é através desse personagem, encarnado por seu colega do laboratório [...], de seus atos, de seus sentimentos, que Freud projeta, faz viver no sonho aqui-lo que é seu desejo latente, a saber, as reivindicações de sua própria agressão, de sua própria ambição [...]. É no próprio interior da consciência do sonho, mais exata-

A TRANSCENDÊNCIA DO IMAGINÁRIO PELO SIMBÓLICO...

mente no interior da miragem do sonho, que devemos buscar, na pessoa que desempenha o papel principal, a própria pessoa daquele que dorme. Mas, justamente, não é aquele que dorme, é o outro. (L 1, 175)

Comentar um texto é como fazer uma análise:

A história passada, vivida, do sujeito, que tentamos alcançar em nossa prática [...] só podemos alcançá-la – pela linguagem infantil no adulto [...]. Ferenczi viu magistralmente a importância dessa questão – o que, numa análise, faz com que a criança participe do interior no adulto? A resposta é absolutamente clara – o que é verbalizado de uma maneira irruptiva, afirmaria Lacan. (a 2 de junho de 1954, *in* L 1, 244)

Lacan avança na análise do texto, chamando a atenção para o tom de verdade que faz com que a língua da infância de Freud se intrometa no texto alemão. E por que esse tom é um tom de verdade, ou ainda um sintoma, que atesta a certeza freudiana quanto ao reconhecimento do seu desejo no sonho?

Segundo o pai da psicanálise, sendo o sonho uma formação do inconsciente que deve ser sempre considerada como uma encenação que realiza um desejo infantil, faz sentido que o universo simbólico da infância *de Freud* se intrometa no seu texto para dar conta dele e formular na língua da época o desejo do momento que motivava o sonho. E isso ultrapassa Freud, pois esse sintoma da língua dá testemunho de sua atividade inconsciente no

LACAN E LÉVI-STRAUSS OU O RETORNO A FREUD

exato momento em que ele analisa o seu sonho; como se a autoanálise do psicanalista fosse de tal maneira ajustada ao objeto que pusesse diante de nossos olhos o próprio objeto de que se trata no sonho, o inconsciente descoberto por ele ou um dos seus sintomas: o sonho.

Conduzido pelos traços do desejo de Freud, Lacan isolou o traço sintomático – como viria a fazer na experiência analítica – situando seu registro simbólico de modo a melhorar a percepção de que a autoanálise não apenas permitia imputar todos os papéis do sonho ao desejo daquele que sonha, ao desejo de Freud, como também tratava, no caso, do próprio paradigma (freudiano) da imputação do desejo inconsciente.

Não convém duvidar, como o faz F. Perrier, das indicações de Freud, nem se deixar levar de dia pela invasão do corpo do outro ou de sua imagem para saber situar a dialética do desejo.

Lacan prossegue:

> Já lhes falei da troca que se efetua (*in o buquê invertido*) entre a imagem do sujeito e a imagem do outro na medida em que é libidinizada, narcisizada, na situação imaginária. Da mesma forma, assim como no animal, certas partes do mundo são opacificadas e se tornam fascinantes, ela também se torna. Somos capazes de *agnosieren* [grifo nosso] no sonho a própria pessoa daquele que dorme em estado puro. A força de reconhecimento do sujeito é, por isso mesmo, aumentada. No estado de vigília, ao contrário, pelo menos se não tiver lido a *Traumdeutung*, ele não perceberá em sua presunção

A TRANSCENDÊNCIA DO IMAGINÁRIO PELO SIMBÓLICO...

as sensações de seu corpo capazes de anunciar quando dorme algo interno, cinestésico. Justamente porque a opacificação libidinal no sonho está do outro lado do espelho é que seu corpo é, não menos bem sentido, porém, mais bem percebido, mais conhecido pelo sujeito.

Vocês estão entendendo o mecanismo?

No estado de vigília, o corpo do outro é remetido ao sujeito, de modo que ele desconhece muitas coisas de si mesmo. Que o eu seja uma força de desconhecimento é a própria base de toda a técnica analítica.

O que vai muito longe. Até a estruturação, a organização e, por isso mesmo, a escotomização – aqui, entendo perfeitamente a utilização do termo – e todos os tipos de coisas que são informações capazes de vir de nós mesmos para nós mesmos – jogo particular que remete essa corporeidade a nós, também ela de origem estranha. E isso vai até – *Eles têm olhos para não ver*. (L 1, 176)

Não se trata mais de explicar através da óptica ou de utilizar uma experiência para modelizar de maneira metafórica a estruturação subjetiva, trata-se de apreender a própria estruturação do desejo e, antes de mais nada, no registro imaginário.

A análise do texto de Freud que esmiúça os sonhos, debruçada sobre a experiência do buquê, permite a Lacan mostrar o mecanismo do espelho que leva o sonhador, através do outro, a descobrir o que motiva a própria pessoa projetada no outro.

Em outras palavras, aquele que sonha tem acesso, de olhos fechados, à imagem de seu corpo através do outro reconhecido (*agnosieren*).

No sonho ou, ainda, na cena do inconsciente, o corpo daquele que dorme é muito nitidamente representado no outro (ou sua imagem), ao passo que, acordado, o homem é ofuscado ou distraído pelo corpo e a imagem do outro, estando, por isso mesmo, menos apto a perceber o que lhe acontece.

Resumamos.

Para Lacan:

1. As instâncias psíquicas devem agora ser concebidas no registro do imaginário;
2. Freud o afirma, e é necessário confiar nele;
3. É preciso seguir literalmente sua palavra (vienense) e farejar o traço do universo simbólico do próprio Freud para que se siga e se endosse o seu desejo de analista;
4. O lugar do colega investigado por Freud no seu sonho é a própria coisa, vale dizer, é o lugar do outro no sonho. Um outro que é apenas uma máscara do processo interno do desejo inconsciente do sonhador.

Existe, portanto, um uso do corpo do outro pelo desejo expresso no sonho, uma espécie de dialética entre o eu e o outro, mas uma dialética que tem a ver com uma composição, como Freud demonstrou a respeito do registro da linguagem ou do simbólico (operação de deslocamento ou condensação do sonho).

Lacan pontua:

A TRANSCENDÊNCIA DO IMAGINÁRIO PELO SIMBÓLICO...

"... o que compõe o sonho é algo que devemos buscar, e que é realmente o inconsciente." (L 1, 177)

Não se deve, assim, confundir o registro da dialética imaginária do desejo (entre o eu e o outro) com a composição inconsciente, cujas regras têm a ver com o simbólico, pois muito precocemente o homem está sujeito à linguagem e à relação simbólica:

> ... o sujeito toma consciência do próprio desejo no outro, através da imagem do outro, que lhe dá a fantasia do seu próprio controle [...]. Mas, ainda assim, é um ser humano, nasceu num estado de impotência e, muito precocemente, as palavras, a linguagem lhe serviram de apelo, e de apelo dos mais miseráveis, quando era dos seus gritos que dependia o seu alimento. Já estabelecemos uma relação dessa maternagem primitiva com os estados de dependência. Mas, afinal, não há motivo para esconder que, não menos precocemente, essa relação com o outro é nomeada pelo sujeito.
>
> Que um nome, por mais confuso que seja, designe uma pessoa determinada, é exatamente nisso que consiste a passagem ao estado humano. Se devemos definir em que momento o homem se torna humano, digamos que é no momento em que, por pouco que seja, ele entra na relação simbólica.
>
> A relação simbólica, como já frisei, é eterna. E não apenas porque é necessário que, de fato, haja sempre três pessoas – ela é eterna na medida em que o símbolo introduz um terceiro, elemento de mediação, que situa os dois personagens em presença, os faz passar a um outro plano e os modifica. (L 1, 178)

LACAN E LÉVI-STRAUSS OU O RETORNO A FREUD

Lacan insiste na maneira como a linguagem supera a dialética imaginária, indica o modo que o simbólico se conecta ao imaginário para, em seguida, estabelecer uma direção da cura a partir desses referenciais:

> Portanto, a dialética do eu é transcendida, situada num plano superior em relação ao outro, exclusivamente pela função do sistema da linguagem, na medida em que é mais ou menos idêntico, ou pelo menos fundamentalmente ligado, ao que chamaremos de a regra ou, melhor ainda, a lei. Essa lei, a cada instante de sua intervenção, cria algo de novo. Cada situação é transformada por sua intervenção, qualquer que seja, exceto quando falamos para não dizer nada... (L 1, 179)

A língua transcende a dialética do eu, desde que a fala seja plena.

"Eis-nos introduzidos nesse nível elementar em que a linguagem é imediatamente associada às primeiras experiências. Pois é uma necessidade vital que faz com que o meio do homem seja o meio simbólico." (L 1, 180)

O meio do homem depende da prematuração da espécie e, mais, do grupo familiar e dos bons cuidados da mãe. Trata-se, portanto, de uma superação epistemológica do familismo de 1938 ou do estádio do espelho. A função simbólica está agora situada na própria origem da estruturação subjetiva.

A transcendência do eu e o regime simbólico do sintoma

Retorno à experiência do buquê:

> No meu pequeno modelo, para conceber a incidência da relação simbólica, basta supor que é a intervenção das relações de linguagem que produz as voltas do espelho, que apresentarão ao sujeito, no outro, no outro absoluto, figuras diferentes do seu desejo. Existe uma conexão entre a dimensão imaginária e o sistema simbólico, na medida em que aí se inscreve a história do sujeito [...]
> Todos os seres humanos participam do universo dos símbolos. São incluídos nele e o suportam, muito mais que o constituem. São muito mais seus suportes que seus agentes. É em função dos símbolos, da constituição simbólica de sua história, que se produzem essas variações nas quais o sujeito é suscetível de assumir imagens variáveis, quebradas, fraturadas e mesmo, eventualmente, inconstituídas, regressivas de si mesmo. (L 1, 180)

O sujeito se vê, assim, numa série de imagens que dependem das circunstâncias simbólicas de sua história.

A ausência de imagem de si caracteriza certas posições subjetivas, como demonstrou o menino-lobo, evidenciando pelo seu autobatismo, ao mesmo tempo que, mesmo assim, a imagem podia ressurgir de maneira transitória.

Então, se existe uma determinação diacrônica da imagem de si, existe uma determinação sincrônica também, que faz com que o sujeito possa se perceber mesmo que não se visse algum tempo antes, e mesmo que não se veja mais algum tempo depois.

Inversamente, e de maneira complementar, a estabilidade da imagem do eu depende da estabilidade das relações simbólicas que a regulam; no primeiro lugar destas está a linguagem.

Donde a ideia de uma desregulação fecunda que engaja o sujeito na experiência freudiana, deixando de lado o ordinário da sua fala (regra da associação livre) para fazê-lo perceber, sob transferência, todas as imagens do seu eu desconhecidas dele próprio.

> Para o sujeito, a desinserção de sua relação com o outro faz variar, espelhar, oscilar, completa e descompleta a imagem do seu eu. Trata-se de fazer com que ele a perceba em sua completude, à qual nunca teve acesso, para poder reconhecer todas as etapas do seu desejo, todos os objetos que contribuíram para a consistência, o alimento e a encarnação dessa imagem. Trata-se de fazer com que o sujeito constitua, por retomadas e identificações sucessivas, a história do seu eu. (L 1, 205)

Se essa projeção narcísica máxima do sujeito – que desemboca no amor transferencial – tem a ver com a suspensão dos laços ordinários da fala e confirma o vínculo de subordinação da imagem à linguagem, estamos no direito de relacionar certas ausências de imagens do eu a certos "furos de memória" que caracterizam a narrativa do sujeito.

A TRANSCENDÊNCIA DO IMAGINÁRIO PELO SIMBÓLICO...

Uma cena traumática precoce que invade o registro imaginário do sujeito será, por exemplo, submetida ao recalque algum tempo depois, quando o sujeito, suficientemente introduzido no registro da linguagem, puder ler seu significado sexual.

Ele prefere abrir mão dos fragmentos de discurso que lhe confeririam sentido do que integrar a cena.

> Nesse momento, algo se destaca do sujeito no próprio mundo simbólico que ele está integrando. A partir de então, não será mais algo do sujeito. O sujeito não o falará mais, não o integrará mais. Entretanto, isso ficará presente, em algum lugar, falado, se assim podemos dizer, por algo de que o sujeito não tem controle. Será o primeiro núcleo do que chamaremos posteriormente dos seus sintomas.
>
> Em outras palavras, entre esse momento da análise que lhes descrevi e o momento intermediário, entre o contato e o recalque simbólico, não existe nenhuma diferença essencial.
>
> Existe apenas uma diferença, a saber, que, nesse momento, ninguém está presente para lhe dar a palavra. O recalque começa, tendo constituído seu primeiro núcleo. Existe agora um ponto central, em torno do qual poderão se organizar posteriormente os sintomas, os recalques sucessivos e, da mesma forma – já que o recalque e o retorno do recalcado são a mesma coisa –, o retorno do recalcado. (L 1, 215)

O trauma, no registro do ver – a intrusão imaginária –, encontra seu correspondente no recalque do que retorna sob a forma simbólica do sintoma.

LACAN E LÉVI-STRAUSS OU O RETORNO A FREUD

Com isso, é o registro simbólico que herda a marca ou o traço de um trauma especular. Então, o sintoma encarna a insistência de uma fala "amordaçada [...] latente nos sintomas" do sujeito, e que o analista deve "resgatar". (L I, 209)

Se a dor dos olhos (trauma especular) se inscreve no registro simbólico do sintoma, Lacan demonstra, em compensação, que um dano no simbólico também encontra seu correspondente no plano da imagem de um corpo misteriosamente avariado.

Ele evoca a esse respeito um de seus analisantes de religião islâmica, que apresenta sintomas "no campo das atividades da mão". (L 1, 221)

Esse domínio sobre o corpo nada tinha a ver com alguma atividade culpada da infância, indica Lacan, mas com a encarnação na imagem corporal do filho de uma culpa do pai, suspeito de roubo.

Sabemos que a lei corânica preconiza o martírio do membro que pecou, e, embora o filho firmemente desconhecesse essa lei, explica Lacan, a falta de integração patente nos problemas de sua mão se explicava pelo drama do pai, ou, melhor ainda, pelas coordenadas culturais desse drama.

"... não podemos desconhecer as filiações simbólicas de um sujeito", afirma Lacan. (L 1, 221)

Algo da imagem do corpo não foi integrado.

No progresso da análise, como já indiquei, é na abordagem dos elementos traumáticos – baseados numa imagem que nunca foi integrada – que se produzem os

> buracos, os pontos de fratura na unificação, na síntese
> da história do sujeito. Já indiquei que é a partir desses
> buracos que o sujeito pode se reagrupar nas diferentes
> determinações simbólicas que fazem dele um sujeito
> que tem uma história. Pois bem, da mesma forma,
> para todo ser humano, é na relação com a lei à qual
> ele se vincula que se situa tudo que lhe pode acontecer
> de pessoal. Sua história é unificada pela lei, por seu
> universo simbólico, que não é o mesmo para todos.
> A tradição e a linguagem diversificam a referência do
> sujeito. (L 1, 222)

Se a mão do filho indica o malfeito do pai, entende-mos que o acontecimento simbólico traumático dessa vez encontra seu traço no registro imaginário do corpo em sofrimento, e, mais globalmente, que a imagem do corpo e o registro simbólico estão de fato ligados para o melhor e para o pior na maturação subjetiva.

Resta que, se o traço do defeito passa de um registro a outro, segundo a lógica da inversão do lugar do trauma (imaginário ou simbólico), o sintoma – na medida em que tem a ver com a experiência analítica – sempre se oferece à leitura no registro simbólico: recalque consecutivo à invasão imaginária ou inscrição na imagem do corpo da culpa simbólica.

Vemos também, na clínica do caso, que o sujeito de que se trata na análise não é o indivíduo, pois, qualquer que seja a probidade do filho, não deixa de ser verdade que ele está pagando no corpo uma espécie de dívida não acertada pelas trocas sociais da geração anterior (a do pai).[74]

LACAN E LÉVI-STRAUSS OU O RETORNO A FREUD

Seja como for, no que diz respeito à sombra carregada da dor, trate-se da imagem do corpo ou do recalque sintomático; de qualquer maneira, entendemos que de nada adianta se pautar pela imagem para promover o avanço da análise, pois o sintoma, mesmo quando encontra uma marca na imagem do corpo, tem a ver com uma formação simbólica, seja diretamente (culpa no simbólico), seja indiretamente (recalque e retorno do recalcado consecutivos ao trauma).

Para o progresso da análise, portanto, é preciso se pautar menos pela dialética do registro da imagem e do outro (registro imaginário) do que pelo regime simbólico do sintoma, contendo *em todos os casos* o retorno do recalcado.

O funcionamento da linguagem na estruturação do sujeito "transcende", de fato, a dialética do eu, até formular ou "falar" de maneira sintomática as dores encontradas no registro escópico (dores *"troumatiques"*,[75] diria Jacques Lacan mais tarde).

As dores do eu realmente têm a ver com a ligação simbólica, assegura Lacan.

E, por sinal, o que é o eu senão uma espécie de objeto com o qual, seria demais dizer, o sujeito mantém uma relação, pois, pelo fato de ser apanhado na linguagem "desde sempre", é dessa relação intersubjetiva com o outro da linguagem que se interpretam as dores do eu, inclusive as de não existir, como no caso do menino-lobo.

---

* *Troumatiques*: trocadilho com *"traumatique"* (traumático) usando a palavra *"trou"* (buraco). [*N. do T.*]

A TRANSCENDÊNCIA DO IMAGINÁRIO PELO SIMBÓLICO...

> [...] a regulação do imaginário depende de algo que está situado de maneira transcendente, como diria o sr. Hyppolite – o transcendente, no caso, nada mais é que a ligação simbólica entre os seres humanos.
>
> Que é a ligação simbólica? É, para colocar os pingos nos is, que, socialmente, nos definimos por intermédio da lei. É pela troca de símbolos que situamos nossos diferentes eus uns em relação aos outros.
>
> Em outras palavras, é a relação simbólica que define a posição do sujeito como aquele que vê. (L 1, 161)

Robert não se vê em decorrência de uma falha da relação simbólica com o outro totêmico.

Seria possível imaginar maior dor do eu?

Mas a criança, sempre se defrontando cedo demais com uma cena traumática, cede sob a lembrança constantemente renovada pelo regime simbólico do sintoma.

A relação simbólica define a posição do sujeito como aquele que vê ou não, ou não completamente, já que é, também, por estar sofrendo pela dívida não acertada de um pai que um filho deve ceder na imagem do seu corpo.

Nada que se encontre no registro de sua individualidade, mas existe a necessidade, na clínica, de seguir o conjunto do sistema simbólico que dá conta das perturbações do eu.

As dores do eu e a culpa do pai

Tratar o eu como um objeto leva Lacan a interferir vigorosamente, no seu seminário, na relação de objeto sob transferência analisada por Michael Balint, que indica

LACAN E LÉVI-STRAUSS OU O RETORNO A FREUD

tudo o que essa relação deve à primeira relação mãe-filho, que seria, segundo o psicanalista húngaro, uma espécie de tipo ideal da maneira como o objeto satisfaz plenamente às necessidades do sujeito (*primary love*).

Esse imaginário teórico de um objeto materno que completa o sujeito é criticado por Lacan, pois – segundo ele – M. Balint[76] afirma que a análise visa a dar sustentação ao sujeito em direção a esse auge da relação de objeto, na qual o amor genital (*genital love*) seria caracterizado pelo fato de que o sujeito desfrutaria, então, do seu parceiro como de um objeto, mas dando lugar a sua subjetividade ao mesmo tempo, ou seja, respeitando o seu desejo.

Com isso, diz Lacan, o objeto perde aqui, muito precisamente, seu estatuto (de objeto) para se tornar um sujeito, e nada na teoria de Balint explica de que maneira ocorreria essa metamorfose do objeto no *primary love* para o sujeito no *genital love*.

Assim, se o eu é um objeto que, no registro da imagem, se faz passar pelo sujeito, é necessário desvincular-se da captação imaginária que ele produz para transferir a análise para o cerne da relação simbólica que determina a imagem do eu, e mesmo para sua ausência, como nos ensina o menino-lobo:

> Se o eu é uma função imaginária, ele não se confunde com o sujeito.
>
> [...] O eu assume estatuto de miragem como o restante, já não é mais um elemento das relações objetais do sujeito. [...] Caberia entender que onde o isso se encon-

A TRANSCENDÊNCIA DO IMAGINÁRIO PELO SIMBÓLICO...

> trava, em A, o eu deve estar? Que o eu deve se deslocar para A (*espelho plano*) e, no fim do fim de uma análise, não estar mais presente em absoluto?
>
> É perfeitamente concebível, pois tudo que diz respeito ao eu deve ser realizado naquilo que o sujeito reconhece de si mesmo. (L 1, 219)

Se a primeira fase da análise passa pela máxima projeção narcísica do sujeito, não é para deixar que o analisando estagne nessa miragem ou no amor de transferência que dela se deduz, mas para dar a perceber tudo aquilo que na história de suas captações tem a ver com circunstâncias simbólicas ocorridas ao sujeito.

A simbolização (a história reconstruída de suas circunstâncias ou de suas relações) é a única que permite o reconhecimento do que é o sujeito.

A reconstrução histórica de suas circunstâncias ou de suas relações permite ao sujeito desvincular-se da fascinação pelo seu eu e reconhecer o que ele é (e aquilo de que depende o seu eu) como filho ou função do universo simbólico da linguagem e da lei que o acolheram ao chegar ao mundo.

Nesse momento, para Lacan, o fim de uma análise implica uma destituição do eu em provcito do reconhecimento do sujeito, quer se trate de uma clínica do caso na qual a imagem do eu esteja faltando, de uma clínica na qual a invasão imaginária se inscreva posteriormente no inconsciente e determine a formação do sintoma, expressando de uma forma simbólica o "direito ao retorno" do recalcado, quer se trate, finalmente, do recorte ruinoso da imagem do corpo que afeta o filho daquele que não saldou uma dívida pendente.

Toda essa clínica demonstra que o sujeito do sintoma tem a ver com o que é fomentado no registro simbólico, seja *a posteriori*, quando há uma invasão imaginária ou quando o dolo evidenciado pela imagem de um corpo impedido seja apenas uma consequência mórbida do obstáculo imposto às regras de trocas sociais que governam o mundo do sujeito desde antes do seu nascimento.

Que a dívida pendente de um pai possa se encarnar naquilo que detém o movimento de um filho apenas pode ser admitido se aceitarmos nos desvincular de uma concepção individualista do ser (egoico), substituindo-a pela de um sujeito a ser tomado na sua singularidade e que deve, na experiência analítica, reintegrar sua história "até os derradeiros limites, sensíveis, vale dizer, até uma dimensão que ultrapassa em muito os limites individuais". (L 1, 18-19)

De que maneira demonstrar melhor a separação entre o sofrimento do eu e sua causa simbólica do que mostrando o que a problemática de uma das mãos deve à suspeita que desonra o pai?

A coisa roubada teria ascendência sobre o corpo?

Sem dúvida, somos aqui levados pelo psicanalista a uma interpretação que mobiliza toda a concepção antropológica da função simbólica, e, mais particularmente, aquela que ele leu no trabalho de Marcel Mauss, que é uma referência absolutamente central para ele, como

A TRANSCENDÊNCIA DO IMAGINÁRIO PELO SIMBÓLICO...

também o é, dizendo mais precisamente, o "Essai sur le don" [Ensaio sobre o dom], várias vezes citado nas pesquisas de Lacan.[77]

Examinando o direito maori, Marcel Mauss conclui:

> O que, no presente recebido, trocado, gera uma obrigação, é que a coisa recebida não é inerte. Mesmo abandonada pelo doador, ela continua sendo algo dele. Através dela, ele tem ascendência sobre o beneficiário, assim como, através dela, proprietário, tem ascendência sobre o ladrão. Pois o *taonga* é animado pelo *hau* de sua floresta, da sua terra, do seu solo; ele é realmente "nativo": o *hau* persegue todo detentor [...]. Entendemos clara e logicamente nesse sistema de ideias que seja necessário entregar a outrem o que é na realidade parcela de sua natureza e substância; pois aceitar alguma coisa de alguém é aceitar alguma coisa de sua essência espiritual, de sua alma; a conservação dessa coisa seria perigosa e mortal, e isto não apenas porque seria ilícita, mas também porque essa coisa que vem da pessoa, não só moralmente, mas física e espiritualmente, essa essência, esse alimento, esses bens, móveis ou imóveis, essas mulheres ou esses descendentes, esses mitos ou essas comunhões conferem ascendência mágica e religiosa sobre vocês.[78]

Trate-se de uma regra essencial do direito maori ou de uma regra religiosa, é sempre em nome do espírito das coisas, do "hau" ou do "mana", mas também em nome do pai morto do monoteísmo, que a regulação sagrada das trocas sociais se faz, assim como é também no seu nome que são enunciadas as sentenças baixadas pelo grupo confrontado com um delito ou um crime.

E ninguém pode fugir à regra.

A lógica simbólica inclui naturalmente os membros da família ou do clã na lista dos devedores ou daqueles que serão atormentados pela ira dos espíritos encarnados na coisa roubada.

No espelho de sua mão, o filho terá, portanto, de perceber a suspeita que marcava seu pai com a desonra.

O espírito das coisas (o *hau* ou o *mana*) ou sua versão monoteísta, aqui, o pai morto do Islã,[79] exige uma libra de carne extraída do corpo do pai ou de sua família para recuperar a paz. Por alguma razão, a lei corânica vem a falhar nesse momento. A ignorância do filho não impede que ele seja levado inconscientemente a acertar a dívida do pai. O sintoma aqui tem a ver, portanto, com uma espécie de sacrifício ao pai morto do Islã, muito embora o sujeito (do sacrifício) continue ignorante da lei. Ele paga sem que uma sanção tenha sido decretada, sem conhecer a lei corânica e sem sabê-lo.

O conjunto é inconsciente. O sintoma é o único traço que exibe – desde que seja decifrado – o sacrifício inconsciente fomentado ou exigido no e pelo universo simbólico do sujeito: o Islã.

Para endossar essa demonstração, contudo, será necessário não relacionar o sintoma do filho ao próprio pecado, ou mesmo a um desregramento orgânico, vale dizer, é necessário conceber o sujeito do sintoma como sujeito de um universo simbólico cujas leis ele não co-

A TRANSCENDÊNCIA DO IMAGINÁRIO PELO SIMBÓLICO...

nhece necessariamente, apesar de elas recaírem sobre ele, tanto mais ferozmente na medida em que ele não as conhece.

O que vem exigir o que lhe é devido é o registro simbólico, ao qual Lacan dedica a sessão de 25 de junho de 1954 em que afirma: "Em toda análise da relação intersubjetiva, o essencial não é o que está aí, o que é visto. O que a estrutura é, o que não está aí." (L 1, 249)

Tudo aquilo que não está aí e estrutura as dores do sujeito, o que será, então, senão o universo simbólico que exige o sacrifício do filho?

O sujeito sacrificado recebe, portanto, sua condenação do outro corânico, cujo texto ignora.

Desnecessário insistir na percepção de tudo o que distingue o sujeito do inconsciente, que recebe sua mensagem do Outro simbólico, da dialética do eu, que nem por isso vem a ser eliminada, mas é modificada, transcendida pela função simbólica que exige o que lhe é devido.

Desse modo, é impossível confundir a estruturação, a vontade, o investimento do eu no registro imaginário e aquela do sujeito do inconsciente totalmente constituído pela ordem simbólica, embora exista conexão, ou mais, conexão subordinada entre a primeira e a segunda.

Se o esquema corporal do filho é prejudicado, isso se dá porque ele é condenado ao pecado do pai.

Voltamos a encontrar aqui, naturalmente, o incrível rigor do tribunal inconsciente,[80] que, no entanto, precisamos compreender para vincular o sintoma do filho à culpa do pai.

Isso apenas é possível desvinculando-se radicalmente o eu do filho de sua subjetividade, lembrando, com os etnólogos, o peso da função simbólica e a dívida sobre a descendência daquele que não cumpriu as obrigações – sempre sagradas – das trocas sociais.

Se a experiência do buquê invertido permite que Jacques Lacan ilustre a conexão do imaginário com o registro simbólico, ele afirma, nesse primeiro ano do seminário, o estatuto do sujeito do sintoma, do sujeito do inconsciente como sendo *de facto* o estatuto do simbólico, da linguagem e das estruturas sociais que englobam o sistema das leis, das trocas sociais míticas ou religiosas reguladoras do universo cultural do sujeito.

Assim, e como dissemos que ele havia partido (com Hippolyte) de uma fórmula hegeliana que esclarecia a dialética imaginária do desejo – "o desejo é o desejo do outro" –, para comentar a experiência do buquê invertido, devemos agora completar esse comentário recolhido da experiência para dar conta da estruturação subjetiva, pois vimos que o desejo inconsciente do sujeito tinha a ver com o próprio universo simbólico.

O eixo da dialética imaginária que liga o eu ao outro será complexificado já no ano seguinte, com a introdução de um eixo que liga o sujeito ao Outro do simbólico, para representar as relações imaginárias que vinculam o eu ao outro e a relação inconsciente que liga o sujeito ao Outro do simbólico.[81]

A TRANSCENDÊNCIA DO IMAGINÁRIO PELO SIMBÓLICO...

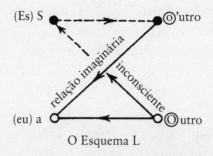

O Esquema L

Mas se a mensagem inconsciente vem do Outro do simbólico para o sujeito, em que estado chega?

"De uma forma invertida", responde Lacan já no "Discurso de Roma", ou seja, antes mesmo do primeiro ano do seminário que acabamos de estudar a fim de demonstrar a luz lançada pelo psicanalista, naquele ano, *sobre a penumbra da eficácia simbólica* nos primeiros momentos da identificação originária.

"O sujeito recebe do Outro sua própria mensagem de forma invertida": os leitores de Lacan comentaram muito essa formulação, com frequência chamando a atenção para seus fundamentos hegelianos.

Devemos remeter, nesse ponto, ao trabalho de Joël Dor,[82] que segue e expõe claramente a evolução da experiência do buquê invertido no seminário lacaniano. Recomendamos, assim, o trabalho dele aos leitores que desejem desdobramentos mais amplos sobre esse tema.

Joël Dor frisa perfeitamente que não se deve confundir o registro imaginário do desejo (o desejo como desejo do outro) com o registro simbólico e inconsciente que chega ao sujeito de forma invertida.

O autor faz, então, uma leitura do retorno a Freud por Jacques Lacan por esse viés, fazendo uma breve introdução, para entendê-lo, aos trabalhos de Ferdinand de Saussure e Hegel, que, segundo ele, inspiraram o psicanalista francês.

Muito bem, essa teoria do inconsciente como mensagem invertida que vem do Outro do simbólico poderia, de fato, ser relacionada a essas fontes?

Devemos, nesse momento, iniciar a investigação sobre esse ponto fundamental.

Notas

1. "Intervention sur le transfert", *Écrits, op. cit.*
2. Claude Lévi-Strauss, *Les Structures élémentaires de la parenté* [As estruturas elementares do parentesco] (1947), La Haye, Mouton, 1967.
3. "Intervention sur le transfert", *Écrits, op. cit.*, p. 217.
4. Jean Delay (1907-1987), psiquiatra francês, aluno de Pierre Janet, analisado por Édouard Pichon, amigo de Jacques Lacan, torna-se membro da Academia Francesa em 1959; foi um dos representantes franceses da Escola de Psiquiatria Biológica do pós-guerra. Publicou "Jeunesse d'André Gide", texto comentado por Lacan, *in Écrits, op. cit.*, p. 739-764.
5. *In* Jacques Lacan, "Lettre à Rudolph Loewestein du 14 juillet 1953", *in La Scission de 1953*, suplemento ao n° 7 de *Ornicar?*, texto que será amplamente comentado na segunda parte deste trabalho.

A TRANSCENDÊNCIA DO IMAGINÁRIO PELO SIMBÓLICO...

6. Sigmund Freud, *La Technique psychanalytique* [O método psicanalítico de Freud], Paris, PUF, 1953, reeditado no 2° trimestre de 1975, título original *Kleine Neurosen... Schrifte*. Esses pequenos textos sobre a neurose são "... escritos de Freud que vão de 1904 a 1919", segundo Lacan. (L I, 14)

7. Jacques Lacan, *Séminaire, Livre I* (1953-1954), *Les Écrits techniques de Freud* [Seminário, Livro I: Os escritos técnicos de Freud], Paris, Le Seuil, 1975.

8. *Op. cit.*, p. 14. Sobre essa questão, ver também o verbete "resistência", *in Vocabulário da Psicanálise*, Laplanche e Pontalis, São Paulo, Martins Fontes, 2001.

9. Mikkel Borch-Jacobsen, *Le Sujet freudien* [O sujeito freudiano], Paris, Flammarion, 1982.

10. Sigmund Freud, *La Technique psychanalytique* [O método psicanalítico de Freud], *op. cit.*, p. 24.

11. *Ibid.*, p. 26-27.

12. *Op. cit.*, p. 27.

13. *Op. cit.*, p. 28.

14. Sigmund Freud, *L'Avenir d'une illusion* [O futuro de uma ilusão] (1927), Paris, PUF, 1973.

15. *Id.*, *Malaise dans la civilisation* [O mal-estar na civilização] (1930), Paris, PUF, 1971.

16. *Op. cit.*, p. 30.

17. Freud, *op. cit.,* p. 31-32.

18. Sándor Ferenczi (1873-1933). De uma família de judeus poloneses emigrados, Sándor Ferenczi nasceu na Hungria. Analisado por Freud, dedicou-se à causa freudiana. Com o mestre, fundou a International Psychoanalytical Association em 1910, tendo criado também a Sociedade Psicanalítica de Budapeste em 1912. Membro do Comitê Secreto a partir de 1913, ele participou de todas as ati-

vidades de direção do movimento freudiano. A partir de 1919, se engajou na via da reforma da técnica psicanalítica e inventou a "técnica ativa", para em seguida retornar à teoria do trauma. Foi o discípulo favorito de Freud.

19. Freud, "L'analyse avec fin et l'analyse sans fin" [Análise terminável e interminável] (1937), *in Résultats, idées, problèmes*, vol. II, 1921-1938, Paris, PUF, 1987, p. 263.

20. O primeiro ano do seminário teve início em 18 de novembro de 1953, terminando a 7 de julho de 1954.

21. Ver nossa atualização da teoria da imago primordial, da boa forma e do supereu lacaniano, *in Lacan et les sciences sociales* [Lacan e as ciências sociais], *op. cit.*

22. Voltamos a encontrar aqui a lógica da função paterna desenvolvida por Lacan a partir de sua conferência *O mito individual do neurótico* (*op. cit.*), na qual afirmava: "A teoria freudiana chamou a atenção, com a existência do pai, para uma função que é ao mesmo tempo função de fala e função de amor...", para em seguida acrescentar "Devemos confiar em Freud", reintroduzir a morte e o pai morto como operadores cruciais da experiência analítica, caso contrário esta ficaria estagnada no registro dual.

23. Ver sobre a questão sensível do passe "Proposição de 9 de Outubro de 1967 sobre o psicanalista da Escola", *in Outros escritos*. Rio de Janeiro: Jorge Zahar, 2003. E "Situação da psicanálise e formação do psicanalista em 1956", *in Escritos*, Rio de Janeiro: Jorge Zahar, 1998.

Se "comentar um texto é como fazer uma análise", não poderemos ficar cegos ao fato de que, comentando o texto de Lacan, estaríamos também nos colocando como uma espécie de analisando dele. O que, naturalmente, seria o caso de esclarecer, mas desse ponto de vista parece-nos identificar uma semelhança com a experiência de outros leitores, como Erik Porge, *Os nomes-do-pai em Jacques Lacan: pontuações e problemáticas*. Rio de Janeiro: Companhia de Freud, 1998, que faz, por exemplo, a seguinte confidência ao leitor: "Ao tentar acompanhar o percurso de Lacan, pareceu-nos que fazemos um *relato de tal ordem que o próprio relato seja o lugar do encontro de que se trata no relato*, o que define uma psicanálise." Porge observa em seguida que se aproxima assim de uma definição da análise dada por Lacan na sessão de 1º de julho de 1959 do Seminário *O desejo e sua interpretação* (inédito).

24. Ver os verbetes "resistência" e "mecanismos de defesa" do *Vocabulário da psicanálise*, J. Laplanche e J.-B. Pontalis, São Paulo, Martins Fontes, 2001.

25. Sobre a epistemologia lacaniana da descoberta através da degradação, ver o nosso *Lacan et les sciences sociales*, *op. cit.*

26. Ver o artigo de Annie Reich, *in International Journal of Psychoanalysis*, nº 1, 1951.

27. Anna Freud, *Le Moi et les mécanismes de défense* (1946), Paris, PUF, 2001. No Brasil, *O ego e os mecanismos de defesa*, Rio de Janeiro, Civilização Brasileira, 1990.

28. A resistência do eu e a necessidade lógica de analisar esse obstáculo são apontadas nos seguintes termos por Anna Freud: "O paciente [...] infringe a regra analítica fundamental e diremos que ele manifesta 'resistências', o que significa que o avanço do id sobre o eu se choca com um contra-ataque em sentido inverso; mas, ao mesmo tempo, a atenção do observador se desloca das associações para a resistência, vale dizer, volta-se dos conteúdos do id para a atividade do eu." (p. 16, *op. cit.*)

29. P. 30-31, *op. cit.*

30. Sigmund Freud e Josef Breuer, *Estudos sobre a histeria* (1895), Rio de Janeiro, Imago, s.d.

31. Didier Anzieu (1923-1999), professor titular *(agrégé)* de filosofia em 1948, volta-se para a psicologia e se torna assistente na Sorbonne em 1951. Filho de Marguerite Anzieu, o caso "Aimée" contado por Lacan na sua tese de medicina de 1932 "Da psicose paranoica em suas relações com a personalidade". Faz uma primeira análise com Lacan, concluída em 1953. Entra para a Société française de psychanalyse, nela trabalhando até 1963, quando participa da criação da Association de psychanalytique de France (APF) e se separa de Lacan. Especialista da teoria psicanalítica de grupos, publicou muitos trabalhos sobre a criação literária (Pascal, Beckett) e a criação artística (Bacon).

32. Sigmund Freud, *Métapsychologie* (1915), Paris, Gallimard, 1977. No Brasil, *Artigos sobre Metapsicologia*, Rio de Janeiro, Imago, s.d.

33. Sigmund Freud, "Psychothérapie de l'hystérie" [A psicoterapia da histeria] (1895), *in Études sur l'hystérie* [Estudos sobre a histeria] (1895), *op. cit.*, p. 233-234.

34. Muito embora, a partir da carta a Fliess de 6 de dezembro de 1896, Freud, desvinculando-se (pelo menos em parte) da linguagem da fisiologia nervosa – como observa o tradutor dessa carta –, defina uma superestrutura da linguagem que corresponde à infraestrutura das bases orgânicas da neurose. Nessa carta, o recalque é definido pelo psicanalista como uma falha de tradução: "É o erro de tradução que chamamos, em clínica, de *recalque*", escreve (*in* Carta a Wilhelm Fliess, nº 52, 16 de dezembro de 1896, *La Naissance de la Psychanalyse* [O nascimento da psicanálise], p. 156, Paris, PUF, 1973)

A TRANSCENDÊNCIA DO IMAGINÁRIO PELO SIMBÓLICO...

35. "Criptograma: termo didático. Pequeno texto em caracteres secretos", segundo o dicionário Littré.

36. *La Naissance de la psychanalyse* [O nascimento da psicanálise], *op. cit.*, p. 153-160.

37. Jacques Lacan, *Fonction et champ de la parole et du langage en psychanalyse* [Função e campo da fala e da linguagem na psicanálise], Relatório do Congresso de Roma realizado no Istituto di Psicologia della Università di Roma em 26 e 27 de setembro de 1953, *in Écrits, op. cit.*, p. 280-281.

38. Jean Hyppolite (1907-1968), filósofo especializado em Hegel, tradutor de *Fenomenologia do espírito*. Foi professor, entre outros, de Jean Laplanche e de Michel Foucault.

39. Sigmund Freud, *Die Verneinung* [A negativa], 1925, republicado sob o título "La Négation", *in Œuvres complètes*, t. 17, Paris, PUF, 1992.

40. Esse texto de Anna Freud, retomado por Lacan, é um fragmento publicado em *Le Moi et les mécanismes de défense* [O ego e os mecanismos de defesa], (1946), PUF, 2001, p. 37.

41. Anna Freud escreve: "... uma análise aprofundada mostra, em seguida, que chacota e zombaria não constituem propriamente uma reação de transferência e, de modo algum, estão ligadas à situação analítica" (p. 36, *op. cit.*). Com isso, ela mesma assinala o limite de uma concepção dual da transferência, que viria a superar na sua prática, deixando a Lacan o cuidado de extrair a "lição" técnica.

42. Jacques Lacan, *Le Mythe individuel du névrosé* [O mito individual do neurótico], 1953, *op. cit.* Ver nosso comentário em *Lacan et les sciences sociales* [Lacan e as ciências sociais], op. cit.

43. *Id.*, *op. cit.*, p. 306-307.

LACAN E LÉVI-STRAUSS OU O RETORNO A FREUD

44. (L I, 81). Nessa sessão de 17 de fevereiro de 1954, a srta. Gélinier expõe o caso do "Pequeno Dick" analisado por Melanie Klein, *in Essais de psychanalyse*, 1921-1945, Paris, Payot, 1968.

45. Essa referência etnológica não especificada remete, provavelmente, às pesquisas de Marcel Griaule, que um ano mais tarde, exatamente na noite de 15 de março de 1955, faria uma conferência ouvida por Lacan e comentada já no dia seguinte nos seguintes termos, no segundo ano do seminário:

"Qual a contribuição da conferência do sr. Griaule ontem à noite? [...]. Marcel Griaule fez rápida alusão à islamização de uma parte importante das populações do Sudão, pelo fato de que continuam funcionando num registro simbólico ao mesmo tempo que pertencem a um estilo de credo religioso em nítida discordância com esse sistema. Suas exigências, nesse plano, se manifestam de forma muito precisa, por exemplo, quando pedem que lhes seja ensinado o árabe, pois o árabe é a língua do Corão. Existe uma tradição que vem de muito longe, que está muito viva [...]. Não devemos supor que a civilização sudanesa não mereça seu nome. [...] As condições em que essas pessoas vivem podem parecer, à primeira vista, muito difíceis, muito precárias do ponto de vista do bem-estar e da civilização, mas, ao que parece, eles encontram um apoio muito forte na função simbólica, isolada enquanto tal. Levamos muito tempo para poder entrar em comunicação com eles. Existe aí uma analogia com nossa própria posição com relação ao sujeito." (L 2, 193)

As pesquisas do etnólogo dão ênfase à força da função simbólica que é isolada pelo trabalho do pesquisador,

A TRANSCENDÊNCIA DO IMAGINÁRIO PELO SIMBÓLICO...

mas essa função também parece isolar a população do Sudão das outras formações sociais, entre elas as que produzem etnólogos, indica Lacan, como se se repetisse no plano das massas a estranheza do criptograma de uma civilização à espera do seu analista. Um analista etnólogo teria de deixar de lado suas identificações ocidentais para reconhecer o trabalho da função simbólica no cerne da civilização sudanesa, assim como um psicanalista precisa deixar de lado suas aderências egoicas para decifrar o entrecruzamento simbólico que introduz a inteligibilidade das estruturas subjetivas do analisando.

Marcel Griaule (1898-1956) foi precursor na França de um novo método de investigação, baseado na observação dos sistemas etnológicos e na análise das representações "indígenas" que deles dão conta. Seu terreno foi basicamente o dos dogons do Níger. Titular da primeira cadeira de etnologia na Sorbonne, foi também assessor da União Francesa desde a sua fundação, em 1946.

46. O artigo de Lacan e Cénac, "Introduction théorique aux fonctions de la psychanalyse en criminologie" [Introdução teórica às funções da psicanálise em criminologia] (29 de maio de 1950), *in Écrits, op. cit.*, p. 125-149, é comentado no nosso *Lacan et les sciences sociales*, p. 95-146.

47. Ver o Prefácio a Marcel Mauss, *Sociologie et anthropologie*, Paris, PUF, 1950, p. XXII. No Brasil, *Sociologia e antropologia*, São Paulo, Cosac Naify, 2011.

48. *Ibid.*, p. XXV.

49. *Ibid.*, p. XXVI.

50. *Ibid.*, p. XXII.

51. Cf. Lévi-Strauss, "L'Efficacité symbolique", *Revue d'histoire des religions* [Revista de história das religiões] (janeiro-março de 1949), t. 135, nº 1, p. 5-27, retomado

LACAN E LÉVI-STRAUSS OU O RETORNO A FREUD

in Anthropologie structurale [Antropologia estrutural], I, p. 205-226, Paris, Plon, 1958 e 1974.

52. Jacques Lacan, "Le Stade du miroir" (1949), *Écrits, op. cit.*, p. 93-100.

53. *Ibid.*, p. 95

54. Sigmund Freud, *L'Interprétation des rêves*, Paris, PUF, 1967. No Brasil, *A interpretação dos sonhos*, Rio de Janeiro, Imago, s.d.

55. *Anthropologie structurale*, I, *op. cit.*, p. 218.

56. "O sintoma é... significante de um significado recalcado...", diria Lacan em 1953, *in* "Le Rapport de Rome" [O Discurso de Roma], *op. cit.*, p. 280.

57. *Le Mythe individuel du névrosé* [O mito individual do neurótico], *op. cit.*

58. Marguerite Sechehaye (1887-1964), psicanalista suíça especializada na abordagem da esquizofrenia. Ela baseia seu método na "realização simbólica". Publicou *Le journal d'une schizophrène*, Paris, PUF, 1950, relatando a história de uma jovem analisada pelo sr. Sechehaye, que viria a amparar, e tornou-se ela própria psicanalista.

59. Ver a parte III do presente trabalho.

60. "... esse outro é essencialmente um lugar simbólico. O Outro é justamente o lugar do tesouro, digamos, dessas frases, e mesmo desses lugares-comuns sem os quais o chiste não adquire seu valor nem seu alcance... esse Outro é de fato o Outro como lugar do significante" (J. Lacan, *in* L. V, 116-117).

61. A esse respeito, ver Alain Delrieu, *Lévi-Strauss lecteur de Freud: le droit, l'inceste, le père et l'échange des femmes*, Paris, Anthropos, 1999.

62. A esse respeito, ver o nosso *Lacan et les sciences sociales, op. cit.*

A TRANSCENDÊNCIA DO IMAGINÁRIO PELO SIMBÓLICO...

63. Sigmund Freud, *L'Interprétation des rêves, op. cit.*, p. 456-457-459.

64. Aqui Lacan relê o Freud de *L'Interprétation des rêves, op. cit.*, p. 455.

65. Sobre o modelo óptico dos ideais da pessoa, ver J.-A. Miller, *Écrits*, p. 904 e 905.

66. Ver sobre a experiência de H. Bouasse, Joël Dor, *Introduction à la lecture de Lacan* [Introdução à leitura de Lacan], Paris, Denoël, 1992, p. 49 e sq.

67. Sigmund Freud, *Abrégé de psychanalyse* [Esboço de psicanálise], Paris, PUF, 1985.

68. Jacques Lacan, *Séminaire, Livre VIII: Le Transfert* (1960-1961), Paris, Le Seuil, 2001. No Brasil, *O Seminário, Livro 8, A transferência*, Rio de Janeiro, Zahar, 1992.

69. Lacan se inscreve aqui na linhagem direta de Freud, lembrando no seu seminário que o fundador da psicanálise "recusa ao psicótico o acesso ao imaginário. E como, em geral, Freud sabe o que diz, teremos de tentar elaborar o que ele quer dizer nesse ponto". (L 1, 134)

70. Vamos encontrar uma excelente introdução à experiência do buquê invertido *in* Joël Dor, *Introduction à la lecture de Lacan* [Introdução à leitura de Lacan], vols. 1 e 2, Paris, Éditions Denoël, 1985 e 1992.

71. Ver, sobre a antropologia da dívida, Marcel Mauss, "Essai sur le don: forme et raison de l'échange dans les sociétés Archaïques" [Ensaio sobre a dádiva: forma e razão da troca nas sociedades arcaicas], *in Sociologie et anthropologie* (II parte), *op. cit.*

72. Sigmund Freud, "Complément métapsychologique à la doctrine des rêves" (maio de 1915), *in Œuvres complètes*, vol. XIII, trad. col., Paris, PUF, 1988.

LACAN E LÉVI-STRAUSS OU O RETORNO A FREUD

73. François Perrier (1922-1990), psiquiatra e psicanalista francês. Analisado por Lacan, participou da SFP, depois, da École freudienne de Paris (EFP), da qual viria a se afastar em 1969, em virtude de uma divergência quanto à manobra para a criação da Organisation psychanalytique de langue française (OPLF), também conhecida como Quarto Grupo.

74. Tendo isolado bem a função paterna da pessoa do pai, dez anos depois Lacan enuncia de maneira geral e precisa: "O pai, o Nome-do-Pai, sustenta a estrutura do desejo junto com a da lei – mas a herança do pai é a herança que nos é designada por Kierkegaard, é o seu pecado." (L XI, 35)

75. "Inventamos um truque para preencher um buraco no real. Onde não existe relação sexual, encontra-se *troumatisme*", formula Lacan em 19 de fevereiro de 1974.

76. Michaël Balint (1896-1970). Nascido em Budapeste, Balint estuda medicina e depois trabalha em Berlim ao mesmo tempo que completa sua formação psicanalítica com Karl Abraham e Hans Sachs e, mais tarde, com Ferenczi. Depois da guerra, Balint se muda para Londres, onde, de 1948 a 1961, trabalha na clínica Tavistock. Especialista nos chamados estados narcísicos, interessa-se pela medicina psicossomática e procura aplicar a psicanálise à formação dos médicos.

77. *Sociologie et anthropologie* [Sociologia e antropologia], 2ª parte, "Essai sur le don" [Ensaio sobre o dom], *op. cit.*

78. Marcel Mauss, *op. cit.*, p. 159.

79. Sabemos que o Corão separa a figura divina da figura da paternidade. Ao nos referirmos ao pai morto do Islã, estamos nos referindo à maneira como Freud evoca a "recuperação" do pai originário pelo Islã, e, de maneira mais estrutural – como veremos adiante –, ao operador

A TRANSCENDÊNCIA DO IMAGINÁRIO PELO SIMBÓLICO...

teórico que sustenta todo o conjunto simbólico, qualquer que seja o nome que nele recebe "o espírito das coisas", para falar como Lévi-Strauss.

80. Ver o nosso *Tristesse dans la modernité*, Paris, Anthropos, 1996.

81. Jacques Lacan, *Le Moi dans la théorie de Freud et dans la technique de la psychanalyse* [O eu na teoria de Freud e na técnica da psicanálise], *Seminário, Livro II*, sessão de 25 de maio de 1955, Paris, Le Seuil, 1978, p. 284.

Sobre "Le Schéma de la dialectique intersubjective (conhecido como *Esquema L*)", ver J.-A. Miller, *Écrits* [Escritos], p. 904.

82. *Introduction à la lecture de Lacan* [Introdução à leitura de Lacan], *op. cit.*

2. O sujeito recebe do Outro a própria mensagem de uma forma invertida: a investigação

Meses antes do início de seu seminário em Sainte Anne, Lacan escreve no "Discurso de Roma":

> A forma sob a qual a linguagem se expressa define por si mesma a subjetividade. Ela diz: "Você vai por aqui e, quando vir isto, seguirá por lá." Em outras palavras, ela se refere ao discurso do outro. É englobada como tal na mais alta função da fala, na medida em que implica seu autor que investe seu destinatário de uma realidade nova, por exemplo, quando de um: "Você é minha mulher", um sujeito se imbui de ser o homem do cônjuge.
>
> Tal é, com efeito, a forma essencial da qual deriva toda fala humana, mais do que chega a ela.
>
> Donde o paradoxo que um de nossos ouvintes mais perspicazes julgou poder nos opor um comentário, quando começamos a dar a conhecer nossos pontos de vista sobre a análise como dialética, e que foi assim formulado por ele: a linguagem humana constituiria, portanto, uma comunicação na qual o emissor recebe do receptor a própria mensagem de forma invertida, formulação que tivemos apenas de retomar da boca do opositor para nela reconhecer a marca do nosso pensamento [...][1]

No exato momento em que enuncia a fórmula da comunicação que fixa por muito tempo a análise da subjetividade como efeito da relação com o outro, Lacan afirma, numa impecável observação epistemológica, que ela própria obedece a essa regra de produção, pois nada mais é que produto de uma relação de fala com um "de seus ouvintes mais incisivos", todo entregue ao trabalho de objeção.

Em outras palavras, "o emissor recebe do receptor a própria mensagem de uma forma invertida" não é uma fórmula forjada por Lacan na solidão do seu trabalho, mas uma fórmula colhida, por sua iniciativa, da fala de um daqueles que o ouviam de maneira perspicaz; digamos com todas as letras, é uma resposta do Outro.

Donde, naturalmente, para nossa arqueologia do pensamento-Lacan, o interesse da investigação que visa a descobrir quem é esse opositor excepcional, esse "ouvinte dos mais incisivos", essa figura do Outro que colocou Lacan sob a voz do sujeito do inconsciente. Mas, também, a necessidade de perceber o alcance dessa fórmula, da sua marca, das circunstâncias em que foi redigida pela primeira vez (primavera de 1953), como também o imperativo de estabelecer sua história.

E essa fórmula é assim tão importante?

Sim, pois – como vimos –, naquele que viria a ser o *Seminário, Livro I*, Lacan tenta definir, nesse ano de 1953-1954, o que seria uma teoria do sujeito compatível com o que lhe ensina a experiência freudiana.

O seu primeiro seminário público trata dos escritos técnicos de Freud, e não devemos perder o fio da análise,

O SUJEITO RECEBE DO OUTRO A PRÓPRIA MENSAGEM...

pois, se Lacan busca à época definir o que é um sujeito, é necessário completar essa observação, esclarecendo que se trata do sujeito da experiência analítica. Entende-se, assim, que seja inicialmente por meio da leitura dos textos freudianos mais técnicos que ele avança para encontrar a resposta a sua pergunta: o que é um sujeito? Ou, ainda, o que é a subjetividade para e na experiência freudiana?

A essa pergunta, Lacan responde no "Discurso de Roma": a subjetividade é o que é definido por uma forma, uma simples forma. Mas, dessa vez, e ao contrário da resposta elaborada nos seus textos de 1936-1948 sobre o estádio do espelho, trata-se de uma forma sob a qual a linguagem se expressa.

Em 1953, o psicanalista renova sua concepção da subjetividade, ainda e sempre, contudo, definida por uma simples forma. Uma forma, mas não qualquer forma, não essa "forma primordial" da identificação primordial do estádio do espelho, que "situa a instância do *eu* já antes da sua determinação social",[2] não essa espécie de "eu--ideal" ou, ainda, essa "forma total do corpo através da qual o sujeito se antecipa numa miragem à maturação de sua potência, só lhe é dada como *Gestalt* [...] *Gestalt* cuja pregnância deve ser considerada como ligada à espécie [...]". (*E*, 95)

Não, não essa *Gestalt*; não essa forma que convoca o corpo, mas uma forma "sob a qual a linguagem se expressa", "é essencial" na medida em que "toda fala dela deriva" e "define por si mesma a subjetividade". (*E*, 298)

Em 1953, o psicanalista, totalmente imerso na sua investigação, teve um encontro. Desse encontro se deduz que a subjetividade recebe sua definição de uma operação já então situada no registro da linguagem – de maneira mais genérica, no registro do simbólico –, e não mais no registro da imagem, ou, mais precisamente, da imagem do corpo.

De 1936 a 1953, terão sido necessários dezessete anos para que Lacan deslocasse as coordenadas da forma que define a subjetividade: do imaginário para o simbólico, ou da imagem do corpo para uma forma paradoxal de expressão da linguagem.

Esse simples deslocamento poderia parecer muito discreto a nossos leitores e talvez não propriamente digno de reter a atenção por mais tempo.

Se tomarmos o registro da forma, poderíamos corroborar nesse sentido, pois é preciso acrescentar que essas duas formas mantêm-se em consideração ao sujeito que trata de definir entre elas os traços de identidade, dando-lhes um "ar familiar" sobre o qual é preciso reconhecer. Vamos reler a primeira formulação (de 1936-1949):

É que a forma total do corpo através da qual o sujeito se antecipa numa miragem à maturação de sua potência só lhe é dada como *Gestalt*, ou seja, numa exterioridade em que, é bem verdade, essa forma é mais constituinte que constituída, mas na qual, sobretudo, ela lhe aparece num relevo de estatura que a congela e numa simetria que a inverte [...]. (*E*, 94-95)

Nesse primeiro momento de elaboração, a forma conferida ao sujeito o é:

O SUJEITO RECEBE DO OUTRO A PRÓPRIA MENSAGEM...

1. Numa exterioridade;
2. de maneira mais constituinte que constituída;
3. numa simetria que o inverte.

Esses três traços caracterizam também a forma de 1953, pois, embora se torne uma forma da linguagem, nem por isso deixa de ser:

1. Exterior ao sujeito;
2. mais constituinte que constituída;
3. oferecida ao sujeito de uma forma invertida. ("O emissor recebe do receptor a própria mensagem de uma forma invertida [...].") (*E*, 298)

Essa identidade formal que define o sujeito certamente não permite confundir as duas formas e fórmulas em questão, pois uma se refere ao que vem ao sujeito do registro imaginário, enquanto a outra se refere ao que lhe vem do registro simbólico. A primeira forma revela aquilo que lhe vai dar a imagem ideal do seu corpo. A segunda, os significantes do seu destino, ou, dito de maneira mais antropológica, tudo aquilo que lhe é imposto simbolicamente em virtude do lugar que ocupa na sua rede.

Mas, enfim, essa semelhança formal não deve passar despercebida, pois, talvez mais do que a marca do "pensamento-Lacan",[3] ela assinala enormemente o estilo da conjuntura na qual o homem recebe a imagem do seu corpo e as coordenadas simbólicas do seu destino no mesmo movimento sempre oriundo do outro (ou seja, proveniente do exterior dele mesmo). Coordenadas simbólicas que lhe permitirão ou não (como vimos com o menino-lobo) perceber sua imagem e evoluir com mais ou menos sintomas na sua vida subjetiva e também na sua rede de trocas sociais.[4]

Reconhecer nesse punhado de traços a marca do pensamento lacaniano, que nossa arqueologia procura oferecer à leitura, naturalmente pressupõe que sejamos autorizados, antes de mais nada, a utilizar esse neologismo negativamente avaliado por alguns de nossos colegas que se apoiam nos desenvolvimentos tardios de Lacan, objetando àquilo que, na nossa pesquisa, valorizaria excessivamente o registro do pensamento no psicanalista.

Não descartando essa objeção, entretanto, permaneceremos fiéis ao nosso método quase cronológico.

Sim, existe um "pensamento-Lacan", e os fragmentos do "Discurso de Roma", cujas considerações vamos agora apresentar, esclarecem que existe, segundo o Lacan de 1953, uma espécie de estilo desse pensamento, ou melhor: "uma marca" específica desse pensamento, nas palavras dele.

Digamos que, no que diz respeito a esse momento (e movimento) primordial que conjuga a constituição subjetiva no registro da imagem do corpo com o registro do simbólico, acreditamos perceber nos traços identitários comuns das duas fórmulas enunciadas pelo psicanalista – em (1936/1949) e em 1953 – a marca discriminante desse pensamento que ele próprio poderia reconhecer no Outro do seu receptor.

Quanto à busca por uma teoria do sujeito congruente com a experiência analítica em Lacan, será necessário, se-

O SUJEITO RECEBE DO OUTRO A PRÓPRIA MENSAGEM...

gundo a nossa investigação, lermos juntos "O estádio do espelho" e o "Discurso de Roma", ou, ainda, considerar o fragmento do "Discurso de Roma" selecionado aqui, menos como uma nova resposta ao que motiva a análise lacaniana do que como uma nova versão da resposta de 1936-1938, que visa a, por meio do estádio do espelho, "suprir" a falta doutrinária que ele julgava perceber na teoria freudiana das primeiríssimas identificações.[5]

Se essa nova resposta conjuga alguns ensinamentos do estádio do espelho ao que se deduz do encontro de Lacan com seu opositor excepcional, ainda é preciso frisar que não é em qualquer momento que o psicanalista pode perceber que "a linguagem humana constituiria, portanto, uma comunicação na qual o emissor recebe do receptor a própria mensagem de uma forma invertida", afinal, foi exatamente quando ele começou a falar dos seus pontos de vista sobre a psicanálise como dialética "quando começamos a dar a conhecer nossos pontos de vista sobre a análise como dialética" que conseguimos colher essa fórmula proveniente do Outro, mas com valor de interpretação mutativa, pois o momento havia chegado.

E desde quando, caberia perguntar, Lacan deu a conhecer seus pontos de vista sobre a análise como dialética? O que significa essa nova formulação? Que relação existe entre o estádio do espelho, essa dialética psicanalítica e o progresso da simbolização? Tudo isso não o afastaria, pelo excesso de intelectualização, do texto freudiano e, mesmo, da própria experiência da cura?

Em absoluto, pois é precisamente na sua "Intervenção sobre a transferência",[6] de 1951, que o psicanalista propõe aos colegas a leitura de um texto paradigmático da clínica de Freud (*o caso Dora*), isolando o movimento do "tratamento da doente" como experiência dialética.

Assim, se Lacan concebe a análise como um progresso dialético, não é tanto com o objetivo de "intelectualizar" em detrimento das verdades clínicas, mas antes por perceber esse estilo de movimento na maneira como o próprio Freud foi levado a conduzir o tratamento de Dora.

E a clínica, conduzida dessa maneira dialética, leva bem perto da verdade subjetiva, afirma Lacan, aproveitando para lembrar a orientação freudiana, e mesmo o seu "valor de salvação", que permite entender a mensagem proveniente do Outro de uma forma invertida.

I. Intervenção sobre a transferência (1951)

O caso Dora ou a dialética de Freud

Afastando com firmeza a orientação psicologizante da psicanálise, por Lacan criticada devido aos riscos de objetivação do indivíduo, ele propõe, na sua intervenção no congresso dos psicanalistas de língua românica, em 1951, uma concepção da experiência freudiana que tem a ver com uma espécie de diálogo no qual o sujeito se constitui por um discurso que tem como única lei a da verdade, que introduz um movimento de mutação na realidade na qual ele se coloca:

"[...] *a psicanálise é uma experiência dialética*, e essa noção deve prevalecer quando colocamos a questão da

O SUJEITO RECEBE DO OUTRO A PRÓPRIA MENSAGEM...

natureza da transferência" (*E*, 216), afirma o psicanalista quanto ao próprio conceito de transferência, fundamental para a técnica analítica.

Ele esclarece, pouco depois, o que significa a sua concepção dialética da análise, extraindo seus modelos do próprio *corpus* freudiano:

> [...] o caso Dora[7] é exposto por Freud na forma de uma série de inversões dialéticas [...]. Trata-se de uma escansão das estruturas nas quais se transmuta, para o sujeito, a verdade, e que não dizem respeito apenas a sua compreensão das coisas, mas a sua própria posição como sujeito da qual são função seus "objetos". O que significa que o conceito *do exposto* é *idêntico* ao progresso do sujeito, vale dizer, à realidade da análise. (*E*, 218)

E quanto a Dora?[8]
Dora é uma jovem de 18 anos quando Freud a conhece. Segundo Freud,

> os sintomas principais do seu estado eram depressão e distúrbios de caráter. Ela estava evidentemente insatisfeita consigo mesma e com os seus, se comportava de maneira desagradável em relação ao pai e não se entendia mais com a mãe, que decididamente queria levá-la a ajudar nas tarefas domésticas.[9]

A adolescente assustou os pais quando escreveu uma carta de despedida falando da sua vontade de morrer. O desmaio de que foi acometida certo dia diante do pai levou-o a conduzi-la ao consultório de Freud.

LACAN E LÉVI-STRAUSS OU O RETORNO A FREUD

A observação do analista concluiu por uma:

> "Pequena histeria" com sintomas somáticos e psíquicos dos mais banais: dispneia, tosse nervosa, afonia e talvez, também, enxaqueca; paralelamente, depressão, humor histérico insociável e enfado, provavelmente pouco sincero, da vida.[10]

Nada que não fosse bastante comum nesse caso Dora, que, no entanto, seria levado, pelo atrativo da escrita freudiana, a uma notoriedade ímpar.

Mas "o que precisamos é justamente esclarecer os casos mais simples e frequentes e seus sintomas típicos",[11] afirmava Freud aos seus discípulos, que não cessariam de comentar esse caso a partir daí, com resultados variáveis.

Em 1951, o comentário de Lacan inscreve-se, assim, no contexto de uma espécie de tradição psicanalítica, mas que seria revolucionada pelo seu enunciado.

Do que se trata?

Retomemos o caso.

Dora queixa-se com Freud de ter sido abandonada pelo pai nas mãos do marido da amante (a sra. K...), que o fez para facilitar sua prática adúltera.

Em vez de esclarecer a jovem, diz Lacan, Freud toma nota do circuito de trocas, mas se desvencilha da compaixão visada na queixa da jovem para, numa "primeira inversão dialética", exigir que Dora reconheça o que lhe cabe na repetição da "desordem" que motiva a sua queixa.

Segue-se um "desdobramento da verdade", escreve Lacan:

A saber, que foi não só pelo silêncio, mas pela cumplicidade da própria Dora, e mais, sob sua proteção vigilante, que pôde durar a ficção que permitiu à relação dos dois amantes ter prosseguimento.

Aqui, não só vemos a participação de Dora na corte de que é objeto por parte do sr. K..., como suas relações com os outros parceiros do quarteto ganham nova clareza ao serem incluídas numa sutil circulação de presentes valiosos, indenização pelo descumprimento dos favores sexuais, a qual, partindo do seu pai em direção à sra. K..., retorna à paciente pelas disponibilidades que ela libera no sr. K..., sem prejuízo da generosidade que lhe advém da fonte primária, na forma de presentes paralelos nos quais o burguês encontra classicamente a espécie de retratação mais adequada para aliar a reparação devida à mulher legítima à preocupação com o patrimônio (cabe notar que a presença do personagem da esposa se reduz aqui a essa ligação lateral à cadeia de trocas).[12]

Notemos o procedimento.

Freud, afirma Lacan, inicia a análise de Dora com uma primeira inversão dialética – ou uma retificação subjetiva –, que dá origem a um desdobramento da verdade.

Essa verdade, cabe frisar, é propriamente etnológica, pois se faz presente – segundo Lacan – no circuito de troca social que constitui a rede ordenadora do mundo de Dora e que lhe atribui um lugar (de objeto de troca) que ela recusa, mas que nem por isso deixa de ser o seu lugar.

Esse fragmento clínico relido por Lacan ilustra perfeitamente o que ele quer dizer, pois evidencia antes de mais nada a maneira como Dora, sem sabê-lo, e, portanto, de maneira inconsciente, favorece a mensagem do Outro social, que lhe atribui um lugar absolutamente preciso na cadeia das trocas sociais.

A primeira inversão dialética de Freud, então, leva com que Dora perceba, segundo Lacan, a maneira como cumpre inconscientemente "o contrato de trabalho" que lhe vem do Outro, e que, decifrado na boca do pai, poderia ser transcrito nos seguintes termos: "Você é a mulher que eu troco com o sr. K... por aquilo que ele me dá (a sra. K...)."

Esse circuito de troca das mulheres, que fornece a Dora as coordenadas da sua atividade inconsciente, poderia ser repetido sem problemas se a jovem consentisse em participar como objeto – vale dizer, como mulher – da cadeia de troca.

Mas, justamente, Dora objeta e se insurge contra o papel que lhe cabe, sob o manto de um ciúme em relação à sra. K...

Segunda inversão dialética, explica Lacan. Freud desmascara, por baixo do ciúme de Dora em relação à sra. K..., um interesse inconsciente que mais uma vez requer, para ser esclarecido, a inversão analítica da queixa.

Novo desdobramento da verdade, mas, dessa vez, a verdade vem maculada pelos preconceitos de Freud, afirma Lacan, pois, segundo ele, a lógica inconsciente que motivaria o ciúme de Dora não decorre dos próprios desejos edipianos, que fariam dela rival ou amante do pai e, de maneira geral, objeto de seus representantes (o sr. K..., Freud). Não: um desdobramento correto da verdade, assegura Lacan, deveria ter levado Freud a reconhecer no apego de Dora à sra. K... não um ciúme identificatório, mas um investimento de objeto homossexual decidido muito antes do Édipo e comandado a partir do ponto de identificação subjetivo primordial que é o seu. Esse ponto de identificação primordial lhe advém do estádio do espelho, embora tenha a ver com uma masculinidade originária, que, no mesmo movimento, constitui a própria feminilidade como um verdadeiro mistério, e mesmo um sintoma que prejudica o destino que lhe é atribuído por seu lugar de mulher nas trocas sociais.

Por isso que o que fascina Dora na sra. K... é, como reconhece Freud: "A brancura encantadora do seu corpo" e, como indica Lacan: "O mistério de sua própria feminilidade corporal." (*E*, 220)[13]

Em outras palavras, para Lacan, Dora não teve acesso ao reconhecimento da própria feminilidade. E pelo seguinte motivo, segundo os próprios termos do psicanalista:

> ... teria sido necessário que ela realizasse essa assunção do seu próprio corpo, caso contrário, permanece aberta ao despedaçamento funcional (para nos referir à contribuição teórica do *estádio do espelho*) que constitui os sintomas de conversão.
>
> Ora, para realizar a condição desse acesso, ela teve apenas como único intermediário a *imago* original que nos mostra oferecer-lhe em abertura para o objeto, a saber, o parceiro masculino com o qual sua diferença de idade lhe permite identificar-se nessa alienação primordial em que o sujeito se reconhece como *eu*... (*E*, 221)

As reticências são da escrita lacaniana e convidam o leitor a engatar no próprio texto de 1949 ("O estádio do espelho"), que fornece a fundamentação teórica da análise das identificações de Dora efetuada por Lacan em 1951.

É pelo fato de ser identificada, desde o primeiro momento de sua vida no espelho, à imagem originária de um parceiro masculino de idade superior que Dora, afirma Lacan:

1. Não tem acesso à assunção do seu próprio corpo feminino;
2. Continua presa ao despedaçamento que motiva seus sintomas de conversão;
3. Constitui o corpo da sra. K... como um fascinante mistério;
4. Se identifica com o pai e, portanto, "cai" diante da sra. K... como objeto (homossexual) do seu desejo, assim como se identifica com os herdeiros da *Gestalt* paterna (sr. K..., Freud...);
5. Objeta à mensagem que recebe do Outro social e que lhe atribui seu lugar na troca de mulheres.

Em outras palavras, e para resumir a leitura do caso Dora feita por Lacan em 1951, devemos entender que, para ele, o mal-estar da moça se explica completamente pela espécie de desarmonia fundamental que existe entre o registro primordial de suas identificações – o do estádio do espelho, que a situa do lado homem – e a mensagem inconsciente que ela recebe do Outro social (sua rede), ordenando que assuma seu lugar de mulher no circuito de troca ao qual a convoca seu destino.

Dora ou o emblema da condição feminina

Mais que uma retificação da análise dos problemas desse caso, contudo, devemos perceber – no plano epistemológico – que aqui Lacan associa, para uma explicação paradigmática da clínica freudiana da histeria:

1. O que ele toma de empréstimo aos etnólogos quanto à análise da doação, da troca e, especialmente, da troca de mulheres, segundo Claude Lévi-Strauss;
2. Ao que construiu desde 1936, com o estádio do espelho, para complementar a teoria freudiana das identificações primordiais.

E não se trata aqui simplesmente de uma espécie de figura clínica secundária.

Cabe frisar antes de mais nada que, através desse texto:

1. Lacan volta à sua crítica, indo contra Freud, da prevalência do pai no complexo de Édipo;
2. Encara essa prevalência como uma resistência freudiana à análise;

3. Faz dos preconceitos do analista o lugar das resistências à análise;
4. Finalmente, dá a perceber não apenas o destino de Dora, mas, muito mais, e com ela, o destino das "pequenas histerias" que configuram objeções ao sistema simbólico, que atribui às mulheres seu lugar etnologicamente determinado de objetos de troca.

Com efeito, não é esse tipo de desarmonia (talvez estrutural) entre uma identificação primordial a uma *Gestalt*, da qual se poderia dizer que é menos fora do sexo do que genérica (primordial ou paterna),[14] e um destino social que ordena que as mulheres endossem um lugar de objeto de troca que divide profundamente a condição feminina e motiva seus sintomas?

Lacan responde:

> Tanto quanto para qualquer mulher, e por motivos que estão na própria base das trocas sociais mais elementares (as mesmas que Dora formula nas queixas de sua revolta), o problema de sua condição é, no fundo, se aceitar como objeto do desejo do homem, e está aí, para Dora, o mistério que motiva sua idolatria pela sra. K... (*E*, 222)

O psicanalista lê Freud com Lévi-Strauss e faz da troca de mulheres o lugar a partir do qual se enuncia a missão inconsciente de Dora. Resta que as identificações primordiais da moça fazem com que ela "se veja como

O SUJEITO RECEBE DO OUTRO A PRÓPRIA MENSAGEM...

um homem" e orientada para uma escolha de objeto homossexual, que Freud não pode compreender, segundo Lacan, de tanto estar fixado na sua teoria do Édipo:

> E isso decorre, diremos, de um preconceito, o mesmo que falseia desde o início a concepção do complexo de Édipo, fazendo-o considerar como natural e não como normativa a prevalência do personagem paterno: é o mesmo preconceito que se expressa simplesmente no conhecido ditado: "Assim como a linha para a agulha, a menina para o menino." (*E*, 223)

Em virtude desses preconceitos edipianos, Freud perde a terceira inversão dialética, segundo Lacan, que teria permitido identificar a

> ... matriz imaginária na qual foram se amoldar todas as situações que Dora desenvolveu em sua vida – verdadeira ilustração da teoria, ainda por nascer em Freud, dos automatismos de repetição. Podemos tomar aí a medida do que agora significam para ela a mulher e o homem. (*E*, 221)

Vem em seguida:

> Para ter acesso a esse reconhecimento de sua feminilidade, ela precisaria realizar essa assunção do seu próprio corpo [...].
> Ora, para realizar a condição desse acesso, ela teve apenas como único intermediário que a *imago* original nos mostra oferecer-lhe uma abertura para o objeto, a

saber, o parceiro masculino com o qual a diferença de idade lhe permite identificar-se nessa alienação primordial em que o sujeito se reconhece como eu... (*E*, 221)

Segundo o Lacan de 1951, teria faltado a Freud – para se posicionar melhor na análise de Dora – a sua teoria do estádio do espelho. Teoria que lhe teria permitido não ceder à convocação do motor das identificações edipianas tardias, remetendo, no caso, apenas aos preconceitos freudianos a respeito da prevalência do pai – *como objeto* – na reestruturação do desejo da filha.[15]

A intervenção do psicanalista em 1951 visa, portanto, demonstrar o gênio dialético freudiano, mas também pretende ilustrar a riqueza clínica da complementação lacaniana do estádio do espelho, aqui vinculada à teoria da troca de mulheres de Lévi-Strauss, tornando legível a missão inconsciente de Dora.

No plano da clínica do caso e da direção da cura, devemos ter em mente que, nesse texto, Lacan indica tudo aquilo que, no próprio objeto da psicanálise, a saber, a mensagem inconsciente e o seu modo de estruturação, exige a inversão dialética para que finalmente o criptograma sintomático revele a sua verdade. Para ele, a concepção dialética da clínica não tem a ver, naturalmente, com uma espécie de vaidade filosófica, mas com uma resposta tecnicamente ajustada ao modo de produção da mensagem inconsciente, cuja verdade deve ser extraída após a inversão de sua modalidade estruturante.

No caso, não há, portanto, escolha.

É porque a mensagem inconsciente chega do Outro de uma forma invertida que a manobra transferencial invertendo os termos da queixa sintomática exige as retificações subjetivas que levam o analisante a perceber aquilo que forja inconscientemente ou que repete naquilo de que se queixa.

No que diz respeito a nossas pesquisas, entendemos melhor agora no que esse texto de 1951 serve para esclarecer as circunstâncias históricas da produção da fórmula da subjetividade ou, ainda, para retomar os termos lacanianos, porque foi ao "começar a dar a conhecer *(seus)* pontos de vista sobre a análise como dialética" que Lacan recebeu do seu ouvinte excepcional essa expressão, "a linguagem humana constituiria, portanto, uma comunicação na qual o emissor recebe do receptor sua própria mensagem de uma forma invertida" (1953).

Essa é a forma

> sob a qual a linguagem se expressa, define por si mesma a subjetividade [...] se refere ao discurso do outro... é englobada como tal na mais alta função da fala, na medida em que implica seu autor, investindo seu destinatário de uma realidade nova, por exemplo, quando de um "Você é minha mulher", um sujeito se imbui de ser o homem do cônjuge... (*E, Fonction et champ de la parole* [Função e campo da fala], 298).

Só um movimento dialético de antítese pode, então, permitir o restabelecimento da mensagem inconsciente.

O que se entende perfeitamente na clínica do caso; mas no plano da clínica das massas deveríamos concluir aqui que, pelo próprio fato de se tratar de um caso paradigmático de "pequena histeria" ou de um caso "dos mais simples" e frequentes, segundo as palavras de Freud, podemos considerar esse texto de 1951 como uma contribuição essencial de Lacan à análise da condição feminina.

Esse texto, portanto, pode ser lido como um escrito de técnica freudiana que esclarece a experiência clínica, mas também é – e no ponto crucial da feminilidade – uma contribuição para a antropologia psicanalítica (clínica das massas). Essa virtude redobrada da intervenção lacaniana é eminentemente freudiana, atestando a ortodoxia freudiana de Lacan e a qualidade do seu retorno ao pai da psicanálise, ao fazer nascer uma clínica do caso que é *ipso facto* uma clínica do social.

Mas atestar que nesse seu retorno Lacan é de uma ética freudiana pouco contestável não nos deve impedir de observar que ele o retorna através do seu comentário teórico do *corpus* freudiano, mobilizando fundamentos nem sempre internos à obra de Freud, pois há também as próprias pesquisas sobre o narcisismo (*estádio do espelho*) e aquilo que ele aprende da etnologia francesa a respeito da ordem simbólica.

O fato de a teoria da troca de mulheres ser convocada nesse texto de 1951, pelo próprio princípio do que ele decifra como missão inconsciente de Dora, demonstra, desse ponto de vista, a que ponto as pesquisas de Claude Lévi-Strauss são então fundamentais para ele, e não apenas no que diz respeito a sua antropologia psicanalítica, mas antes de mais nada para esclarecer a clínica dos casos paradigmáticos de Freud.

O SUJEITO RECEBE DO OUTRO A PRÓPRIA MENSAGEM...

Isso já se aplica ao caso de Dora em 1951, mas também se aplica, como vimos no trabalho anterior, ao correspondente masculino dela inscrito no panteão dos casos de Freud: o Homem dos Ratos.

Esse caso, como lembramos, foi revisitado por Lacan em 1953 e apresentado no Collège philosophique, de Jean Wahl[16], com o seguinte título: *O mito individual do neurótico*.

Desnecessário insistir na influência de Lévi-Strauss nessa leitura do Homem dos Ratos, bastando aqui lembrar que o sintagma "mito individual" é uma invenção de Lévi-Strauss já em 1949 (cf. *La Cure selon Lévi-Strauss*, primeira parte deste trabalho).

Assim, se Lacan retorna a Freud por uma sucessão de comentários dos seus casos, é, naturalmente, porque quer permanecer o mais perto possível da experiência clínica dele. Entretanto, para entender esse próprio movimento de retorno, constatamos que não basta estabelecer a sua data ou repetir que Lacan o fez na década de 1950. Devemos perceber que essa volta se faz por meio de um comentário que tem estilo; um estilo de profundo respeito à ética freudiana, mas também por meio de um teste crítico no qual o psicanalista verifica a fundamentação das teses freudianas, não hesitando em fazê-las evoluir quando considera útil e se valendo de pontos de apoio externos à teoria do fundador da psicanálise.

Se esse retorno lhe permite decifrar a mensagem que lhe chega de Freud como analista, trata-se para ele de identificar e endossar, desse ponto de vista, o que o texto freudiano contém como missão subjetiva para todo analista, de modo que não repete sem modificações aquilo que, no *corpus* freudiano, parece-lhe impedir o desenvolvimento da verdade.

Seu projeto não é religioso; ele tanto pode afastar, nesse "retorno", os preconceitos de Freud, que funcionam como resistência à análise no seu entendimento, quanto exortar à exigência da letra freudiana.

Em outras palavras, ao encontrar nessa análise fragmentos da teoria psicanalítica que considera obsoletos, Lacan não preconiza sua reiteração dogmática, pois de modo algum hesita em fazer valer o ponto de vista da ética freudiana que visa ao surgimento da verdade, contra as próprias resistências de Freud.

No que diz respeito ao caso Dora, cabe notar, por exemplo, que é nada menos que a teoria freudiana do complexo de Édipo que Lacan critica, examina e considera infiltrada por preconceitos do pai da psicanálise, que, na sua opinião, fizeram resistência à análise de Dora, finalmente provocando a ruptura transferencial. Com isso, ele propõe que essa concepção falha de Freud seja substituída pelo antagonismo de uma série identificatória, cujo modelo deve ser buscado na "identificação primordial" de Dora (contribuição teórica do estádio do espelho) *e* na função simbólica que, do seu ponto de vista, inclui, mas supera – tanto genérica quanto clinicamente – o complexo de Édipo no processo de constituição do sujeito e das mensagens inconscientes que organizam seus sintomas.

Lacan, então, lê Freud com Freud, pois não transige naquilo que faz movimento em direção à verdade, mesmo que ao preço de "sacrificar" Freud (ou sua culposa cegueira), substituindo-o pelas lições daqueles – os etnólogos franceses – que lhe permitem decifrar, no caso, a mensagem contida nos sintomas de Dora.

Se Lacan pode formular que os sintomas da moça não se deduzem do desejo edipiano visando o pai, mas da mensagem do pai visando oferecer sua filha ao apetite da rede de troca de bens à qual ele dá uma mulher, é porque, com efeito, ele aprendeu com Lévi-Strauss – mas também com todos aqueles que forjaram a etnologia francesa antes de Lévi-Strauss, entre os quais Marcel Mauss – que a dívida simbolicamente contraída nas trocas sociais deve ser honrada, caso contrário a infelicidade se abate sobre aquele que não a reembolsa, ou sobre seus aliados.[17] Desse modo, ele pode sustentar que a infelicidade de Dora não tem a ver com uma culpa edipiana inconsciente, mas com uma dívida simbólica inconscientemente sofrida, o que é muito diferente.

Diante da amplitude das teses etnológicas e dos ensinamentos que extrai do estádio do espelho, o psicanalista considera, no seu "retorno", que a teoria edipiana pode e deve ser superada.

Essa perspectiva do comentário crítico do texto freudiano seria efetivamente o próprio espírito do "retorno a Freud" de Jacques Lacan?

Para responder, é necessário:

1. Perguntar a Lacan;
2. Ler seu texto de 1955, precisamente intitulado "A Coisa freudiana ou Sentido do retorno a Freud em psicanálise".[18]

LACAN E LÉVI-STRAUSS OU O RETORNO A FREUD

II. A coisa freudiana ou sentido do retorno a Freud em psicanálise (7 de novembro de 1955)

Já na introdução dessa conferência, pronunciada na clínica neuropsiquiátrica de Viena, Lacan usa várias vezes o sintagma "retorno a Freud".

Declara, inicialmente, fazer-se seu "anunciador" (*E*, 401), ao mesmo tempo que afirma muito precisamente que ele próprio dedica "há quatro anos" um seminário a Freud, "Todas as quartas-feiras de novembro a julho".

Se levarmos em consideração que a conferência é pronunciada em novembro de 1955, deduziremos que nesse momento ele quer divulgar que sua própria volta ao estudo dos textos freudianos em seminário data de 1951, ou seja, o ano no qual ele redige o texto que estudamos acima, "Intervenção sobre a transferência".

Com isso, sua leitura de Dora analisada por nós assumiria, nessa versão diacrônica do retorno a Freud, um valor inaugural.

Homenagem à histeria?

Homenagem à postura da verdade?

Respeito da diacronia da descoberta freudiana motivada inicialmente pela experiência da histeria?

Certamente, mas de acordo com esses esclarecimentos de 1955, também poderíamos escrever que as considerações teóricas do texto de 1951 – que tratam das contribuições da etnologia francesa ao estudo da função simbólica ou das contribuições do estádio do espelho – de fato constituem os fundamentos científicos externos ao texto freudiano do retorno empreendido por Jacques Lacan.

O SUJEITO RECEBE DO OUTRO A PRÓPRIA MENSAGEM...

Mas se o psicanalista data de 1951 o seu retorno "público" (*i.e.*: em seminário) a Freud, por que se fazer seu anunciador em 1955?

Porque à época não se tratava apenas do seu próprio retorno, mas – nas suas próprias palavras – de uma "palavra de ordem" (*E*, 402) cuja ressonância política (no sentido de política da psicanálise) é já agora verdadeiramente assumida, podendo ser – por iniciativa sua – concretizada no plano coletivo e internacional do campo psicanalítico.

Onde melhor anunciar, então, esse retorno, senão nessa cidade de Viena que viu o pai da psicanálise dar à luz sua descoberta?

Mas se ele lança nesse momento do "retorno a Freud" uma palavra de ordem, também terá de formular ele próprio sua exigência e sua natureza.

Desse duplo ponto de vista, Lacan esclarece as coisas já na introdução de sua conferência. Segundo ele, o retorno ao fundador da psicanálise se torna exigível em virtude da *renegação* da obra freudiana pelos próprios psicanalistas.

A renegação de Freud ou a rejeição da história e dos mitos

E por que essa renegação?

Porque aqueles mesmos que receberam do discurso de Freud a guarda de sua descoberta, segundo o psicanalista, tiveram de sacrificar seu tesouro em virtude da escolha forçada da emigração, que levou seus discípulos a fugir das perseguições nazistas e a se mudar para a América do Norte, caracterizada, segundo o Lacan de 1955, pelo "a-historicismo da cultura". (*E*, 402)

Ora, a função do psicanalista pressupõe "a história em seu princípio", explica ele, sendo a disciplina analítica "aquela que havia restabelecido a ponte que une o homem moderno aos mitos antigos". (*E*, 402)

Encontramos em Lacan muitas maneiras de definir a descoberta de Freud e, logo, sua renegação. Mas cabe notar que aqui a renegação, cujas causas são sócio-históricas para ele, diz respeito à rejeição da história e à ruptura da ponte *restabelecida* pela psicanálise entre o homem moderno e o universo dos mitos antigos. O que, no plano epistemológico, "funciona" evidentemente junto, mas aqui também são o mito edipiano e a sua prevalência na obra freudiana, mais tecnicamente, que são lembrados por Lacan, contra aquilo que ele chama à época de "a embrulhada pré-edipiana à qual se reduz a relação analítica para nossos modernos". (*E*, 407)[19]

Reabrir a leitura da via edipiana na experiência analítica e, mais genericamente, como acabamos de ver com o caso Dora, a leitura da ordem simbólica na qual são fundamentadas as tarefas a serem desempenhadas é, sem dúvida, a dimensão que mais caracteriza o retorno de Lacan a Freud. Mas o que aprendemos aqui é que, no plano coletivo, esse retorno é determinado pela história do campo psicanalítico e a renegação dos textos freudianos, segundo Lacan.

Da mesma forma, tal retorno exige, no que diz respeito à comunidade dos psicanalistas, "[...] apoiar-se na antítese constituída pela fase percorrida desde a morte de Freud no movimento psicanalítico". (*E*, 403)

Não se trata, portanto, nas palavras de Lacan, de um "retorno a Freud" no sentido de um "retorno do recalcado", mas:

1. De uma "inversão" (*E*, 402) do que os analistas forjaram desde a morte de Freud;
2. De uma retificação da posição dos psicanalistas, levando-os à antítese de sua renegação e de suas consequências (rejeição da história e das mitologias).

De maneira mais genérica, o retorno a Freud torna-se aqui um retorno ao "sentido de Freud" (*E*, 405) tal como "atestado na obra mais clara e mais orgânica". (*E*, 405) Visando, todo esse conjunto, enfim, a uma restauração da verdade no coração da comunidade analítica e de sua prática clínica.

> O sentido de um retorno a Freud é um retorno ao sentido de Freud. E o sentido do que Freud disse pode ser transmitido a quem quer que seja, pois, mesmo dirigido a todos, cada um estará interessado nele: uma palavra bastará para fazê-lo sentir, a descoberta de Freud questiona a verdade, e não há quem não esteja pessoalmente interessado na verdade.
>
> Confessem que parece muito estranho eu jogar-lhes na cara essa palavra que quase passa por mal-afamada, por estar proscrita das boas companhias. Mas eu per-

gunto se não está inscrita no próprio cerne da prática analítica, pois esta sempre refaz a descoberta do poder da verdade em nós e até em nossa carne.

E, com efeito, em que o inconsciente seria mais digno de ser reconhecido que as defesas que a ele se opõem no sujeito, com um êxito que as faz parecerem não menos reais? [...]. Mas eu pergunto de onde vem essa paz que se estabelece ao reconhecer a tendência inconsciente, se ela não é mais verdadeira que aquilo que a tolhia no conflito? (*E*, 405)

O reconhecimento da verdade inconsciente é o ponto visado pela experiência analítica, e, desde a "Intervenção sobre a transferência" (1951), sabemos que a direção da cura capaz de obter esse resultado tem a ver – segundo o psicanalista – com o movimento dialético que a antecede (retificação subjetiva seguida de desenvolvimento da verdade).

O movimento de retorno a Freud no âmbito do grupo analítico de que Lacan se faz anunciador em Viena é estritamente isomórfico: promoção da antítese, inversão das resistências (referente aos analistas) e retificações subjetivas, desenvolvimento da verdade freudiana (a da fala de Freud ou de sua obra clara) demonstrando a onipresença da função simbólica nos mecanismos do inconsciente e de suas formações.

"Decifrada [a estrutura significante do sintoma], ela é patente e mostra, impressa na carne, a onipresença, para o ser humano, da função simbólica", esclarece Lacan. (*E*, 415)

O SUJEITO RECEBE DO OUTRO A PRÓPRIA MENSAGEM...

De maneira ampla, verificamos para a nossa pesquisa, então, que a solução pelo "retorno a Freud" no âmbito do grupo analítico é rigorosamente equivalente ao movimento dialético que Lacan preconiza para a direção da cura.

Nos dois casos, a inversão dialética das posições deve conduzir ao reconhecimento da verdade que se deduz da eficácia simbólica, ou, ainda, de uma função da qual se deduzem o sujeito, seus sintomas e seu mal-estar, seja tomado no caso a caso ou "em multidão", vale dizer, na sociedade (analítica ou não).

Para conduzir sua argumentação em Viena no âmbito do grupo, Lacan se baseia, então, no saber etnológico, fazendo valer, no mesmo movimento, a verdade subjetiva como causa ou fundamento das inquietações das sociedades.

A *causalidade subjetiva do mal-estar dos grupos*

O que distingue uma sociedade que se baseia na linguagem de uma sociedade animal, e mesmo o que permite perceber seu distanciamento etnológico: a saber, que a troca que caracteriza uma tal sociedade tem outros fundamentos que não as próprias necessidades a serem nela satisfeitas, o que se chamou o dom 'como fato social total' – tudo isso, então, é remetido a muito mais longe, a ponto de objetar a que se defina essa sociedade como uma coleção de indivíduos, quando a imisção dos sujeitos gera aí um grupo de estrutura bem diferente.

É fazer entrar por um acesso muito diferente a incidência da verdade como causa e impor uma revisão ao processo da causalidade. (*E*, 415-416)

LACAN E LÉVI-STRAUSS OU O RETORNO A FREUD

E mais adiante: "Se toda causalidade dá testemunho de uma implicação do sujeito, não resta dúvida de que todo conflito de ordem seja imputado a ele." (E, 416)

Lacan aplica ao grupo analítico o que aplica à clínica do caso, por estar instruído pela etnologia francesa (Mauss, Lévi-Strauss), ele sabe reconhecer no alicerce das sociedades a função simbólica que:

1. Ordena as subjetividades "inseridas na multidão";
2. Imputa ao sujeito o conflito no grupo; e
3. Designa a verdade subjetiva que causa esse mal--estar encarnado pelo psicanalista no campo analítico francês e na conjuntura da cisão de 1953 contra a sua vontade (ou não).

Donde a imperativa necessidade (político-epistemológica), para ele, de lembrar que a intervenção psicanalítica na clínica ou no grupo deve afastar toda perspectiva individualista.

"Os termos nos quais colocamos aqui o problema da intervenção psicanalítica deixam bastante claro, acreditamos, que sua ética não é individualista" (E, 416), esclarece.

Inserido na multidão ou não, o sujeito nunca é o eu, repete Lacan nessa conferência de Viena, e, portanto, são de fato as verdades subjetivas que devem mobilizar a atenção dos psicanalistas tanto na clínica como no grupo, se quiserem finalmente ser levados à própria causalidade dos sintomas. Se Lacan faz sintoma no grupo psicanalítico, se

O SUJEITO RECEBE DO OUTRO A PRÓPRIA MENSAGEM...

seu retorno a Freud faz sintoma, é porque sua fala encarna – segundo ele – as verdades freudianas renegadas pelos outros pós-freudianos. Donde essa incrível formulação lançada da tribuna: "Eu, a verdade, eu falo." (*E*, 409)

Antes de desenvolver mais este tema, cabe notar que o conjunto da conferência pronunciada em Viena, em 1955, se desenvolve como uma espécie de serialização dos fundamentos teóricos essenciais que Lacan promove na sua leitura dos textos de Freud, que marcam o seu retorno.

As bases teóricas de 1955

Quais são elas?

1. Separação entre o eu e o sujeito:

"Pois esse sujeito de que falávamos há pouco como legatário da verdade reconhecida não é, justamente, o eu perceptível nos dados mais ou menos imediatos do gozo consciente ou da alienação laboriosa." (*E*, 416)

2. Lembrete do modo de constituição da subjetividade pela forma da linguagem invertida própria à função simbólica: o sujeito,

não sobre ele que vocês devem falar com ele, pois ele basta para essa tarefa e, ao executá-la, não é sequer com vocês que ele fala: se é com ele que vocês devem falar,

LACAN E LÉVI-STRAUSS OU O RETORNO A FREUD

é literalmente de outra coisa, vale dizer, de uma coisa diferente daquilo de que se trata quando ele fala de si, e que é a coisa que fala com vocês, coisa que, o que quer que ele diga, vai permanecer para sempre inacessível a ele, se pelo fato de ser uma fala que se dirige a vocês, ela não puder evocar em vocês a resposta dele, e se, por terem ouvido a mensagem dessa forma invertida, vocês não puderem, ao devolvê-la a ele, dar-lhe a dupla satisfação de tê-la reconhecido e de fazê-lo reconhecer sua verdade. (*E*, 419-420)

3. Lembrete de sua teoria do narcisismo ou do *estádio do espelho* (*E*, 427) e da alienação imaginária:

Essa paixão confere a toda relação com essa imagem, constantemente representada pelo meu semelhante, um significado que me interessa de tal maneira, vale dizer, que me faz estar numa tal dependência dessa imagem que ela vem a ligar ao desejo do outro todos os objetos dos meus desejos, mais perto que do desejo que eles suscitam em mim. (*E*, 427)

4. Lembrete da determinação simbólica na direção da cura, na descoberta freudiana e aquelas da etnologia francesa:

"Por isso ensinamos que não existem na situação analítica apenas dois sujeitos presentes, mas dois sujeitos dotados cada um de dois objetos, que são o eu e o outro [...]." (*E*, 429)

Ou ainda:

> Foi ao cerne dessa determinação da lei simbólica que Freud desde logo foi levado por sua descoberta, pois nesse inconsciente, a cujo respeito nos diz com insistência que nada tem a ver com tudo aquilo que foi até então designado por esse nome, ele reconheceu a instância das leis nas quais se baseiam *a aliança e o parentesco* [grifo nosso], nelas instalando desde a *Traumdeutung* o complexo de Édipo como sua motivação central. E é o que agora me permite dizer-lhes por que os motivos do inconsciente se limitam – ponto a cujo respeito Freud se declarou desde o início, sem nunca ter mudado de posição – ao desejo sexual. Com efeito, é essencialmente na ligação sexual, e adequando-a à lei das alianças preferenciais e das relações proibidas, que se apoia a primeira combinatória das trocas de mulheres entre as linhagens nominais, para desenvolver numa troca de bens gratuitos e numa troca de palavras-chave, o comércio fundamental e o discurso concreto que sustentam as sociedades humanas. (*E*, 432)[20]

O *corpus* freudiano é mais uma vez ligado ao de Lévi-Strauss, no ponto exato em que se trata do desejo sexual no Édipo e na sua regulação social.

Donde a conclusão do texto, conduzindo Lacan a aconselhar, para a formação dos futuros psicanalistas, uma iniciação aos métodos do "linguista", do "historiador", do "matemático" (*E*, 435), como uma "reforma institucional" em que o psicanalista manteria uma "comunicação constante com disciplinas que se definiriam

LACAN E LÉVI-STRAUSS OU O RETORNO A FREUD

como ciências da intersubjetividade, ou ainda como ciências conjeturais..." (*E*, 435), em suma, uma comunicação com ciências humanas adequadamente orientadas, resultado que ainda estamos buscando, quarenta anos depois.

Desse texto de 1955, devemos reter, particularmente, a especificação do que é para Lacan nesse momento o retorno a Freud de que se faz o anunciador no plano da comunidade internacional dos analistas. O tom é, então, muito firme em relação aos psicanalistas da IPA, à acusação de *renegação* sem nuance e à opção política evidente.

Mas o que é visado por ele nesse retorno, cabe lembrar, é um retorno ao sentido freudiano, um retorno aos textos fundadores— que, segundo ele, devem ser avaliados por sua capacidade de suportar o teste do comentário, mais uma vez aqui definido:

> [Esses] textos se mostram comparáveis àqueles que a veneração humana revestiu, em outras épocas, dos mais altos atributos, na medida em que suportam o teste dessa disciplina do comentário, cuja virtude é resgatada quando dela nos servimos segundo a tradição, não apenas para substituir uma fala no contexto de seu tempo, mas para avaliar se a resposta que ela dá às questões que coloca é ou não superada pela resposta que nela encontramos para as questões do atual. (*E*, 404)

Se a menção dos textos do pai da psicanálise não deixa de ter, como se vê, uma conotação religiosa, cabe notar que a definição da disciplina do comentário aqui representada pelo psicanalista dá ênfase à maneira como o comentário permite

1. Recontextualizar um texto – ou seja, restituir os considerandos históricos, e para isso é necessário desvincular-se do "a-historicismo da cultura", que só pode atrapalhar a compreensão do texto freudiano e, portanto, da prática analítica;
2. Verificar que as teses internas aos textos não são obsoletas.

Isso corrobora nosso empreendimento, mas inscreve, no lugar do *corpus* de Lacan, uma definição do comentário cujas ressonâncias analíticas talvez sejam menos diretas do que as que caracterizavam sua formulação de 1953, fundamental para nosso ponto de vista: "Comentar um texto é como fazer uma análise."

Mas não devemos nos enganar, é realmente libertador "o efeito de verdade" freudiano de que ainda se trata para Lacan, e segundo o seu depoimento nessa conferência de 1955 sobre sua própria prática do comentário:

> Quem não se comoveu, entre os técnicos de disciplinas alheias à análise por mim levados a ler esses textos, com essa investigação em ação: seja aquela que ele nos leva a seguir na *Traumdeutung*, seja na observação do "Homem dos Lobos" ou do "Além do princípio do prazer"? Que exercício formar espíritos e que mensagem emprestar a própria voz a isso! Que controle, também, do valor metódico dessa formação e do efeito de verdade

> dessa mensagem, quando os alunos aos quais a trans-
> mitimos nos dão testemunho de uma transformação,
> ocorrida às vezes de um dia para o outro, da sua prática,
> que se torna mais simples e mais eficaz antes mesmo
> de se lhes tornar mais transparente. (*E*, 404)

A emoção, o efeito de verdade, o encontro mutativo não fariam parte do cortejo da experiência analítica mais intensiva? Certamente, e se em 1955 como em 1953 o retorno a Freud implica, segundo Lacan, a disciplina do comentário aplicada aos textos do pai da psicanálise, com certeza é porque um analista deve saber se orientar na história do pensamento psicanalítico, também é porque ele precisa saber sentir a obsolescência de uma tese e, ainda, porque "comentar um texto é como fazer uma análise", especialmente quando se trata do texto freudiano, a partir do qual se fomentam as mensagens que ligam simbolicamente – e, portanto, também inconscientemente – os analistas à voz dele.

O *anúncio feito ao grupo*

Se Lacan pode, em 1955, se fazer o anunciador desse estilo de retorno a Freud, com voz firme e para o conjunto do campo psicanalítico, é por estar ele próprio na experiência de um comentário da obra funcionando "como uma análise" e porque toma a seu encargo, segundo sua expressão de 1955 (*E*, 416), aquilo que, no "conflito de ordem" que divide o campo psicanalítico, tem a ver com

O SUJEITO RECEBE DO OUTRO A PRÓPRIA MENSAGEM...

a verdade freudiana como causa, dando testemunho de sua própria implicação subjetiva percebida desde 1953, por ele próprio, como um "destino".

Com efeito, se em 1955 ele pode se fazer anunciador disso no âmbito do grupo é, de certa maneira, porque está na experiência mutativa desse retorno desde 1951, vale dizer, numa espécie de momento de passagem que o conduz a reabrir a obra de Freud como solução para aquilo que percebe como problemas cruciais da psicanálise nessa época.

Resta o fato de que, com a mesma mão com que veio a abrir o caminho de retorno do desejo de Freud, ou seja, o retorno da voz do desejo do pai da psicanálise, Lacan abriu sobre si mesmo a abundância das verdades que modificaram irreversivelmente o seu ser de analista tornado freudiano, podendo, então, ser apontado como a causa do conflito que em Paris levara à cisão de 1953 e ao seu afastamento da Associação internacional de psicanálise (IPA).

Desse modo, o que quer que tivesse feito e quaisquer que fossem suas intenções de não se afastar da IPA, certamente foi devido a sua conversão freudiana cada vez mais afirmada e, mesmo, à cristalização das verdades freudianas que encarnava sempre mais claramente, que Lacan viveu a cisão de 1953, por ele descrita como verdadeiramente um teste de pesadelo e não como a realização triunfal de um cálculo institucional deduzido de uma vontade qualquer de poder.

Se essa análise é correta, haveremos de reconhecer, então, no nome de Lacan que focaliza os termos da cisão

LACAN E LÉVI-STRAUSS OU O RETORNO A FREUD

de 1953, não o nome de um grupo de opositores, mas o de uma espécie de herói que reconhece seu destino na decifração da obra freudiana, que haveria de levá-lo para longe da descendência do pai de maneira cada vez mais irreversível, no exato momento em que pretendia apenas voltar a fazer com que essa voz fosse ouvida por essa descendência.

A importância assumida pelo ensino do analista francês no movimento psicanalítico indica, naturalmente, que os membros da IPA, que focalizaram na época os termos da cisão em torno da rejeição de Lacan, tinham plena razão, pois designavam (sem ainda sabê-lo) aquele que viria a se tornar, fora da Internationale e contra ela, o analista mais influente de sua geração (e de algumas gerações subsequentes).

Aqueles que, "do lado de Lacan", antes preferiam ver (e ainda veem) nessa atribuição de culpa um pretexto para uma rejeição motivada por vontade de poder deixam, na verdade, a análise estagnada no registro egoico, negligenciam a lição sobre os conflitos de grupo dada por Lacan no seu texto de 1955 e fornecem, globalmente, uma argumentação pouco convincente.

Seja em 1951, 1953 ou 1955, o retorno lacaniano a Freud estava carregado de rejeição e de fecundidade, muito embora o psicanalista precisasse de vários anos para reconhecer o seu destino na história do movimento psicanalítico, a missão que o texto freudiano lhe incumbia, e mesmo esse reconhecimento não podia se dar, para ele, sem dor.

Para entendê-lo, de acordo com o que formula para o seu "retorno", devemos aplicar Lacan a Lacan, de forma a apreender a separação que existe entre sua "majestade egoica" e sua posição subjetiva de 1953, proveniente do sofrimento, segundo a lógica simbólica da obra freudiana que exige o que é seu.

Em 1955, a "metamorfose" de Lacan[21] e o reconhecimeto das verdades da mensagem freudiana que constituem seu ser de analista (seu desejo de analista) é de tal ordem que, intervindo na Coisa freudiana, ele designa o lugar da verdade "no discurso de Freud" e pronuncia no seu nome essa expressão que já mencionamos e que teria tanta repercussão em virtude de sua perturbadora polissemia: "Eu, a verdade, eu falo." (*E*, 409)

O que indica:

1. Que, encarnando a verdade freudiana, Lacan pode enunciar o segredo do seu reconhecimento;
2. Que a verdade freudiana é decifrada no texto freudiano;
3. Que essa verdade, sendo a verdade do desejo de Freud – qual seja, decifrar a verdade do desejo inconsciente –, é, ao mesmo tempo, a solução freudiana para os problemas sintomáticos e a causa do desejo do pai da psicanálise e, portanto, do desejo dos analistas freudianos, inclusive de Lacan, que se vê na posição de formulá-lo em 1955, assim como se viu confrontado em 1953 ao teste do seu doloroso reconhecimento.

Vamos agora ao ano de 1953.

III. O ano de 1953

Trata-se do ano no qual Jacques Lacan, como vimos, pronuncia sua conferência sobre o Homem dos Ratos ou *O mito individual do neurótico*, evidenciando sua determinação de revisitar a clínica freudiana com o estádio do espelho e com o que sabe das regras de funcionamento do registro simbólico – segundo a decifração feita pela etnologia francesa, e antes de mais nada por Claude Lévi-Strauss –, mas é também o ano da primeira cisão da comunidade psicanalítica francesa, vale dizer, o momento exato no qual Lacan deve pagar o preço político pelo seu retorno.

Cada lembrar, para nossos leitores, as coordenadas fundamentais dessa cisão, mas também iremos à própria fala de Lacan, para analisar o tipo de drama por que passa, então, o psicanalista.

A cisão[22]

Como avaliar rapidamente a Associação de Psicanalistas Franceses antes da cisão?

Depois da Segunda Guerra Mundial, durante a qual suas atividades foram suspensas, a Société psychanalytique de Paris (SPP) volta a atuar. Subordinada à Associação internacional de psicanálise (IPA), ela está sob a influência dos analistas anglo-saxões, a cujo respeito se sabe, segundo o Lacan de 1955, o que os afasta da obra

O SUJEITO RECEBE DO OUTRO A PRÓPRIA MENSAGEM...

freudiana. Ela congrega, nessa época, cerca de vinte titulares (essencialmente, médicos) e setenta estudantes em formação. Desde 1947, o dr. Sacha Nacht[23] preside ininterruptamente essa Sociedade, que pretende criar, no seu interior, um responsável pelo ensino da psicanálise. O dr. Lacan – eminente membro titular do grupo – viria a sucedê-lo na presidência, por breve período, em 1953.

Nesse contexto, o dr. Nacht leva a SPP a adotar, em junho de 1952, um projeto do instituto do qual ele seria diretor por cinco anos e que concederia um diploma de psicanalista reservado aos médicos. Esse projeto dividiu brutalmente os titulares, opondo os adeptos da "linha" médico-autoritária (de Nacht) aos da mais "liberal", do prof. Lagache, da qual participa Lacan.

O ano de 1953 tem início com a eleição do dr. Lacan para a presidência da SPP; assiste-se à abertura do Instituto em março, sob a direção do dr. Nacht, e se toma conhecimento do mal-estar dos estudantes, que confrontam o poder burocrático de Nacht, os custos excessivos do ensino, a insatisfação com sua distribuição desigual nos ciclos do Instituto e, por fim, com as novas exigências que lhes eram impostas pela criação dessa estrutura quanto à sua qualificação, embora muitos deles já fossem psiquiatras ou psicoterapeutas reconhecidos.

A confluência da revolta dos estudantes com as diferenças entre os professores levou, em 16 de junho de 1953, à demissão dos titulares, Lagache,[24] Dolto[25] e Favez-Boutonnier,[26] os quais, depois de rejeitar uma última vez, diante da SPP, a opinião de que o mal-estar do grupo era "inteiramente ligado às ideias e à ação pessoal do atual presidente da Sociedade, o dr. Lacan",[27] pedem demissão e anunciam a criação da Société française de psychanalyse (SFP).

No mesmo dia, o dr. Lacan deixa suas funções de presidente da SPP e se afasta da instituição, juntando-se aos que fundaram a nova Sociedade – a SFP. Os secessionistas reúnem os estudantes que os acompanharam e procuram obter o mais rápido possível o reconhecimento de seu grupo pela IPA, assim como sua reintegração como membros dessa associação, da qual se separaram sem estarem claramente convictos. Para isso, e já no mês seguinte (julho de 1953), o prof. Lagache – presidente da SFP – envia às instâncias da IPA um memorando sobre a cisão dos psicanalistas franceses e solicita – em nome da SFP – sua filiação à Associação internacional.

O memorando começa com a ideia de que

> não existe nenhum debate questionando os princípios fundamentais da psicanálise nem sua prática, na medida em que essa se consolidou em formas comumente descritas como 'clássicas' ou 'ortodoxas'; em particular, nenhuma divergência de princípio se coloca no que diz respeito à duração da cura psicanalítica ou à frequência e à duração das sessões.[28]

Lagache tenta explicar a cisão opondo a tendência autoritária e cientificamente pouco convincente da SPP ao "espírito liberal e democrático" que move os fundadores da SFP.

Mas o fato é que, se o primeiro parágrafo do memorando toma o cuidado de explicar às instâncias da Internacional que não há divergência a respeito da duração das sessões, é para melhor prosseguir, quatro páginas adiante, lembrando que elas existiram:

> [...] desde 1951, Lacan foi alvo de objeções, na Comissão de Ensino, em virtude da introdução, em suas análises didáticas, de um procedimento que repousava na abreviação das sessões; ao longo do ano de 1951, ele não conseguiu normalizar a situação [...] durante todo o ano de 1952, deixou-se de falar da técnica de Lacan, até que, no início do ano de 1953, ele submeteu três dos seus alunos à aprovação da Comissão de Ensino, para que fossem admitidos nas análises de controle. Todo mundo concordava em rejeitar a técnica de Lacan [...] Os debates levaram, afinal, a medidas gerais destinadas a decidir essas questões de uma vez por todas: nenhum candidato seria admitido à prática das análises controladas sem ter passado por pelo menos doze meses de análises didáticas, à razão de três sessões por semana, com duração mínima de 45 minutos. Em janeiro, Lacan, por disciplina profissional, tinha normalizado suas análises didáticas.[29]

Por disciplina, é bem verdade; mas a história demonstraria que sua disciplina teórica o levaria a ampliar sua prática na direção das sessões de duração variável, e que o combate pela capela dos 45 minutos de fato ocultava a oposição teórica muito mais ampla a uma frente lacaniana focalizada pelo retorno a Freud, o qual estamos analisando.

Desse modo, como já dissemos, personalizar no nome de Lacan o "conflito de ordem", como fazia a "facção autoritária", segundo o prof. Lagache, constituía uma orientação política que viria, posteriormente, a se revelar das mais precisas.

Essa conjuntura, por sinal, obrigou Lagache a mencionar nesse memorando a polarização do conflito em torno do nome de Lacan, embora o apoiasse e estivesse tentando evidenciar um conflito de sensibilidade (liberal/autoritária) capaz de dar conta da cisão dos analistas franceses, que, segundo ele, nada justificava teoricamente.

A cegueira ou "negação" (talvez não desinteressada) nesse ponto é patente.

Eis como Lagache voltava nesse memorando, muito a contragosto, ao caso Lacan:

> A técnica e a personalidade de Lacan foram tantas vezes invocadas pela facção autoritária que é impossível deixar de dizer algo a respeito. Ao longo desses anos, a Société psychanalytique de Paris deveu-lhe grande parte do que teve em matéria de vida e animação; seus seminários de textos freudianos conquistaram para Lacan a admiração e o reconhecimento de muitos alunos.[30]

O prof. Lagache reitera, assim, que Lacan polarizava o conflito, assim como a admiração dos alunos que acompanhavam sua leitura da obra freudiana, ou, ainda, o que deciframos por trás do conceito de "retorno a Freud".

Nossos leitores, já agora com um bom conhecimento do alcance teórico desse retorno, não poderão deixar de concluir pela fraqueza do depoimento do prof. Lagache, que não parece perceber (ou não quer perceber, ou não quer fazer perceber) as questões profundamente analíticas – tanto teóricas quanto clínicas – em jogo no retorno a Freud que motiva a transferência dos alunos de Lacan, assim como sua rejeição pelos pares.

É possível que a proximidade intelectual de Cénac e Lacan alguns anos antes – quando da redação de seu artigo comum *Função da psicanálise em criminologia* (1950)[31] – lhe tenha permitido uma avaliação mais justa daquilo que Lacan vinha encarnar, ou ainda uma avaliação daquilo que, fora de qualquer argumentação, se revelava simplesmente insuportável para alguns adeptos da "facção autoritária".

Podemos ler, ainda, no Memorando:

> Na sessão da Société psychanalytique de Paris do dia 2 de junho, Lacan foi objeto, da parte do dr. Cénac, de uma acusação um tanto dramática, na qual várias queixas eram articuladas; a principal era que Lacan era *a causa* [grifo nosso] da revolta dos alunos [...] ... um dos partidários da autoridade chegou a dizer que, ainda que o psicanalista não tivesse inspirado o conflito, era responsável por ele, por sua simples existência.[32]

O prof. Lagache indica, enfim, e muito contra a vontade, a causa subjetiva do mal-estar social dos psicanalistas franceses: a própria existência de Lacan.

LACAN E LÉVI-STRAUSS OU O RETORNO A FREUD

Mas apliquemos Lacan a Lacan, para nos perguntar quem é esse ser que se tornou insuportável para os outros membros do grupo, senão a encarnação das verdades freudianas que enchem de temor os psicanalistas?

Lembremos estas declarações lacanianas:

> Se Freud assumiu a responsabilidade – contra Hesíodo, para quem as doenças enviadas por Zeus avançavam em silêncio sobre os homens – de nos mostrar que existem doenças que falam e de nos fazer entender a verdade daquilo que elas dizem, parece que essa verdade, à medida que sua relação com um momento da história e com uma crise das instituições se nos revela mais claramente, inspira *um temor crescente aos clínicos* [grifo nosso] que perpetuam sua técnica.[33]

Mais tarde, ele acrescentaria que o psicanalista tem horror de seu ato, como afirma aqui que seus pares na psicanálise sentem um temor crescente frente à verdade freudiana, e afirmaria, em 1964, que só abre a dimensão do inconsciente com *precaução*.[34]

Assim, terá sido talvez nessa lógica e nesses anos de crise, aqueles que entre os psicanalistas foram os mais sensíveis ao que Lacan vinha presentificar, que o condenaram mais brutalmente e o rejeitaram sem mais argumentação, mas no horror e no temor, o seu ser, que se tornava insuportável.

Desse modo, entendemos como Lacan, nessa posição dolorosa, pôde então descobrir e afirmar que "a responsabilidade do conflito de ordem" social recai sempre no sujeito. No caso, cabe-lhe dar corpo e consistência a essa causa subjetiva do conflito.

Não resta dúvida de que terá sido igualmente a partir dessa experiência que ele veio a sustentar em Viena em 1955 – como vimos – o que deve ser extraído da subjetividade como parte da causalidade das crises sociais.

Se ele encontrou, nesse ponto, os ensinamentos da etnologia francesa, não foi apenas porque havia lido Lévi-Strauss, mas também porque estava construindo uma espécie de clínica do social a partir de sua própria posição subjetiva, que então decifrava, não como uma escolha livre e individual, mas como um destino subjetivo que lhe vinha do Outro (aqui, a obra freudiana). Se, segundo Lacan, esse destino apavorava os outros analistas, em compensação, o teste doloroso pelo qual ele passou foi um momento de amadurecimento teórico, assegurando-o de sua teoria da subjetividade e, mais precisamente, da subjetividade na história que ele então formulava, e que é confirmada por sua carta a Loewenstein.[35]

Carta de Lacan a Loewenstein

Em 14 de julho de 1953, Lacan escreve uma carta a seu analista R. Loewenstein, advertindo-o sobre a visita que Lagache deveria lhe fazer, para falar da questão da cisão.

LACAN E LÉVI-STRAUSS OU O RETORNO A FREUD

Contudo, Lacan esclarecia:

> Estas páginas não foram escritas para contribuir para esse debate – mas para lhe dar, no tom livre que nos é autorizado por nossa relação particular, o depoimento vivido sem o qual a história não pode ser escrita. Nenhuma objetividade pode ser alcançada em matéria humana sem esse fundamento subjetivo.[36]

Essas linhas conclusivas da carta são fundamentais para nós, pois reafirmam a exigência de se orientar quanto ao fundamento subjetivo daquilo que motiva a história dos homens.

E aquele cujo ser por si mesmo devia assumir a responsabilidade pela revolta dos alunos, o mal-estar do grupo e sua separação, relata sua tribulação ao seu analista:

> Nada foi poupado [...] para me atingir. Uma discussão antiga que tivera prosseguimento no terreno da teoria da experiência – dizendo respeito a uma técnica que, justificadamente ou não, eu defendera em público, a saber, o uso regulamentado de sessões mais curtas em certas análises e, especialmente, na análise didática, na qual a natureza particular das resistências me parecia justificá-la – foi reativada [...].
>
> Argumentaram contra mim a quantidade dos meus alunos, alegando que seria o único motivo dessa redução do tempo dedicado a cada um [...].

E mais adiante: "Tudo se fez para que meus alunos me deixassem."[37]

O SUJEITO RECEBE DO OUTRO A PRÓPRIA MENSAGEM...

Lacan não deixava de lembrar os fundamentos teóricos daquilo que o separava dos outros analistas, mesmo quando se tratava, como vemos, das sessões curtas, técnica que, no entanto, ele garantia ter sacrificado. Mas tudo indica – nessa carta – que, ao visar sua atividade de transmissão, foi de fato sua concepção do comentário dos textos freudianos e a direção da cura ali implicada, assim como o conjunto do "retorno a Freud", que motivaram a acusação contra ele, ou, ainda – e por intermédio dos seus alunos –, a proliferação do desejo freudiano impregnando, segundo afirmou, seus pares de um horror sagrado. Com isso, as manobras de rejeição já o visavam na sua "descendência" ou na desqualificação dos psicanalistas cuja formação e ensino ele assumia.

Nessa conjuntura, que ponto de apoio encontrar senão essa fala de Freud à qual ele devia – segundo seu próprio depoimento – o fato de estar de alguma forma prevenido:

"Eu vi o que pode acontecer num meio de pessoas 'analisadas', ao que se diz, e eu sabia pelo próprio Freud que isso supera tudo o que se pode imaginar: jamais, com efeito, eu teria imaginado isso."[38]

A referência a Freud é de uma presença perturbadora.

Temos aqui uma espécie de dilaceramento do imaginário "[...] jamais eu teria imaginado isso [...]", e, para além da morte, a comovente mobilização da fala de Freud, a única capaz de servir de anteparo ao efeito traumático da invasão imaginária acompanhada de seu cortejo de "dores melancólicas": pesadelo, desejo de morte, terríveis emoções.

Voltemos a ouvir o texto:

LACAN E LÉVI-STRAUSS OU O RETORNO A FREUD

> Eu vi o que pode acontecer num meio de pessoas 'anali-sadas', ao que se diz, e sabia pelo próprio Freud que isso supera tudo o que se pode imaginar: jamais, com efeito, eu teria imaginado isso. Dou-me conta, ao reviver aqui alguns desses traços para vocês agora, de como podem ter sido para mim esses meses de pesadelo, e que realmente só consegui sobreviver a eles atravessando as terríveis emoções que me causaram meu seminário de textos e supervisão, sem faltar uma única vez, nem, creio, permitir que diminuísse uma única vez a inspiração ou a qualida-de. Muito pelo contrário, esse ano foi particularmente fecundo, e julgo ter feito um autêntico progresso na teoria e na técnica próprias da neurose obsessiva.
>
> Sim, eu vivi graças ao trabalho às vezes efetuado num verdadeiro desespero...[39]

Frente ao desespero, ao pesadelo, às traições, ao aban-dono, à invasão do imaginário que caracteriza sua posi-ção de objeto fora de cena, Lacan "sobrevive", de acordo com seu próprio depoimento, pelo apoio que encontra no seu "cônjuge", mas também pela mobilização da fala de Freud: "Eu sabia pelo próprio Freud..." e seu comentário da obra dele, ou ainda, digamos com toda clareza, por sua análise com o pai da psicanálise.

Desse modo, entendemos por que se trata de um ver-dadeiro destino, pois o que precipitou sua queda – o seu retorno a Freud – é aquilo que também assegura, nesse momento, a sua sobrevivência.

O teste é terrível, e Lacan acredita estar vendo, con-tra o pano de fundo dos anos de chumbo, a angustiante trama dos processos stalinistas se fechando sobre ele:

O SUJEITO RECEBE DO OUTRO A PRÓPRIA MENSAGEM...

O que mais me angustia é, talvez, a atitude de certos titulares e alunos. Graças a Deus, os mais jovens se mostraram de outra têmpera, como já disse. Mas entre os que conheceram a ocupação e os anos que a antecederam, vi aterrorizado uma concepção das relações humanas que se manifestou no estilo e nas formas que vemos florescer nas democracias populares. A analogia era impressionante, e os efeitos de grupo que dela resultaram me ensinaram mais sobre o problema que sempre me fascinou no tipo de processo dito de Praga que todas as minhas reflexões sobre a questão, apesar de muito avançadas.[40]

Muito além de uma manobra que visa a conservar o poder de nomeação dos analistas nas mãos de um grupo autoritário, Lacan nos leva a perceber, nos considerandos da cisão cuja causa ele encarna, ao mesmo tempo o horror das verdades que graças ao seu empenho voltam a se manifestar entre seus pares e o terror que o habita no auge da tragédia.[41]

Os processos de Praga

A "concepção das relações humanas que vemos florescer nas democracias populares" remete, em Lacan, "aos que conheceram a ocupação e os anos que a antecederam", por um lado, e, por outro, ao problema fascinante, do tipo dos processos de Praga, que, segundo suas próprias palavras, mobiliza suas "muito avançadas [reflexões] sobre a questão".[42]

LACAN E LÉVI-STRAUSS OU O RETORNO A FREUD

Nada conhecemos dessas reflexões lacanianas, mas pelo menos devemos fornecer aqui as indicações históricas essenciais que permitam a nossos leitores fazer uma boa ideia do universo político-judicial ao qual ele é remetido durante sua acusação de 1953.

Relembrando: desde 1948, a Iugoslávia está separada do restante do "bloco" soviético, e o presidente Tito é condenado por "desvio nacionalista" pelo Kominform; acusado como "agente do imperialismo", excomungado pela Internacional Comunista, ele se vê obrigado a responder aos "promotores" stalinistas na língua do comunismo, que é a deles.

Mas não cede.

Aterrorizado com a perspectiva de uma contaminação do exemplo iugoslavo, Stálin desencadeia, nesse contexto, uma nova onda de expurgos, que visa a deixar nas mãos de apenas um dos partidários da "aliança incondicional com a URSS" as alavancas do império.

Esta regra é aplicada por todas as direções comunistas expurgadas:

> Tito é a exceção [...]. Em qualquer outro lugar, a regra de ordem da solidariedade incondicional à URSS se aplica, como outrora, a militantes que se tornaram chefes de governo e que, em sua maioria, passaram os anos de guerra em Moscou. E dizer que ela 'se aplica' é um eufemismo. Ela é tão fundamental e tão interiorizada que serve de critério universalmente aceito para todas os expurgos e, também, como acusação em todos os processos.

O historiador[43] volta a esse período num trabalho cujo título se inspira num texto que Freud dedicou à religião (*O futuro de uma ilusão*),[44] mas de uma forma invertida, de certa maneira, já que dessa vez se trata do título: *O passado de uma ilusão*.

Em 1952, Rudolph Slansky – secretário do Partido Comunista tcheco – foi acusado de oposição a Stálin, de titoísmo, mas também de estar à frente de uma conspiração sionista internacional com quatorze cúmplices, onze dos quais eram judeus e, como tal, designados na ata de acusação.

Slansky foi condenado à morte e enforcado com dez corréus.

Esse processo ao qual se refere o dr. Lacan (o processo de Praga) faz parte da série de processos "espetáculos" que visavam a impressionar as populações das democracias populares divididas entre seu nacionalismo e seu apego ao movimento comunista, mas também era encenado segundo o modelo dos processos de Moscou, que visavam, de 1936 a 1939, a expurgar os círculos dirigentes dos militantes então acusados de "trotskismo", assim como agora o eram de "titoísmo", em virtude do lugar ocupado pela questão nacional na conjuntura do pós-guerra.

Nesse dia de festa nacional no qual escreve a Loewenstein (14 de julho), Lacan não pode estar indiferente a essa ocorrência, assim como não pode estar insensível ao fato de que aquele a quem escreve faz parte desse povo judeu martirizado pela *Shoah* e acusado em Praga. Mas cabe

LACAN E LÉVI-STRAUSS OU O RETORNO A FREUD

levantar a hipótese de que o que fascina o psicanalista nos processos stalinistas terá sido o que fascinou todos aqueles que os comentaram, a saber:

> Esse procedimento inédito das confissões, através das quais os acusados demonstram, ao mesmo tempo, sua culpa e a clarividência do poder que os mata. *Pouco importa* '... a inverossimilhança do que é dito diante desses tribunais viciados perante os quais comparecem homens esfacelados, não muda a posição dos crentes'.[45]

Claro que gostaríamos, então, de conhecer o sentimento de Lacan a respeito dessa espécie de perturbadora sedução que parece convocar o espectador em socorro do carrasco que oferece à obscuridade divina (aqui, a Internacional Comunista) os corpos desfeitos, mas aquiescentes, de seus melhores militantes.

Contudo, ele não vai mais adiante aqui, e devemos simplesmente nos contentar em observar que os melhores espíritos nem sempre resistem a esse tipo de sedução, como testemunha, mais uma vez, o historiador:

> Lembro-me de ter lido com paixão, por volta de 1947, *Zero e o infinito*, de Koestler, sem que essa leitura me dissuadisse de aderir ao partido comunista pouco depois: eu admirava que o juiz e o acusado pudessem resolver juntos servir a uma mesma causa, o primeiro, como carrasco, e o segundo, como vítima. Nessa versão filosófica dos processos de Moscou, eu apreciava a marcha da razão histórica, cujo culto bárbaro Koestler quisera, pelo contrário, denunciar.[46]

O SUJEITO RECEBE DO OUTRO A PRÓPRIA MENSAGEM...

Naturalmente, devemos ter em mente tudo o que separa a Internacional comunista da Internationale psychanalytique (IPA) da qual Lacan foi afastado, mas além do fato de que nos cabia aqui restituir o histórico complexo para o qual nos conduz a escrita de Lacan nesse verão de 1953, entendemos melhor agora que ele se questionasse à época quanto à causa do expurgo e, sobretudo, àquilo que leva – ou não – um sujeito a se deixar guiar (e até onde) pela atração mórbida à servidão.

Por fim, resta também o fato de que, entre a carta de Lacan e o contexto histórico por ela evocado, constatamos uma melancólica similitude de humor, que não é desmentida por F. Furet, que testemunha no mesmo movimento, talvez, de uma analogia de estrutura:

> É esse o pano de fundo contra o qual se perfilam os 'casos' políticos ou judiciais que opõem secreta ou publicamente os governos das democracias populares a seu 'protetor' soviético. A melancolia que comportam decorre do fato de que fazem com que os adversários pareçam desiguais, pois um deles praticamente já está vencido por antecipação: Tito é a exceção que confirma a regra.

E o historiador acrescenta, numa nota: "Também devemos pôr à parte o caso de Kostov, velho militante búlgaro do Komintern; julgado por 'traição' em Sófia, em dezembro de 1949, ele se retratou das confissões e se insurgiu contra a acusação."[47]

Lacan, politicamente derrotado, sai vencedor, segundo ele, do seu duelo de 1953 com a Internationale, pois escreve, em 1976, como advertência no texto de *A cisão de 1953*:

"Eu, sem dúvida, ganhei. Pois fiz ouvir o que pensava do inconsciente, princípio da prática."

O que confirma que o que está em questão em 1953 é a teoria do inconsciente ou o próprio princípio da prática.

Lacan teria, assim, conseguido a vitória do princípio contra os desejos de expurgo que o atingiam. É o seu lado "velho militante" que inspira amor. Mas a advertência não sai de uma escrita autocomplacente.

Ouçamos todo o conjunto:

> Eu, sem dúvida, ganhei. Pois fiz ouvir o que pensava do inconsciente, princípio da prática.
>
> Não é o que vou dizer aqui. Pois tudo o que é publicado aqui, especialmente pela minha pena, me causa horror.
>
> De tal maneira que eu julgava tê-lo esquecido, do que pode testemunhar aquele que me edita.
>
> Não querer mais pensar em algo não é, infelizmente, o esquecimento!
>
> O fraco, submetido à psicanálise, torna-se sempre um canalha. Que se tenha ciência.[48]

A passagem

Lacan dá testemunho aqui de um momento de passagem no qual as coisas nunca mais serão como antes para ele:

"Posso dizer-lhe também que o que essa provação me ensinou quanto à manobra, quanto à fraqueza dos

O SUJEITO RECEBE DO OUTRO A PRÓPRIA MENSAGEM...

homens, é de natureza a fazer com que uma página seja virada na minha vida."[49]

Face ao terror stalinista, Lacan mobiliza, na sua própria expressão, uma "espécie de fé" da qual daria testemunho em Roma.

Isso significa dizer que escolhe a elação católica contra o pavor stalinista?

> Penso na espécie de fé que agora me conduz além de tudo isso, quase me fazendo esquecê-lo, sim, ela é feita de um poder de esquecimento que tem a ver com o que tenho diante de mim, esse público precioso dos que me seguiram, que jamais me teriam abandonado, mesmo que eu tivesse saído sozinho – com o que vou escrever para Roma, meu relatório sobre a função da linguagem da psicanálise –, com o que sei cada vez melhor, o que tenho a dizer sobre uma experiência que somente esses últimos anos me permitiu reconhecer em sua natureza e apenas assim realmente dominar.
>
> Espero vê-los em Londres – aconteça o que acontecer, saibam que lá encontrarão um homem mais certo dos seus deveres e do seu destino.[50]

Com essa carta, a missa está dita.

Lacan reconheceu seu destino e pode, então, garantir que os conflitos de ordem de grupo têm a ver com a causalidade subjetiva. Mas como poderíamos nos enganar no que diz respeito àquilo de que ele é portador?

A fé que ele sente não é a que levava Claudel a socorrer o Pai da igreja católica humilhado pela resistência de Israel, mas a que recebe da fala do pai da psicanálise e lhe permite agora reconhecer com certeza não apenas seu próprio destino, mas também aquilo que sela o destino de cada um e de todos, a saber, as regras da fala e da linguagem ou, ainda, "a forma sob a qual a linguagem se expressa...". Ele diz: "Você vai por aqui, e quando vir isto, seguirá por lá."[51]

Como, então, poderíamos deixar de seguir Lacan no caminho de Roma, onde era esperado, para um discurso de refundação, por aqueles que, optando pela nova sociedade francesa de psicanálise, o acompanharam no seu retorno a Freud?

IV. O "Discurso de Roma": *Função e campo da fala e da linguagem em psicanálise* ou o testemunho de um passe (setembro de 1953)[52]

O que é, segundo o próprio Lacan, o "Discurso de Roma"?

É uma "renovação" dos "fundamentos" da psicanálise, no sentido de que "ela os toma na linguagem". (*E*, 238)

Levando-se em conta, contudo, sua posição histórica, podemos considerar esse discurso como de fundação teórica para a nova sociedade francesa de psicanálise. Para Lacan, trata-se de um discurso posterior ao teste do rompimento, e que diz respeito – segundo seus próprios termos – aos "problemas atuais da psicanálise". (*E*, 242)

Se confluem para o abandono da fala como fundamento da psicanálise, esses problemas se distribuem, então, segundo o psicanalista:

O SUJEITO RECEBE DO OUTRO A PRÓPRIA MENSAGEM...

1. No registro imaginário, no qual ele situa a questão das fantasias e da constituição dos objetos nas diferentes fases do desenvolvimento psíquico;
2. Em torno das relações libidinais de objeto e da direção da cura, solicitando um retorno "ao eixo técnico da simbolização";
3. Em torno da teoria da contratransferência, da formação dos analistas e do término do tratamento.

Pelo fato de serem questões cruciais para a psicanálise, incluindo a do fim das análises e da passagem à posição de analista, a temática desse discurso conclusivo da provação poderia ser considerada, *a posteriori*, como exemplar daquilo que Lacan esperaria mais tarde daqueles que, ao fim de sua análise (e, portanto, recém tornados analistas), poderiam estar em posição de resolver tais problemas cruciais e, mesmo, de desenvolver um ensino qualificado (para eles) a partir de sua experiência. Globalmente, podemos, portanto, considerar que esse discurso é o discurso de um Lacan metamorfoseado pelo seu retorno, pelo seu comentário da obra de Freud ou, ainda, pela sua "análise", que o conduzia firmemente em direção à cisão de 1953 e em direção a essa fundação romana na qual ele se compromete a resolver os problemas cruciais enfrentados pela psicanálise, como faria ao longo de todo o ensino transmitido durante os quase vinte e cinco anos de seu seminário. Em suma, é um discurso que dá testemunho de sua passagem à posição de analista freudiano (AF).

Se, segundo ele, a resistência dos analistas culmina no seu abandono da fala como fundamento da psicanálise, fiel a sua estratégia dialética, Lacan não pode deixar de se basear nesse movimento para desenvolver, em Roma, a sua antítese:

"A psicanálise dispõe de um único meio: a fala do paciente. A evidência do fato não desculpa que o negligenciemos. Ora, toda fala pede resposta." (*E*, 247)

Donde o primeiro título do discurso (que aqui utilizamos como subtítulo).

Palavra vazia e palavra plena na realização psicanalítica do sujeito

Esse título lacaniano anuncia um primeiro desdobramento que visa a estabelecer a diferença entre a fala vazia – ou a vertente mais ingrata da fala, cujo modelo é o discurso egoico obsessivo – e a fala verdadeira.

Na fala vazia: "o sujeito parece falar em vão de alguém que se assemelha incrivelmente a ele mesmo, a ponto de se enganar, mas nunca fará contato com a assunção do seu desejo." (*E*, 254)

A experiência analítica, no sentido inverso, estimula a verbalização que abre para a decifração dos "símbolos de um destino em marcha". (*E*, 255)

> Sejamos categóricos, não se trata de anamnese psicanalítica da realidade, mas da verdade, pois o efeito de uma fala plena é reordenar as contingências passadas, conferindo-lhes o sentido das necessidades por vir, tal como constituídas pela pouca liberdade através da qual o sujeito as faz presentes. (*E*, 256)

O SUJEITO RECEBE DO OUTRO A PRÓPRIA MENSAGEM...

Donde uma redefinição condensada da psicanálise:

"É de fato essa assunção, pelo sujeito, de sua história, tal como constituída pela fala endereçada ao outro, que faz o fundamento desse novo método ao qual Freud dá o nome de psicanálise [...]" (*E*, 257)

Vêm, em seguida, as redefinições do conceito de inconsciente, de suas formações sintomáticas e da transformação sofrida pelo sujeito já ao entrar no dispositivo freudiano:

> [...] quando o sujeito se engaja na análise, aceita uma posição mais constituinte em si mesma que todas as instruções pelas quais se deixa mais ou menos enganar [...] Pois teremos aí a oportunidade de insistir em que a alocução do sujeito comporta um alocutário, ou, em outras palavras, que o locutor nela se constitui como intersubjetividade.
>
> Em segundo lugar, é com base nessa interlocução, na medida em que ela inclui a resposta do interlocutor, que se libera para nós o sentido do que Freud exige como restabelecimento da continuidade nas motivações do sujeito. [...]
>
> Desse modo, é na posição de um terceiro termo que a descoberta freudiana do inconsciente se esclarece em seu fundamento verdadeiro e pode ser formulada de maneira simples nos seguintes termos:
>
> O inconsciente é a parte do discurso concreto, enquanto transindividual, que está faltando na disposição do sujeito para restabelecer a continuidade de seu discurso consciente. [...]
>
> O inconsciente é o capítulo da minha história que é marcado por um branco ou ocupado por uma mentira: é

o capítulo censurado. Mas a verdade pode ser resgatada; quase sempre, ela já está escrita em outro lugar. A saber:

— nos monumentos: e esse é o meu corpo, vale dizer, o núcleo histérico da neurose, no qual o sintoma histérico mostra a estrutura de uma linguagem e se decifra como uma inscrição que, uma vez recolhida, pode ser destruída sem perda grave;

— nos documentos de arquivo também: e esses são as lembranças da minha infância, tão impenetráveis quanto eles, quando não conheço sua procedência [...]. (*E*, 257, 258, 259)

O sujeito da análise é constituído, portanto, por sua própria entrada no dispositivo em que é completado por um psicanalista, que ocupa o lugar do Outro pontuando seu discurso (fim das sessões, por exemplo) e lhe confere sentido.

A técnica das sessões não "curtas", mas variáveis na sua duração, pois interrompidas pelo analista numa lógica de interpretação, encontra aqui seus fundamentos teóricos.

O inconsciente deve ser identificado nas descontinuidades do discurso ou nos capítulos que faltam da história cristalizada dos sintomas que aguardam decifração *a posteriori*, não num ideal de restituição da realidade, mas numa lógica da simbolização das verdades intersubjetivas que se atualiza no *e pelo* dispositivo analítico.

Trata-se, então, de um simples artefato analítico?

Não, pois, indica Lacan com humor, por exemplo: "o estádio anal não é menos puramente histórico quando vivido do que quando repensado, nem menos puramente baseado na intersubjetividade." (*E*, 262)

O que indica, mais severamente, que o dispositivo analítico é por estrutura homólogo (intersubjetivo) aos momentos vividos historicamente; e, portanto, que é próprio para originar seu esclarecimento, nas modalidades de um discurso para um outro (intersubjetivo), incluindo a resposta do analista que fornece ao inconsciente (decifrado) seu estatuto, de ter sido o discurso do outro.

"Que o inconsciente do sujeito seja o discurso do outro é o que aparece ainda mais claramente do que em qualquer dos estudos que Freud dedicou ao que chama de telepatia, enquanto se manifesta no contexto de uma experiência analítica." (*E*, 265)

Tendo precisamente situado a questão da fala no dispositivo analítico, Lacan voltará à obra de Freud para lembrar o que ela permite perceber da ascendência das estruturas simbólicas sobre a constituição das formações do inconsciente, para em seguida romper o isolamento dessa perspectiva e lhe conferir seu lugar junto a outras ciências do homem, entre as quais, se destaca naturalmente, a antropologia.

Símbolo e linguagem como estrutura e limite do campo psicanalítico[53]

Cabe lembrar aqui que, já no prefácio do discurso, Lacan anunciava nos seguintes termos a espécie de equivalência com a antropologia que era buscada por seu retorno aos conceitos freudianos:

LACAN E LÉVI-STRAUSS OU O RETORNO A FREUD

Numa disciplina que deve seu valor científico unicamente aos conceitos teóricos que Freud forjou no progresso de sua experiência, mas que, por serem ainda mal criticados e conservarem por isso mesmo a ambiguidade da língua vulgar, se beneficiam dessas ressonâncias não sem incorrer em mal-entendidos, parecer-nos-ia prematuro romper a tradição de sua terminologia.

Mas nos parece que esses termos não podem deixar de ser esclarecidos se estabelecermos sua equivalência com a linguagem atual da *antropologia* [grifo nosso]. (*E*, 239-240)

Ao estabelecer a equivalência dos conceitos de Freud com os da antropologia, Lacan busca devolver à obra freudiana seu rigor científico, em grande medida comprometido desde a morte do pai da psicanálise por seu uso vulgar e acrítico.

Atualizar o império das estruturas simbólicas e da linguagem no objeto da descoberta freudiana (o inconsciente) passa, assim, pela restauração científica dos conceitos freudianos, cuja equivalência com os conceitos antropológicos deve enfim ser demonstrada.

Onde está, então, a equivalência?

Retomemos, então, a obra de Freud na *Traumdeutung*, para nos lembrarmos, nela, de que o sonho tem a estrutura de uma frase, ou melhor, para nos atermos a sua letra, de um enigma, ou seja, de uma escrita da qual o sonho da criança representaria a ideografia primordial e que, no adulto, reproduz o emprego ao mesmo tempo fonético e simbólico dos elementos significantes, que encontramos tanto nos hieróglifos do antigo Egito quanto nos caracteres cujo uso é conservado pela China. (*E*, 267)

Para se fazer ouvir, o desejo inconsciente tomaria de empréstimo portanto, segundo essa perspectiva, a voz do sonho forjada no patrimônio universal de uma escrita ideográfica cuja presença seria encontrada no frontão dos monumentos que constituem o terreno de investigação dos egiptólogos, e que assim fundaria a equivalência das investigações egiptológicas com as que sustentam a interpretação psicanalítica de um sonho.

O equivalente de que se trata aqui deriva sua consistência de uma verdadeira comunidade de objetos que se apresentam sob a modalidade do sonho na experiência analítica e sob a modalidade de antiquíssimos vestígios para os egiptólogos. A base comum é uma ideografia primordial que aparece na estranheza como um discurso do outro na inconsciência das noites de nossos modernos, mas também no corpo da histérica, nos monumentos do antigo Egito ou, ainda – e sob uma forma petrificada –, nos estereótipos da loucura.

Quanto a esta última:

"... o sujeito [...] antes é falado do que fala: reconhecemos nele os símbolos do inconsciente em formas petrificadas que, ao lado das formas embalsamadas nas quais se apresentam os mitos em nossas coletâneas, encontram seu lugar numa história natural desses símbolos." (*E*, 280)

A loucura demonstra, então, aquilo que é preciso entender, segundo o psicanalista, como discurso do outro

LACAN E LÉVI-STRAUSS OU O RETORNO A FREUD

encarnado, para sua infelicidade e até o excesso, pelo sujeito paranoico.

Uma das grandezas de Lacan é deixar entre os homens aquele que encarna até o martírio as formas petrificadas dos símbolos inconscientes cuja atividade se prolonga em outros lugares; porém, é uma grandeza que não tem a ver com um humanismo, no fim das contas perfeitamente respeitável, mas com a profunda certeza de que o que fundamenta a existência subjetiva de uns e outros reside numa comunidade simbólica cujas formas são variáveis, mas universais.[54]

O que é comum no homem seria, portanto, uma comunidade cultural universal, a ser decifrada nos sítios de escavações arqueológicas bem como também no sonho, nos delírios ou nos sintomas. E essa comunidade, sustenta o psicanalista, ou essa língua primeira dos símbolos é, muito precisamente, o que teria sido trazido à luz por Freud, na sua análise do mal-estar na cultura:

> O sintoma é aqui o significante de um significado recalcado da consciência do sujeito. Símbolo escrito na areia da carne e no véu de Maia, ele participa da linguagem através da ambiguidade semântica que frisamos em sua constituição.
>
> Mas é uma fala de pleno exercício, pois inclui o discurso do outro no segredo de seu código.
>
> Foi ao decifrar essa fala que Freud encontrou a língua primeira dos símbolos, ainda viva no *sofrimento do homem da civilização* [grifo nosso]. Hieróglifos da histeria, brasões da fobia, labirintos da *Zwangsneurose*

O SUJEITO RECEBE DO OUTRO A PRÓPRIA MENSAGEM...

> [...], são esses os hermetismos que nossa exegese resolve, os equívocos que nossa invocação dissolve, os artifícios que nossa dialética absolve, numa liberação de sentido aprisionado que vai da revelação do palimpsesto à palavra dada do mistério e ao perdão da fala. (*E*, 280-281)

E por que, cabe perguntar, o desejo inconsciente inclui o discurso do outro?

Lacan responde: "O desejo do homem encontra seu sentido no desejo do outro, não tanto porque o outro detenha as chaves do objeto desejado, mas porque seu primeiro objeto é ser reconhecido pelo outro." (*E*, 268)

Em outras palavras, se o desejo inconsciente quer ser reconhecido – e o quer, pois o que o caracteriza nas suas formações (sonhos, sintomas etc.) é a insistência de uma espécie de "direito ao retorno" –, seria tomando de empréstimo os caminhos simbólicos das organizações primordiais que ele teria mais chances de sê-lo.

O sintoma incluiria, assim, uma espécie de figura universal da cultura na sua organização significante.

Mas Freud muito rapidamente constataria que, colocado "sob transferência" na experiência analítica, aquele que sonha, incluindo seu analista como lugar de endereçamento, formará sonhos que serão interpretados por sua conveniência de maneira mais pessoal ou, ainda, segundo a conjuntura transferencial do tratamento, isto é, em função da posição inconsciente assumida pelo analisando em relação ao que sabe (ou julga saber), por exemplo, do desejo de seu analista.

LACAN E LÉVI-STRAUSS OU O RETORNO A FREUD

Assim, se o universo da cultura, seu fundamento comum – o discurso do outro –, é instrumentalizado pelo desejo inconsciente para fomentar suas mensagens e se fazer reconhecer pelo outro, em outras palavras, se o desejo inconsciente fala ao outro a sua língua quando o outro precisamente é encarnado, é aos códigos desse outro (aos códigos de seu desejo e de sua linguagem) que o inconsciente, intersubjetivamente, ajusta suas produções.

Donde, lembra Lacan, a maneira como Freud defende seu ponto de vista sobre o sonho, interpretando "o motivo de um sonho que parece contrariar sua tese" como um sonho que a confirma, pois imputa àquele que sonha o "próprio desejo de contradizê-lo". (*E*, 268)

No plano geral da exposição, cabe notar que o desejo inconsciente está engramado, para o Lacan do "Discurso de Roma", segundo um sistema simbólico cujo fundamento universal requer as descobertas antropológicas (egiptológicas, por exemplo), quando o endereçamento é pouco encarnado ou não o é; ao passo que, contrariamente, a acomodação da interpretação deve ser feita a partir do que quer e do que diz aquele para quem o sonho é feito ou daquilo que dele pressupõe o sonhador. Mas fazer com que varie o grau de acomodação da interpretação segundo a influência das circunstâncias transferenciais – indo até a telepatia – não deve opacificar o fato de que

1. as formações do inconsciente são estruturadas "como" e por linguagens ou sistemas simbólicos e que

2. retirar algo do lugar do outro para sua constituição (nos símbolos primordiais ou não, universalmente compartilhados ou não)[55] implica "importar" essas formações, pois a lógica dos sistemas da qual ela procede e também aquela das combinatórias simbólicas ou de sua ordem funcionam sempre como um querer do outro.

Assim, afirma Lacan:

> Já está perfeitamente claro que o sintoma se resolve completamente numa análise de linguagem, pois ele próprio é estruturado como uma linguagem, já que é a linguagem da qual a fala deve ser libertada.
> É àquele que não aprofundou a natureza da linguagem que a experiência de associação com números poderá mostrar, de imediato, o que é essencial apreender aqui, a saber, a força combinatória que organiza seus equívocos, e para neles reconhecer o impulso próprio do inconsciente. (*E*, 269)

Tratando-se de uma associação com números, Lacan não dá ênfase aqui às vicissitudes históricas que, por exemplo, tolheram a infância do sujeito para destacar o impulso próprio do inconsciente, mas àquilo que reservam a esse sujeito, como a todos os outros, as figuras obrigatórias (ou impossíveis) de uma combinatória aritmética.

Nessa perspectiva, a determinação inconsciente não deve, então, ser buscada neste ou naquele símbolo que se cristalize no coração desta ou daquela formação do inconsciente, mas na força das regras da ordem simbólica que incluem esse símbolo que ao mesmo tempo liga às leis de todo esse universo o destino do sujeito.

Isso se aplica às combinatórias aritméticas, mas também a outras, entre as quais as que ordenam, por exemplo, os sistemas etnológicos, afirma Lacan.

"Veremos que os filólogos e os *etnógrafos* [grifo nosso] nos revelam o suficiente, sobre a certeza combinatória que se verifica nos sistemas completamente inconscientes de que tratam, para que a proposição aqui feita nada tenha para eles de surpreendente." (*E*, 270)

Se os antropólogos dispõem de séries conceituais cujas equivalências devem ser buscadas para que se encontre o rigor científico da linguagem freudiana, ao mesmo tempo garantindo sua atualização, é porque, segundo Lacan, os filólogos ou etnógrafos compartilham com os psicanalistas a análise dos "sistemas completamente inconscientes".

Trata-se para ele, portanto, não só de romper o isolamento da psicanálise, conferindo-lhe todo o seu lugar entre as ciências humanas, como de torná-la contemporânea dessas disciplinas, apoiando-se nos seus avanços conceituais, não por interesse da atualidade, mas:

1. Porque existe, para Lacan, um conjunto de objetos essenciais, o conjunto das estruturas simbólicas que organizam o inconsciente e tornam solidárias a psicanálise e essas disciplinas, mas também porque

2. precisamente esse fundamento comum é que, segundo sua análise, foi rejeitado desde a morte de

O SUJEITO RECEBE DO OUTRO A PRÓPRIA MENSAGEM...

Freud por aqueles que, renegando sua descoberta, cada vez mais teriam convictamente excluído da experiência analítica a devida consideração da fala do paciente.

Donde o imperativo dialético de retornar a ele e aprender com as descobertas antropológicas.

Mas o que são esses "sistemas completamente inconscientes" que a psicanálise compartilharia com a etnologia?

Retomando os trabalhos etnológicos, Lacan conduz seus ouvintes à origem desses sistemas ou ao próprio nascimento do simbólico:

> Ninguém pode ignorar a lei, essa formulação transcrita do humor de um Código de Justiça expressa a verdade em que nossa experiência se baseia e que é por ela confirmada. E, com efeito, ninguém a ignora, pois a lei do homem é a lei da linguagem desde que as primeiras palavras de reconhecimento presidiram às primeiras doações, tendo sido necessários os detestáveis danenses que chegavam e fugiam pelo mar para que os homens aprendessem a temer os mortos enganosos, com as doações sem fé. Até então, para os Argonautas pacíficos que uniam pelos vínculos do comércio simbólico as ilhotas da comunidade, essas doações, seu ato e seus objetos, sua instituição como signos e sua própria fabricação de tal maneira se confundem com a fala que vêm a ser designados pelo seu nome.

LACAN E LÉVI-STRAUSS OU O RETORNO A FREUD

Será nessas doações, ou nas senhas que a elas harmonizam seu contrassenso salutar, que começa a linguagem com a lei? Pois essas doações já são símbolos, na medida em que símbolo quer dizer pacto, e em que elas são antes de mais nada significantes do pacto que constituem como significado: pois se vê perfeitamente por isso que os objetos da troca simbólica, vasos feitos para ficarem vazios, escudos pesados demais para serem carregados, feixes que vão secar, espadas enterradas no chão não têm uso por destino, se é que não são supérfluos pela própria abundância.

Essa neutralização do significante seria o todo da natureza da linguagem? (*E*, 272)

Baseando-se nos trabalhos de Maurice Leenhardt,[56] em confluência com os de Marcel Mauss, que já demonstraram a força do registro simbólico no princípio da troca social,[57] Lacan lembra de que maneira essa troca que escapa às regras de um utilitarismo sumário metamorfoseia as coisas dadas e também o ato da doação (e da contradoação) em símbolos do significante do pacto do qual procede. Com isso, não importa muito que a coisa dada seja congruente com seu uso para que encontre seu valor na troca, já que, pelo contrário, ela será tanto mais patentemente elevada à condição de puro símbolo na medida em que for inadequada para atender às necessidades. Desse modo, percebemos com a etnologia que não é o registro da necessidade nem mesmo suas verdades que impõem a ordem da circulação dos bens, mas as regras do sistema em que cada um encontra um lugar e um nome; ao mesmo tempo que a

O SUJEITO RECEBE DO OUTRO A PRÓPRIA MENSAGEM...

série de direitos e obrigações da qual ele não pode se esquivar, sob pena de perder a face simbólica.[58] Essas leis do sistema de trocas em que cada um encontra seu rosto são imprescritíveis e constituem o operador que escreve o que chamamos de "missão inconsciente" de cada um e também, portanto, da jovem vienense que paga com seus sintomas a objeção maior que apresentou, por motivo de desarmonia identitária.

Não importa o que pretenda a sua imagem no espelho, Dora é simbolicamente menina, e, como tal, é chamada a participar da troca das mulheres, além daquilo que percebe do que se impõe como real do corpo, já havia determinado o Lacan de 1951.

"É o mundo das palavras que cria o mundo das coisas [...]." (*E*, 276), afirma ele à época, em 1953, e isso também se aplica ao que a etnologia identifica nas regras da aliança que ordenam a circulação dos corpos e das relações sexuais.

> O homem, portanto, fala, mas é porque o símbolo o fez homem. Com efeito, se doações superabundantes acolhem o estrangeiro que se fez conhecer, a vida dos grupos naturais que constituem a comunidade está submetida às regras da aliança, que ordenam o sentido no qual se opera a troca das mulheres, e aos serviços recíprocos determinados pela aliança: como diz o provérbio sironga, um parente por aliança é uma coxa de elefante. À aliança preside uma ordem preferencial cuja lei, que implica os nomes de parentesco, é para o grupo como a linguagem, imperativa em suas

LACAN E LÉVI-STRAUSS OU O RETORNO A FREUD

formas, mas inconsciente em sua estrutura. Ora, nessa estrutura, cuja harmonia ou cujos impasses regulam a troca restrita ou generalizada aí identificada pelo etnólogo, o teórico, espantado, reencontra toda a lógica das combinações: assim, as leis do número, vale dizer, do símbolo mais depurado, revelam-se imanentes ao simbolismo original. Pelo menos é essa a riqueza das formas em que se desenvolvem as chamadas estruturas elementares do parentesco, que aí as torna legíveis. (*E*, 276-277)[59]

O fato de ser designado como menina ou menino, mas também como filha de ou filho de, implica que mesmo antes de sua presença no mundo os corpos estão inscritos na rede que regula a troca de bens entre os parentescos que formam um sistema social de trocas, conforme indicam as pesquisas de C. Lévi-Strauss às quais Lacan se refere diretamente aqui. E a própria necessidade da troca exige que uma série de proibições ou estímulos (que indicam a "preferência" do grupo) limite a escolha do cônjuge, que se torna, então, dependente da lei do grupo. A proibição do incesto, nessa perspectiva, é um ponto mínimo de exigência aquém do qual a troca não se faz, e, portanto, é por isso, segundo o etnólogo, que esse operador é universal, participando ao mesmo tempo da natureza e da cultura ou ainda constituindo o lugar de passagem entre os dois registros.

Lacan retoma:

O SUJEITO RECEBE DO OUTRO A PRÓPRIA MENSAGEM...

> A Lei primordial é, portanto, aquela que, regulando a aliança, superpõe o reinado da cultura ao reinado da natureza, entregue à lei do acasalamento. [...] Essa lei se faz, portanto, suficientemente conhecer como idêntica a uma ordem de linguagem. Pois nenhum poder sem as nomeações do parentesco está em condições de instituir a ordem das preferências e tabus que unem e trançam, através das gerações, o fio das linhagens. (*E*, 277)

A operação de nomeação ordena as linhagens, introduz as regras do sistema da linguagem e procede da função paterna que deve estar em condições para que a estruturação simbólica opere e cada um encontre seu lugar nas gerações, mas também para que funcione de maneira conveniente a lei da aliança e do parentesco. A degradação dessa função leva, contrariamente, afirma Lacan, à desorientação ou à confusão e todo o seu cortejo de sofrimentos culposos:

"E é justamente a confusão de gerações que, na Bíblia e em todas as leis tradicionais, é maldita como a abominação do verbo e a desolação do pecador" (*E*, 277), prossegue ele, para abrir para o entendimento segundo o qual as descobertas etnológicas também se aplicam aos desregramentos da família ocidental moderna, cuja clínica ele então evoca. Clínica que sempre culmina nos "efeitos patogênicos" do Édipo, derivados das "discordâncias da relação paterna". Mas essas discordâncias não são mais determinadas – como poderiam pensar os alunos de Lacan experimentados no que ele sustentava

LACAN E LÉVI-STRAUSS OU O RETORNO A FREUD

há bastante tempo – pela evolução pejorativa do valor social do pai da família ocidental.

Lembramos, com efeito, que, em seu momento durkhei-miano, Lacan se apoiava na tese do declínio da família ocidental e de seu chefe para dar conta da degradação do Édipo e da evolução das formas das neuroses.

Com o "Discurso de Roma", estamos diante da metamorfose da teoria do pai em Lacan, metamorfose que resulta da flexão do "Estádio do espelho" sobre as *Estruturas elementares do parentesco* e, de manei-ra geral, sobre os estudos antropológicos da função simbólica.[60]

Se de fato existem, afirma ele agora, efeitos clínicos de algumas discordâncias da função paterna na família, introduzindo, por exemplo, a perturbação nas gerações – ou, de maneira mais genérica, nos sistemas de parentesco (defasagem de idade entre as gerações, morte do pai, novo casamento etc.) –, devemos admitir, diz Lacan, indo de encontro a tudo que ensinou até então, que isso não tem a ver com as vicissitudes de uma espécie de função paterna "esmigalhada" ou degradada, suscetível de ser oposta à harmonia doméstica que seria originada pela boa forma de um *pater familias*. Não, a discordância é estrutural e inerente à função paterna, afirma ele agora, pois ela se exerce:

1. No real;
2. No registro narcísico, vale dizer, no limiar do mundo visível em que Dora percebia uma imagem masculina de si mesma, e, por fim;

O SUJEITO RECEBE DO OUTRO A PRÓPRIA MENSAGEM...

3. na "penumbra da eficácia simbólica", ou, em outras palavras, no registro simbólico da nomeação que atribui a cada um seu lugar no sistema de parentesco que é o seu. Sistema de parentesco que abrange a lei da aliança, mas também, de maneira mais genérica, as estruturas que determinam o funcionamento do universo social do sujeito, assim como seu próprio destino.

Com efeito, mesmo representada por uma só pessoa, a função paterna concentra relações imaginárias e reais, sempre mais ou menos inadequadas à relação simbólica que a constitui essencialmente.

É no *Nome-do-Pai* que devemos reconhecer o suporte da função simbólica que, desde o limiar dos tempos históricos, identifica sua pessoa com a figura da lei. (*E*, 278)

Não é – como já observamos em nosso trabalho anterior – no limiar dos tempos históricos que Freud indica o nascimento do pai simbólico como solução do drama parricida que introduz os irmãos na regulação social da troca das mulheres e da história das sociedades?

A distribuição da função paterna nos três registros, que à época já fundavam a episteme lacaniana (imaginário, simbólico, real), rompe com a teoria do pai que ele até então adotava e cujos fundamentos havia encontrado no pai da sociologia francesa (E. Durkheim).

Dedicamos nosso último livro à atualização crítica dessa primeira teoria de um Lacan durkheimiano, e

LACAN E LÉVI-STRAUSS OU O RETORNO A FREUD

remetemos nossos leitores a esse trabalho; mas, no que diz respeito à atual investigação, convém registrar que é realmente nessa cidade universal, Roma, e seguindo as descobertas da antropologia francesa sobre a função simbólica – vale dizer, não repetindo a deslumbrante divagação de Claudel face à abóbada de Saint-Pierre –, que Lacan deve reconhecer e, por isso mesmo, levar seus ouvintes a reconhecerem o *Nome-do-Pai* como "suporte" da função simbólica, distinguindo rigorosamente da pessoa que encarna essa função e com a qual o analisante manteve esta ou aquela relação real ou narcísica.[61]

Ouçamos Lacan mais uma vez:

"É no *Nome-do-Pai* que devemos reconhecer o suporte da função simbólica que, desde o limiar dos tempos históricos, identifica sua pessoa com a figura da lei." (*E*, 278)

Segue-se a lição clínica que permite imputar os efeitos inconscientes dessa função paterna ao registro no qual esta dá acesso ao sujeito, através da lei da nomeação, vale dizer, no registro simbólico da aliança e do parentesco.

Efeitos inconscientes sobre o destino da criança, que devem ser clinicamente separados daquilo que se fomenta

1. Na realidade do grupo familiar;
2. E que retorna à pessoa do pai na reestruturação narcísica do sujeito:

Essa concepção permite-nos distinguir claramente, na análise de um caso, os efeitos inconscientes dessa função e as relações narcísicas, e mesmo as relações reais mantidas pelo sujeito com a imagem e a ação

O SUJEITO RECEBE DO OUTRO A PRÓPRIA MENSAGEM...

> da pessoa que a encarna, resultando daí um modo de
> compreensão que vai repercutir na própria condução das
> intervenções. A prática nos confirmou sua fecundidade,
> assim como aos alunos que induzimos a esse método. E
> muitas vezes tivemos oportunidade, em supervisões ou
> em casos comunicados, de frisar as confusões nocivas
> geradas pelo seu desconhecimento. (*E*, 278)

Resta o fato de que, de 1938 a 1951, Lacan ensinou uma teoria socioclínica do pai, muito distante dessa concepção e da de Freud também e, ainda, da concepção de Claude Lévi-Strauss, portanto. Se tivermos em mente que, no "Discurso de Roma", Lacan enfatiza o surgimento do *Nome-do-Pai* como "suporte da função simbólica" no princípio dos tempos históricos, concluiremos pela força do retorno que o conduzia, nessa capital do catolicismo romano, a reatar com a teoria freudiana sobre o pai, pois, afinal, e por estar reduzido à elegância de um nome, era realmente necessário que a coisa paterna tivesse sido morta. Ora, é também o assassinato dessa coisa paterna que Freud percebe, precisamente, no limiar dos tempos históricos ou, ainda, no fundamento dos tabus e da proibição do incesto, assim como percebe a criação do Totem e a promoção de seu Nome ao princípio das regras que garantem – depois do parricídio inaugural – o funcionamento da sociedade dos irmãos.[62]

Entendemos, então, que esse impressionante retorno de Lacan, chegando em Roma na porta do monumento freudiano que comemora o ato parricida e a presença do pai morto no fundamento das regras sociais, tenha desviado o olhar de alguns fiéis para a Basílica de São Pedro. Porém, ao enunciar como um dever ("*devemos reconhecer*" [grifo nosso]) o reconhecimento de um nome, de um simples nome, o *Nome-do-Pai*, como suporte da função simbólica, Lacan não está se valendo de uma aliança fraudulenta com o papado, mas antes do sacrifício temporal exigido pelo imperativo clínico de separar o *Nome-do-Pai* da pessoa do pai.

Se quisermos "elucidar" não só o "mistério humano" como sua "substantiva adivinhação", prossegue Lacan, é necessário saber decifrar, com Rabelais, antecipando as "descobertas etnológicas", a "virtude do verbo" pelo princípio do movimento da "Grande Dívida", que engata o batimento das reciprocidades que estabilizam em seu ponto de equilíbrio os ciclos perpétuos por intermédio dos quais os homens cedem e recebem mulheres e bens em redes de parentesco nas quais encontram, com seu nome, o seu lugar.

Mas o que fundamenta a inviolabilidade da letra ou a garantia da troca, prossegue Lacan, é a "virtude do verbo", a "força da Fala" ou ainda o "*hau* sagrado" ou o "*mana* onipresente", cuja força lhe foi ensinada pelos textos de Marcel Mauss, que também a ensinaram a Claude Lévi-Strauss, cujo fulgurante comentário elevou o exemplo etnológico à condição de uma teoria que conduz Lacan – segundo a nossa visão – a reconhecer no *Nome- -do-Pai* o "símbolo zero, diz Lévi-Strauss, reduzindo à forma de um signo algébrico a força da Fala". (*E*, 279)

E se ele deve reconhecer o *Nome-do-Pai* em seu discurso de fundação como um significante de exceção – vale dizer, como um tipo de significante que permite, segundo as próprias palavras de Lévi-Strauss, "que o pensamento simbólico se exerça" –, não é para repetir a morbidade que se deduz da confusão religiosa desse sintagma sintomático; mas, ao reintroduzi-lo ao "*hau* sagrado" ou ao "*mana* onipresente" no léxico etnológico dos *nomes-do-espírito--das-coisas*, é para tentar obter nessa capital romana do sintoma católico a diminuição do sintoma que obstrui, por sua influência, a compreensão da teoria freudiana sobre o pai morto e, também, a separação teórico-clínica entre o *Nome-do-Pai* – sua função simbólica – e a pessoa do pai, separação que a partir de agora Lacan exigirá de seus alunos sem mais hesitações.

Não é, pois, por gosto pelo mal-entendido que ele introduz, em Roma, os seus ouvintes à sua teoria do *Nome-do-Pai*, é:

1. Porque a aparência formal da cidade romana exige que ele se pronuncie sobre o sintoma monoteísta;
2. Porque seu "Discurso de Roma" é um discurso de fundação, que constitui um momento vigoroso do seu retorno a Freud;
3. Porque esse retorno lhe exige que se pronuncie de maneira crítica e dialética sobre a teoria do pai morto ou pai simbólico;
4. Porque naquele momento ele pode reconhecer a função simbólica do pai, à medida que reintroduz na psicanálise as descobertas da etnologia sobre a função simbólica enquanto tal – e seus efeitos inconscientes;

5. Porque pode, graças a Claude Lévi-Strauss, isolar a existência de um significante de exceção que diz respeito a uma função semântica exigível para o exercício do pensamento simbólico;
6. Porque, flexionando a teoria freudiana do pai simbólico – o totem – sobre essa teoria lévi-straussiana do símbolo zero, ele pode reconhecer no totem esse símbolo que está no princípio dos "sistemas completamente inconscientes" que constituem os destinos subjetivos dos indivíduos, assim como sua inserção na multidão.

E é ao reconhecimento das leis desse destino que a experiência psicanalítica introduz o sujeito:

> Com efeito, os símbolos envolvem a vida do homem numa rede tão total que, antes que ele venha ao mundo, unem aqueles que vão gerá-lo 'pelo osso e pela carne'; que conferem ao seu nascimento, com as doações dos astros, senão com as doações das fadas, o traçado de seu destino; que dão as palavras que o farão fiel ou renegado, a lei dos atos que o seguirão até onde ele ainda não está e além de sua própria morte; e que, através deles, seu fim encontra seu sentido no juízo final, no qual o verbo absolve seu ser ou o condena – exceto se atingir a realização subjetiva do ser-para-a-morte.
>
> Servidão e grandeza nas quais se aniquilaria o vivente, se o desejo não preservasse sua parte nas interferências e nas pulsações que fazem convergir sobre ele os ciclos da linguagem [...].

O SUJEITO RECEBE DO OUTRO A PRÓPRIA MENSAGEM...

Mas esse próprio desejo, para ser satisfeito no homem, precisa ser reconhecido, pela concordância da fala ou pela luta de prestígio, no símbolo ou no imaginário.

O que está em jogo na psicanálise é o advento no sujeito do pouco de realidade que esse desejo sustenta frente a conflitos simbólicos e fixações imaginárias, como meio de sua concordância, e nosso caminho é a experiência intersubjetiva na qual esse desejo se faz reconhecer.

Desse modo, vemos que o problema é o das relações da fala e da linguagem no sujeito. (*E*, 279)

Como deixar de perceber, com esse remanejamento da concepção lacaniana do pai, a conclusão do retorno de Lacan ao pai da psicanálise ou a sua fala, e o efeito do desenvolvimento do retorno em direção à verdade, engajado pela retificação subjetiva de sua transferência a Freud?

Como, também, não reconhecer aqui o apoio de que se vale Lacan na obra de C. Lévi-Strauss, que funciona como antítese da rejeição do simbólico – ou seja, da linguagem e da história – que, segundo ele, caracteriza a negação dos fundamentos da obra freudiana pelos pós-freudianos?

O retorno a Freud redescobre a lógica do inconsciente onde ela está, nos sistemas de combinatória das estruturas simbólicas, e assim o Édipo pode retomar, nessa perspectiva, o lugar de uma estrutura simbólica fundamental para o campo freudiano, pois sobrepaira toda a experiência analítica e vem a ser a janela epistêmica pela qual o sujeito finalmente pode ter um ponto de vista sobre as estruturas da aliança que motivam inconscientemente o seu destino:

> E é exatamente nisso que o complexo de Édipo, na medida em que sempre o reconhecemos por cobrir com seu significado o campo inteiro de nossa experiência, será dito, em nossa fala, como marcando os limites que nossa disciplina atribui à subjetividade: a saber, o que o sujeito pode conhecer de sua participação inconsciente no movimento das estruturas complexas da aliança, verificando os efeitos simbólicos em sua existência particular do movimento tão tangencial em direção ao incesto que se manifesta a partir do advento de uma comunidade universal. (*E*, 277)

Nessa perspectiva, o psicanalista torna-se um praticante da função simbólica que abre para o sujeito da modernidade uma experiência que lhe permite identificar aquilo que, em seu mal-estar, tem a ver com um impulso para o incesto, barrado por um sistema de proibições, cujo alcance se reduz – segundo Lacan – com o advento dessa modernidade.

Existiria uma "tendência moderna a reduzir à mãe e à irmã os objetos interditados à escolha do sujeito" (*E*, 277), dando origem a uma espécie de degradação da interdição e permitindo desnudar "a proibição do incesto" como "pivô subjetivo" da aliança ou, ainda, da lei primordial que "superpõe o reinado da cultura ao reinado da natureza". (*E*, 277)

O SUJEITO RECEBE DO OUTRO A PRÓPRIA MENSAGEM...

Reencontramos aqui uma das figuras epistêmicas essenciais da procura de Lacan, que promove a degradação de uma estrutura como condição de sua manifestação clínica e, portanto, de sua descoberta.

Trata-se aqui da interdição do incesto, que passa a barrar a tendência incestuosa apenas para um número de objetos reduzidos aos protagonistas do drama edipiano.

Reencontramos também a ideia das condições sociais projetando sua sombra sobre a universalidade do complexo de Édipo, recusado por Lacan desde longa data, mas aqui já não se trata de identificar, nos termos de 1950, as "condições sociais do edipismo" – tendo à frente o estado da família ocidental –, mas sim de perceber a maneira como a evolução social reduz a interdição do incesto às modestas dimensões do drama edipiano.

Frente ao alcance das escolhas preferenciais ou das interdições que regulam a aliança nas sociedades etnologicamente estudadas, o Édipo aparece nessa perspectiva como uma estrutura empobrecida e local, mas, por suas próprias características (de degradação), emerge na civilização e seu mal-estar como particularidade a ser descoberta por Freud, e depois é percebida na experiência psicanalítica por aqueles que sofrem, sob essa forma, daquilo que regula seus dilemas na modernidade, no lugar das estruturas de parentesco, vale dizer, no lugar do outro.

Desse ponto de vista, podemos dizer que a importância do saber analítico sobre o que as estruturas simbólicas, enquanto discurso do outro, fazem ao sujeito seria

LACAN E LÉVI-STRAUSS OU O RETORNO A FREUD

proporcional ao caráter restrito dessas estruturas. Nem por isso deixa de ser verdade que a estrutura edipiana, comparável, apesar de sua fraqueza, às estruturas que organizam a aliança e o parentesco nas sociedades estudadas pelos etnólogos, deve ser incluída nessa série para ser adequadamente avaliada, e que, segundo Lacan, a coleta analítica dos efeitos subjetivos do Édipo deveria, em contrapartida, esclarecer o que motiva esta ou aquela figura subjetiva das inserções na multidão etnologicamente analisadas.

Da mesma forma, e qualquer que seja o alcance das estruturas ou das massas subjetivas levadas em conta, é preciso ter em mente que essa perspectiva atribui às combinatórias das estruturas simbólicas da linguagem – entre elas, a da aliança – as determinações inconscientes que constituem o sujeito. Cabe à etnologia, portanto, identificar as leis que organizam a institucionalização inconsciente dos sujeitos que ela leva em conta, assim como ela foi capaz de mostrar tudo o que mobiliza a "invenção" do simbolismo ou, melhor dizendo, a entrada em massa na linguagem; mas, além do efeito de massa, é também a influência das mesmas estruturas simbólicas que organiza a rede que atrai sobre si a criança se engolfando com o carretel, contra o pano de fundo da ausência materna, nas leis da fala e da linguagem.

Ao lembrar o lugar de destaque ocupado pela função simbólica nos fundamentos da psicanálise, Lacan determina que ela deve encontrar seu lugar no movimento de reorganização científica que ambiciona:

O SUJEITO RECEBE DO OUTRO A PRÓPRIA MENSAGEM...

> Clínicos da função simbólica, é espantoso que nos esquivemos de aprofundá-la, a ponto de ignorar que é ela que nos situa no cerne do movimento que instaura uma nova ordem das ciências, com um novo questionamento da antropologia. [...]
>
> A linguística pode aqui nos servir de guia, pois é o papel que desempenha à frente da antropologia contemporânea, e não poderíamos ficar indiferentes a isso. (*E*, 284)

Segundo o psicanalista, a prática da função simbólica confere à psicanálise seu lugar no centro do movimento de reorganização das ciências, mas para assumir adequadamente esse lugar é preciso que tome a linguística como guia de sua inscrição na antropologia contemporânea ou, ainda, nas descobertas que constituem o ponto de estofo entre, por exemplo, a clínica freudiana do *fort-da*[63] e a linguística:

> A forma de matematização em que se inscreve a descoberta do *fonema* como função dos pares de oposição formados pelos menores elementos discriminatórios apreensíveis da semântica conduz-nos às próprias bases em que a última doutrina de Freud designa, numa conotação vocálica da presença e da ausência, as origens subjetivas da função simbólica.
>
> E a redução de toda língua ao grupo de um número muito pequeno dessas oposições fonêmicas, esboçando uma formalização tão rigorosa de seus morfemas mais elevados, põe ao nosso alcance uma abordagem estrita do nosso campo.

> Cabe a nós com ela nos aparelharmos para aí encontrar nossas incidências, como já vem fazendo, por estar numa linha paralela, a etnografia, ao decifrar os mitos segundo a sincronia dos mitemas. [...]
>
> Desse modo, é impossível deixar de centrar numa teoria geral do símbolo uma nova classificação das ciências, na qual as ciências do homem retomam seu lugar central como ciências da subjetividade. (*E*, 284-285)

A análise de Lacan sobre a situação da psicanálise no "Discurso de Roma" é, ao mesmo tempo, ampla e precisa.

Ampla porque abarca uma parte importante do campo das ciências humanas, discernindo perfeitamente o movimento de reorganização que o anima em torno da teoria do símbolo, e precisa na medida em que estabelece para a psicanálise um verdadeiro programa de investigação contra o pano de fundo da atualização freudiana das fontes subjetivas da função simbólica, os avanços da linguística e os da etnografia, que já nos trabalhos de Claude Lévi-Strauss conduzem a inteligência na direção da conquista dos fundamentos daquilo que Lacan viria a chamar, em 1955, de Coisa freudiana.

"Não é patente que um Lévi-Strauss, sugerindo a implicação das estruturas da linguagem com essa parte das leis sociais que regulamentam a aliança e o parentesco, conquiste já o próprio terreno em que Freud assenta o inconsciente?" (*E*, 285), pergunta Lacan para esclarecer definitivamente a coisa.

O SUJEITO RECEBE DO OUTRO A PRÓPRIA MENSAGEM...

Não, não se trata de considerar as pesquisas de Lévi--Strauss como obra ideal de um vizinho que exuma a construção de um objeto que, na melhor das hipóteses, só diz respeito à psicanálise pelo viés de algumas vagas conexões, trata-se de uma pesquisa que revela as estruturas essenciais do inconsciente freudiano.

Desnecessário formular aqui tudo aquilo que a influência de Lévi-Strauss sobre Jacques Lacan não é: não é a influência de uma moda nem de uma amizade. Está no cerne de um "retorno a Freud" pelo objeto – o inconsciente e suas estruturas –, das estruturas da fala e da linguagem.

Em outras palavras, e em sentido exatamente oposto aos impasses tomados de empréstimo pelo movimento psicanalítico desde a morte de Freud, Lacan dá a Roma a medida do avanço feito pelos trabalhos de Lévi-Strauss na decifração do inconsciente.

Em Roma, em 1953, ele enuncia tudo aquilo que, por esse caminho real indicado por Lévi-Strauss, leva de volta de maneira dialética à clínica freudiana, na qual o sujeito do inconsciente finalmente recebe o seu batismo de ser, não o de filho de Deus, mas aquele que, na inocência da criança com o carretel, mergulha nas fontes do simbólico e recebe, com as chaves da fala, aquelas da linguagem, onde constantemente se atualizam as combinatórias das estruturas que selam seu destino como obscuro efeito do discurso do outro.

As *ressonâncias da interpretação e o tempo do sujeito na técnica psicanalítica*

Esse último subtítulo, retomado da parte conclusiva do "Discurso de Roma", introduz uma teoria da linguagem e da subjetividade.

O que é a linguagem?

"[...] a função da linguagem não é, no caso, informar, mas evocar.

"O que eu busco na fala é a resposta do outro. O que me constitui como sujeito é a minha pergunta. Para ser reconhecido pelo outro, eu somente profiro o que foi em vista do que será." (*E*, 299) Reencontramos aqui a teoria do reconhecimento como objeto do desejo inconsciente que fala ao outro sua linguagem.

Com isso, a análise não objetiva mais, como lembramos, a realidade dos fatos da infância, mas a verdade do sujeito deduzido da constelação simbólica, que dá à luz o seu destino antes mesmo do seu nascimento.

E é mediante um retorno à clínica do Homem dos Ratos[64] que Lacan ilustra então o que tem a dizer:

> A análise só pode ter como objetivo o advento de uma fala verdadeira e a realização, pelo sujeito, de sua história na relação com um futuro [...]
>
> É através de um retorno a Freud que vamos ilustrar mais uma vez aqui nossa formulação, e também pela observação do Homem dos Ratos [...].
>
> Freud chega a tomar certa liberdade com a exatidão dos fatos quando se trata de alcançar a verdade do sujeito. [...].

O SUJEITO RECEBE DO OUTRO A PRÓPRIA MENSAGEM...

Mas a apercepção da relação dialética é tão justa que a interpretação de Freud feita nesse momento desencadeia a supressão decisiva dos símbolos mortíferos que ligam narcisicamente o sujeito, ao mesmo tempo, a seu pai morto e à dama idealizada, as duas imagens se sustentando numa equivalência característica do obsessivo, uma na agressividade fantasística que a perpetua, a outra no culto mortificante que a transforma em ídolo.

Da mesma forma, é reconhecendo a subjetivação forçada da dívida obsessiva com cuja pressão seu paciente joga até o delírio, no script do pagamento vão, perfeito demais na expressão de seus termos imaginários para que o sujeito tente até mesmo realizá-lo, que Freud chega ao seu objetivo: ou seja, fazê-lo encontrar na história da indelicadeza de seu pai, do casamento deste com sua mãe, da jovem 'pobre, mas bela', de seus amores feridos, da memória ingrata ao amigo salutar – com a constelação fatídica, que presidiu seu próprio nascimento, a hiância impossível de preencher da dívida simbólica, da qual sua neurose vem a ser o protesto. (*E*, 302-303)

O advento da fala verdadeira no drama do Homem dos Ratos não passa por uma reconstrução histórica,[65] mas pelo esclarecimento do que Lacan chamou meses antes, e sempre tomando de empréstimo o vocabulário científico de Lévi-Strauss, de "mito individual do neurótico", que estrutura os sintomas do sujeito na medida em que repete inconscientemente a matriz dos termos que decidiram, para a geração anterior, menos diretamente o seu nascimento do que a divisão encontrada por seu pai na escolha matrimonial entre uma mulher pobre e bela

LACAN E LÉVI-STRAUSS OU O RETORNO A FREUD

e a "moça de família", cheia de riquezas e de prestígio social, que se tornou sua esposa.

Ao repetir na transferência a Freud as dificuldades da aliança, esse paciente elucida do que se trata, pois, ao elevar uma filha imaginária de Freud à dignidade de esposa de "olhos dourados", ele descobre com o psicanalista que realmente se trata do casamento contraído por cada homem com a servidão do seu destino narcísico ou, ainda – e nesse caso específico –, com a imagem da morte aqui introduzida numa versão feminina.[66]

Versão imaginária alienante que se trata, com o analista, de transferir para o registro das mediações simbólicas:

> Pois é assim que o Homem dos Ratos consegue introduzir em sua subjetividade sua verdadeira mediação, sob a forma transferencial da filha imaginária que ele dá a Freud para dele receber a aliança, e que, num sonho--chave, lhe revela seu verdadeiro rosto: o da morte que o contempla com seus olhos de betume.
>
> Da mesma forma, se é com esse pacto simbólico que caíram, no sujeito, as artimanhas de sua servidão, a realidade não lhe terá faltado para honrar essas núpcias [...]. (*E*, 303)

A lama dos campos de batalha da Primeira Guerra Mundial terá, de fato, abatido o jovem, mas antes ele teria, portanto, reconhecido a morte como verdadeira mediação, apropriada para desfazer a identificação que o ligava narcisicamente à pessoa do pai.

O SUJEITO RECEBE DO OUTRO A PRÓPRIA MENSAGEM...

Temos aqui o próprio modelo do que Lacan indicava, nesse "Discurso de Roma", concernente à separação estritamente exigível do analista clínico, distribuindo, por um lado, a função simbólica do pai e, por outro, a identificação narcísica gerada pela relação paterna, e mesmo pela atividade real do pai de família.

O que o Homem dos Ratos evoca para Freud não é uma real intervenção do pai na regulação de sua vida amorosa, mas "uma proibição instaurada por seu falecido pai" – já morto – "contra sua ligação com a dama dos seus pensamentos", indica Lacan (*E*, 302), no exato momento em que sua mãe, já agora viúva, lhe propõe casamento com uma prima rica. Proposição que serve, então, de motivo ocasional da neurose do paciente, diz Freud.[67]

"O que eu busco na fala é a resposta do outro."

Ao incluir a resposta do pai, o filho atualiza as dificuldades conhecidas pela geração anterior, fecunda seus sintomas e alimenta essa neurose estruturada como um mito, cujo núcleo de servidão Freud disseca, segundo Lacan, fazendo-o reconhecer que aquilo que atraiu inconscientemente para si mesmo pode agora ser reconhecido através dos sonhos (na silhueta da jovem com olhos cobertos de excrementos, ou outros sintomas), cabendo à dialética analítica decifrá-los para dissolver sua ascendência.

Percebemos então, naturalmente, que é por vir a encarnar o lugar do outro que Freud se encontra no centro da intriga que liga inconscientemente o filho aos pecados do pai; mas não se trata de retomar a repetição na transferência, pois, se esse lugar do outro ocupado pelo analista de fato continua sendo um lugar de endereçamento da mensagem que vale como resposta para o filho, passou a abrigar um operador (o analista) capaz de inverter essa mensagem para, finalmente, levar o filho a se dar conta de que é ele próprio o responsável pelo caráter nocivo dessa mensagem "recolhida" da boca do pai morto, vale dizer, muito exatamente lá onde ele próprio foi buscá-la.

Essa teoria do desejo *como desejo do Outro* não acarreta, portanto, essas espécies de subserviências pelas quais a servidão voluntária vem substituir, ao fim do que nem mesmo poderíamos chamar de experiência psicanalítica, a servidão inconsciente que motiva os sofrimentos sintomáticos, pois reconhecer que o sujeito do inconsciente se deduz do discurso do outro compromete, para Lacan, a retificação que atribui ao sujeito a responsabilidade integral daquilo de que se queixa, levando-o a tomar posição sobre seus sintomas e a ganhar maior liberdade pela renúncia que impõe àquilo que percebe na experiência como parte mórbida da vontade do outro. Não se trata, consequentemente, de fazer da teoria do sujeito do inconsciente – enunciada e ilustrada em Roma por Lacan – uma teoria que motive algum retorno de mais uma figura divina. Trata-se de fazer perceber nos próprios fundamentos do retorno de Jacques Lacan a Freud tudo o que a psicanálise deve às investigações de Lévi-Strauss, isto lhe valendo como resposta ao que motivava então a sua pesquisa sobre a teoria do sujeito do inconsciente.

E o que deve a Lévi-Strauss é nada menos que perceber os efeitos de tudo o que nesse momento ele classifica sob o conceito de Outro, a saber, o conjunto das estruturas

O SUJEITO RECEBE DO OUTRO A PRÓPRIA MENSAGEM...

que formam o campo da fala e da linguagem, do qual o sujeito do inconsciente – inserido ou não no grupo – é uma simples função, sujeito que assim recebe sua própria mensagem de forma invertida.

Ao fim desse percurso, podemos entender melhor a formulação lacaniana definindo em termos renovados o que ele chamaria, a partir de 1953, de sujeito do inconsciente.

Voltemos a essa formulação, que agora encontra seu lugar no encadeamento desse "Discurso de Roma" do ano de 1953:

> A forma sob a qual a linguagem se expressa define por si mesma a subjetividade. Ela diz: 'Você vai por aqui e, quando vir isto, seguirá por lá.' Em outras palavras, ela se refere ao discurso do outro. É englobada como tal na mais alta função da fala, na medida em que implica seu autor que investe seu destinatário de uma realidade nova, por exemplo, quando de um: 'Você é minha mulher', um sujeito se imbui de ser o homem do conjungo.
>
> Tal é, com efeito, a forma essencial da qual deriva toda fala humana, mais do que chega a ela.
>
> Donde o paradoxo que um de nossos ouvintes mais perspicazes julgou poder nos opor um comentário, quando começamos a dar a conhecer nossos pontos de vista sobre a análise como dialética, e que foi assim formulado por ele: a linguagem humana constituiria, portanto, numa comunicação na qual o emissor recebe do receptor sua própria mensagem de uma forma invertida, formulação que tivemos apenas de retomar da boca do opositor para nela reconhecer a marca do nosso próprio pensamento, a saber, que a fala sempre

inclui subjetivamente sua resposta, que o 'Você não me procuraria se não me tivesse encontrado' serve apenas para confirmar essa verdade [...] (*E*, 298)

O que, afinal, percebemos em nossa investigação sobre essa formulação de retorno a Freud se não o elevado perfil de Claude Lévi-Strauss sobrepairando tal recuperação lacaniana?

É o momento, então, de se perguntar quem é o excepcional aqui mencionado por Lacan, pois se ele reconhecia na formulação enunciada a marca de seu próprio pensamento em 1953, é ao pensamento do interlocutor da época que ele a imputa em outubro de 1966, ou seja, treze anos depois, e já na primeira página da abertura dos *Écrits* [Escritos], ao lembrar:

> [...] esse princípio por nós promovido: de que, na linguagem, nossa mensagem nos vem do Outro, e, para dizê-lo até o fim: de uma forma invertida. (E lembremos que esse princípio se aplicou à sua própria enunciação, pois, depois de ter sido emitido por nós, foi de um outro, interlocutor eminente, que recebeu sua melhor marca.) (*E*, p. 9)

O Outro, em 1966 – data de publicação dos *Écrits* –, recebeu sua maiúscula, e a "marca" recebida pela definição do sujeito do inconsciente formulada em 1953 por Lacan, constantemente retomada no cerne das suas investigações, é agora devolvida por ele próprio ao pensamento do eminente interlocutor, cujo anonimato Lacan continua protegendo treze anos depois.

O SUJEITO RECEBE DO OUTRO A PRÓPRIA MENSAGEM...

Seria um dos seus brilhantes alunos? Um desses especialistas em filosofia, como Hippolyte, que dialogavam com ele em seus seminários? Seria, mais diretamente, um desses filósofos aos quais ele tomaria de empréstimo certos fraseados?

Seria necessário esperar muito tempo, e muito precisamente 21 longos anos, para que o psicanalista, de volta a Roma, finalmente levantasse para os alunos o véu que recaía sobre essa fabulosa *Gestalt* que, como mostra nossa investigação, verdadeiramente orientou o retorno de Lacan a Freud:

> É a história da mensagem que cada um recebe em sua forma invertida. Eu digo isso há muito tempo, o que foi motivo de risos. Na verdade, *é a Claude Lévi-Strauss que o devo* [grifo nosso]. Ele se virou para uma de minhas melhores amigas, que é sua esposa, que é Monique, para chamá-la pelo nome, e lhe disse, a propósito do que eu estava dizendo, que era isso, que cada um recebe sua mensagem de forma invertida. Monique o repetiu para mim. Eu não podia encontrar formulação mais feliz para o que queria dizer nesse momento. Mas foi ele que me ditou. Como estão vendo, eu me aproprio do que não é meu. [68]

Em 1974, no Congresso da Escola Freudiana de Paris, Lacan volta pela terceira vez a Roma, suspendendo o anonimato daquele que em 1953 lhe permitira definir o sujeito do inconsciente, pois lhe dera as chaves do que é o Outro. O Outro da função simbólica que estrutura a linguagem e todas as redes de trocas sociais nas quais o sujeito vem assumir a fala.

Com isso, ele finalmente paga a dívida simbólica que contraíra com seu amigo, que é, sobretudo, o mestre da etnologia francesa, sem o qual tal retorno a Freud não teria sido o que foi, tampouco sua obra, assim como as reviravoltas daí decorrentes na história da psicanálise na França e fora dela.

Notas

1. Jacques Lacan, "Fonction et champ de la parole et du langage" [Função e campo da fala e da linguagem em psicanálise], *op. cit.*, p. 298.
2. Jacques Lacan, "Le Stade du miroir" [O estádio do espelho] (1936, 1949), *op. cit.*, p. 94.
3. Para uma retomada global do "pensamento-Lacan", ver Paul-Laurent Assoun, *Lacan*, Paris, PUF, "Que Sais-je?", 2003.
4. Ver adiante a retomada lacaniana do caso Dora.
5. A esse respeito, ver nosso *Lacan et les sciences sociales*, *op. cit.*, p. 44 e sq.
6. "Intervention sur le transfert", *op. cit.*, p. 215-226.
7. Ida Bauer (1882-1945). Primeiro tratamento psicanalítico longo conduzido por Freud, a história de Dora é um dos grandes clássicos da literatura analítica. Nascida em Viena numa família abastada da burguesia judia, ela era irmã de Otto Bauer (1881-1938), que foi uma das grandes figuras da *intelligentsia* austríaca entre as duas guerras. Seu caso é um dos mais comentados da literatura psicanalítica.

8. O leitor somente terá a ganhar recorrendo ao próprio texto de Freud, "Fragment d'une analyse d'hystérie (Dora)" [Fragmento da análise de um caso de histeria], *in Cinq psychanalyses* [Cinco lições de psicanálise], Paris, PUF, 1954, p. 1-91.

9. *Ibid.*, p. 14.

10. *Ibid.*

11. *Ibid.*

12. "Intervention sur le transfert", *op. cit.*, p. 219.

13. Freud reconheceu ter subestimado as inclinações homossexuais do desejo de Dora.

14. Ver nosso *Lacan et les sciences sociales*, onde nos reapropriamos da questão da identificação primordial de Lacan com a teoria freudiana do pai morto. A visita lacaniana a Dora não desmente nosso gesto apresentando a identificação primordial como uma *gestalt* do pai, e veremos adiante que, com o seminário do ano de 1956-1957, *A relação de objeto* (L IV), Lacan confirma nosso gesto, indicando de maneira mais genérica aquilo que, na "escolha" de objeto homossexual da histérica, remete a essa identificação originária com o pai.

15. Vemos que a acusação epistemológica de Lacan a Freud na questão do pai ainda está bastante presente em 1951, assim como sua preocupação de demonstrar a riqueza clínica daquilo que é, desde 1936, sua contribuição sobre o narcisismo ou, ainda, sua complementação teórica ao que não lhe convém na teoria freudiana das primeiras identificações.

16. Jean Wahl (1888-1974), filósofo e poeta. Wahl foi professor de filosofia e ensinou na Sorbonne a partir de 1936. Presidente da Société française de philosophie também foi fundador e divulgador do Collège philosophique.

LACAN E LÉVI-STRAUSS OU O RETORNO A FREUD

17. Vimos que ainda é a lógica dessa dívida não paga que sobrepaira a análise feita por Lacan do sintoma que dificulta a motricidade da mão do filho cujo pai caiu sob suspeita de roubo, no primeiro ano de seu seminário.

18. *Écrits, op. cit.*, p. 401-436.

19. Eis a integralidade desta frase: "De onde vem essa contradição entre a embrulhada pré-edipiana à qual se reduz a relação analítica para nossos modernos e o fato de Freud só ficar satisfeito ao trazê-la à posição do Édipo?" (*E*, 407).

20. Sobre a troca de mulheres, ver Claude Lévi-Strauss, *Les Structures élémentaires de la parenté* [As estruturas elementares do parentesco], *op. cit.*

21. Utilizamos aqui a palavra *metamorfose* no sentido em que – como vimos no nosso trabalho anterior – Lacan evoca a identificação com o pai como solução para os impasses subjetivos da identificação com os irmãos.

22. A esse respeito, o leitor pode se reportar a *La Scission de 1953*, Paris, Lyse, 1976, na qual Jacques-Alain Miller reuniu os textos essenciais que permitem entender essa cisão e seu contexto.

23. Sacha Nacht (1901-1977), psicanalista romeno emigrado. Dedicou-se particularmente ao reconhecimento, pela IPA, do Institut de psychanalyse de Paris, do qual foi fundador e primeiro diretor. Depois de fazer análise com R. Loewenstein (analista de Lacan), ele foi analisado por Heinz Hartmann e viria a promover o conceito de "Eu autônomo" criado por este.

24. Daniel Lagache (1903-1972). Formado pela École normale supérieure, analisado por R. Loewenstein. Psiquiatra e psicanalista francês da segunda geração. Foi fundador da SFP em 1953 e cofundador da APF em 1964. Criou também a Bibliothèque de psychanalyse nas Presses Universitaires de France (PUF).

O SUJEITO RECEBE DO OUTRO A PRÓPRIA MENSAGEM...

25. Françoise Dolto (1908-1988). Médica e psicanalista que se declarava cristã, Dolto se dedicou à psicanálise das crianças. Esteve sempre (exceto no fim) ao lado de Jacques Lacan, especialmente na École freudienne de Paris (EFP). Uma de suas contribuições importantes diz respeito à elaboração da *imagem inconsciente do corpo.*

26. Juliette Favez-Boutonnier (1903-1994), psicanalista francesa, docente de filosofia, estudou medicina e fez análise com René Laforgue. Fundou com Lagache a SFP, em 1953, e depois a APF, em 1964.

27. *In* "Position de Daniel Lagache, Françoise Dolto et Juliette FavezBoutonnier", *La Scission de 1953, op. cit.,* p. 87.

28. "Le Memorandum Lagache", *La Scission, op. cit.,* p. 102.

29. *Ibid.,* p. 107.

30. *Ibid.,* p. 107.

31. Ver o nosso *Lacan et les sciences sociales, op. cit.,* 3º capítulo.

32. "Memorandum Lagache", *op. cit.,* p. 110.

33. "Intervention sur le transfert", *op. cit.,* p. 217.

34. *Les Quatre concepts fondamentaux de la psychanalyse, op. cit.,* p. 26.

35. Rudolph Loewenstein (1898-1976). Psiquiatra e psicanalista americano nascido em Lodz, numa família judia, emigra para Zurique e chega a Paris em 1925, onde participa da fundação do Groupe de l'Évolution psychiatrique e da SPP. Foi analista de S. Nacht, D. Lagache e J. Lacan. Emigra para os Estados Unidos, onde exerceria importantes funções na American Psychoanalytic Association.

36. "Lettre à Loewenstein", *in La Scission de 1953, op. cit.,* p. 132.

37. *Ibid.,* p. 130-131.

38. *Ibid.,* p. 131. Encontramos em Freud a seguinte observação, um tanto sombria: "Que a psicanálise não tenha

tornado melhores, mais dignos, os próprios analistas, que não tenha contribuído para a formação do caráter, é para mim uma decepção. Provavelmente eu estava errado ao esperá-lo" (*in L'Introduction de la psychanalyse aux États-Unis: autour de James Jackson Putman*, Carta a Putman de 13 de novembro de 1913, p. 193, Paris, Gallimard, 1978). Sobre as qualidades dos psicanalistas segundo Freud, ver a rubrica "Psychanalyste / Qualités personnelles du...", p. 1075-1076, *in* Alain Delrieu, *Sigmund Freud. Index thématique*, 2ª edição ampliada, 1.568 p., Paris, Anthropos, 2001.

39. "Lettre à Loewenstein", *op. cit.*, p. 131.

40. *Ibid.*, p. 132.

41. "Pavor que se apodera do homem ao descobrir a figura do seu poder [...] aversão do interesse quanto às funções da fala e ao campo da linguagem", escreve Lacan, *in* "Le Rapport de Rome" [Discurso de Roma] de 1953, *Écrits*, *op. cit.*, p. 242.

42. "Lettre à Loewenstein", *op. cit.*, p. 132.

43. François Furet, *Le Passé d'une illusion* [O passado de uma ilusão], Paris, Robert Laffont / Calmann-Lévy, 1995. Sobre o processo Slansky, ver o depoimento de Arthur London, *L'Aveu*, Paris, Gallimard, 1968.

44. Sigmund Freud, *L'Avenir d'une illusion* [O futuro de uma ilusão] (1927), Paris, PUF, 1971.

45. François Furet, *op. cit.*, p. 346.

46. *Ibid.*, p. 479.

47. *Ibid.*, p. 472.

48. Jacques Lacan, *in* advertência a *La Scission*, *op. cit.*, 11 de outubro de 1976.

49. Jacques Lacan, "Lettre à Loewenstein", *op. cit.*, p. 131.

50. *Ibid.*, p. 132.

O SUJEITO RECEBE DO OUTRO A PRÓPRIA MENSAGEM...

51. Mostramos no nosso trabalho anterior tudo que a humilhação do pai convocado por Lacan em 1938 como causa da "grande neurose contemporânea" devia à escrita de P. Claudel, assim como a maneira como ele sacrificou esse belo diagnóstico ao rigor da virada teórica que o levou a substituir, em 1953, a força social do pai na experiência analítica pelo seu valor simbólico.

52. "Fonction et Champ de la parole et du langage en psychanalyse" [Função e campo da fala e da linguagem em psicanálise]. Rapport du Congrès de Rome tenu à l'Istituto di Psicologia della Università di Roma em 26 e 27 de setembro de 1953, *Écrits, op. cit.*, p. 237-322.

53. Esse segundo subtítulo é, por sua vez, tomado de empréstimo ao texto de Lacan "Fonction et champ...", *op. cit.*, p. 266.

54. O 3° capítulo do nosso *Lacan et les sciences sociales* mostra o que os fundamentos antropológicos da clínica dos psicopatas de Lacan devem ao conceito de formas degradadas do simbólico, promovido por Marcel Mauss.

55. No seu artigo "Du Sens opposé, des mots originaires" [O sentido antitético das palavras primitivas] (1910), Freud afirma que "a prática do trabalho do sonho [...] coincide com uma particularidade das mais antigas línguas conhecidas", a língua egípcia, que, segundo o especialista K. Abel, foi "a única relíquia de um mundo primitivo *(no qual)* se encontra um número suficientemente grande de palavras com dois significados, uma delas seria dizer exatamente o contrário da outra", *in* S. Freud, *Œuvres complètes*, vol. X, Paris, PUF, p. 169 a 170.

Em "Remarques sur la fonction du langage dans la découverte freudienne" [Observações sobre a função da linguagem na descoberta freudiana] (*in Problèmes de lin-*

guistique générale, I, Paris, Gallimard, 1966), Benveniste fala, já em 1956, do "brilhante ensaio sobre a função e o campo da linguagem em psicanálise" de Lacan, mas volta ao artigo de Freud de 1910 para invalidar a ideia de que "teria sido descoberta uma analogia entre o processo do sonho e a 'semântica das línguas primitivas'". Mais adiante, ele acrescenta: "Tudo parece nos afastar de uma correlação 'vivida' entre a lógica onírica e a lógica de uma língua real". Segundo Benveniste, o simbolismo da língua não pode ser confundido com o do sonho, pois aquele é regional e aprendido, ao passo que este não tem a ver com o aprendizado e é, *ipso facto*, universal. O simbolismo do inconsciente é, para o linguista, infralinguístico, pois: "tem sua fonte numa região mais profunda que aquela em que a educação instala o mecanismo linguístico... e supralinguístico pelo fato de que utiliza signos extremamente condensados que, na linguagem organizada, antes corresponderiam a grandes unidades do discurso [...]. Seguindo essa comparação, enveredaríamos pelo caminho de comparações fecundas entre o simbolismo do inconsciente e certos procedimentos típicos da subjetividade manifestados no discurso. No plano da linguagem, podemos precisar: trata-se dos procedimentos estilísticos do discurso...", tais como o eufemismo, a antífrase, a litote, a alusão, a metonímia, a metáfora que encontramos nos mitos, nos provérbios ou no sonho... O linguista dá ênfase, assim, às características do estilo, e não às da significação.

56. M. Leenhardt (1878-1954). Pastor protestante de vocação missionária, M. Leenhardt desejava pôr suas investigações etnológicas a serviço da evangelização das populações que estudava. Passou inicialmente 25 anos na Nova Caledônia e, no retorno à França, Lévy-Bruhl e Marcel Mauss o

apresentaram ao mundo universitário. Eleito para a Escola Prática de Altos Estudos (seção V), para ocupar a cátedra de religiões dos povos sem escrita, tornou-se em seguida diretor francês para a Oceania, diretor do Departamento de Além-Mar do Museu do Homem e membro da Academia de Ciências de Além-Mar.

Os capítulos IX e X do livro *Do Kamo* (Paris, Gallimard, Coleção Tel, 1947) mencionados por Lacan tratam do estudo da fala que vem a se incorporar de maneira exemplar nas práticas simbólicas dos caledônios.

"Vejamos por exemplo o envio de mensagens. Trata-se de obter uma clientela para uma próxima cerimônia guerreira: o mensageiro leva um buquê de ervas amarradas isoladamente e reunidas num molho. A arrumação é de tal ordem que cada clã pode retirar sua erva sem destruir o feixe. Cada fibra retirada diminui o feixe, o que aumenta, no entanto, o sucesso do mensageiro. E este volta para o chefe fazendo o gesto de segurar na mão uma carga de peixes pendurada num cipó. É a indicação das adesões obtidas, as 'palavras penduradas, *no tu*'."

Retirar sua erva sem destruir o feixe não seria o contrário de: basta que um só se vá para que todos estejam livres?!

Mas também: um homem mudo que executa uma vingança fraterna é descoberto como "a palavra do seu irmão".

Ser ou tê-lo, é preciso escolher.

A tradição determina comportamentos e mantém a unidade cultural das gerações, sem que nenhuma delas alegue outra razão senão "é a fala dos velhos" ou "dos deuses".

O que equivale a dizer: em nome do pai morto.

Que uma jovem tenha a fantasia de ir ao encontro de um jovem chefe, com base na reputação, e descobrimos

LACAN E LÉVI-STRAUSS OU O RETORNO A FREUD

que uma viagem estava prevista num sentido ou no outro entre membros de grupos fraternos intercasadouros. A recepção à jovem é formulada nestas palavras: "Você é nossa menininha, nós a esperávamos." Aquela que chega é "a vida da fala".

O "raptus" amoroso da jovem realiza a aliança que ela não conhece, exatamente o oposto do que é recusado por Dora.

Vemos a que ponto, para Lacan, a sociedade caledônia — analisada por M. Leenhardt — podia constituir um exemplo da determinação do destino de cada um pelas regras da fala, pois aqui a circulação de bens e de seres é pouco dissociável da circulação da fala cujo nome ele leva e que também pode "ignorar".

57. Ver Marcel Mauss, *Essai sur le don* [Ensaio sobre a dádiva], *op. cit.*

58. Escreve M. Mauss *in Sociologie et anthropologie, op. cit.*, p. 205-210:

O nobre kwakiutl e haida tem exatamente a mesma noção da "face" que o letrado ou o oficial chinês. A respeito de um dos grandes chefes míticos que não dava o *potlach*, diz-se que tinha a "face podre". Até a expressão é mais exata aqui do que na China. Pois no noroeste americano, perder o prestígio é de fato perder a alma; é realmente a "face", é a máscara de dança, o direito de encarnar um espírito, de usar um brasão, um totem [...]. *A obrigação de receber* não é menos incontornável. Ninguém tem o direito de recusar uma doação, de recusar o *potlach*. Agir assim [...] é "perder o peso" do próprio nome...

59. Ver C. Lévi-Strauss, *Les Structures élémentaires de la parenté, op. cit.*

60. Ver, a esse respeito, o nosso *Lacan et les sciences sociales, op. cit.*

61. Essa distinção entre a função simbólica do pai e a pessoa do pai é tanto mais clara hoje em dia na medida em que trabalhos de etnólogos e historiadores descrevem formações sociais nas quais a função simbólica do pai é sustentada por outros seres que não pelo pai social, ou mesmo que não pelo homem (podendo ser por uma mulher), além do mais existem muitas sociedades nas quais o pai é considerado como não desempenhando biologicamente nenhum papel na procriação. Para retomar o Lacan de 1950, seria prudente questionar quais os efeitos dessas condições sociais do edipismo na estruturação subjetiva dos filhos nascidos nesses tipos de organização familiar muito distantes da família conjugal moderna. A respeito dessas diferentes configurações sociais, ver Alain Delrieu, *Lévi-Strauss lecteur de Freud, op. cit.*

62. Ver Sigmund Freud, *Totem et Tabou* (1912-1913), Paris, Payot, 1977.

63. Para nossos leitores não familiarizados com o *corpus* freudiano, indicaremos que: "O *fort-da* é um par simbólico de exclamações elementares identificado por S. Freud nas brincadeiras de uma criança de dezoito meses, e que, desde então, é retomado para esclarecer não só o além do princípio do prazer como também o acesso à linguagem, com a dimensão da perda que esta conota. [...] A própria observação freudiana é sucinta: uma criança de dezoito meses [...] tinha o hábito de atirar longe os pequenos objetos que lhe caíam nas mãos, pronunciando o som prolongado o-o-o-o, que constituía um esboço da palavra *fort* ('longe' em alemão). Além disso, Freud observou certo dia, na mesma criança, uma brincadeira aparentemente mais completa. Tendo na mão um fio preso a um carretel, a criança o atirava do seu berço pronunciando o mesmo

o-o-o-o e, em seguida, o trazia habilmente de volta na sua direção, exclamando: 'Da!' ('aqui' em alemão). Freud remete, sem esforço, esse jogo à situação em que se encontrava a criança na época. Com a ausência da mãe por longas horas, o menino nunca se queixava, mas muito provavelmente sofria bastante, tanto mais que era muito apegado a ela, que o havia criado sozinha. A brincadeira reproduzia o desaparecimento e o reaparecimento da mãe." (artigo "Fort-da" do *Dictionnaire de la psychanalyse*, dirigido por R. Chemama e B. Vandermersch, Paris, Larousse, 1995, p. 113.) Em sua atividade lúdica, o menino decidia quanto ao aparecimento e desaparecimento de um objeto que representava a sua mãe. Rejubilava-se, assim, de controlá-los com a brincadeira, mas ao pronunciar um par oposto de sons dava testemunho do fato de que esse controle estava sendo conduzido ao campo da linguagem.

64. Ernst Lanzer (1878-1914). O segundo grande tratamento psicanalítico conduzido por Freud durou cerca de nove meses (de outubro de 1907 a julho de 1908) e foi apresentado pelo psicanalista em várias oportunidades nas reuniões da Sociedade Psicológica da quarta-feira. Nascido em Viena numa família judia, Ernst Lanzer era o quarto dentre sete irmãos. Assim como o pai, entrou para o exército imperial, vindo a se tornar refém de obsessões que o levaram a Freud em outubro de 1907. Este caso, conhecido como o do Homem dos Ratos, é considerado a única terapia verdadeiramente bem-sucedida de Freud.

65. Desse ponto de vista, cabe notar que as objeções de "historiadores" detectadas pelos modernos investigadores em busca de tudo aquilo que, nas biografias dos pacientes de Freud, possa ir contra a clínica freudiana passam ao largo da experiência psicanalítica.

66. A esse respeito, ver *Le Mythe individuel du névrosé* [O mito individual do neurótico], *op. cit.*

67. Ver Sigmund Freud, "Remarques sur un cas de névrose obsessionnelle (L'Homme aux rats)" [Observações sobre um caso de neurose obsessiva (o caso do *Homem dos Ratos*)], *in Cinq psychanalyses, op. cit.*, p. 228.

68. *Lettre de l'EFP* [Carta da EFP], 16, 1975, p. 177-203.

3. O *Nome-do-Pai*, a psicose e a fobia

Vimos a importância da função simbólica identificada por Lacan na antropologia francesa para articular a sua definição de subjetividade no *Seminário, Livro I* e no conjunto de textos que formam a sua "nuvem" teórica.

Analisamos a importância da formulação lacaniana – "o sujeito recebe sua mensagem do outro de uma forma invertida" – marcada pelo pensamento de Claude Lévi-Strauss e, em particular, mostramos de que maneira as investigações do psicanalista até o esquema *L* podem – *mutatis mutandis* – ser lidas como uma reapropriação do estádio do espelho, cujo estofo está nessa formulação graças à costura teórica então tramada por Lacan.

Sem intenções de dar prosseguimento à leitura do seminário linha por linha, mostraremos agora de que maneira o vínculo do psicanalista com Lévi-Strauss continuaria a marcar profundamente suas pesquisas entre 1953 e 1957, ao seguir o itinerário que o leva a continuar sua releitura da clínica de Freud, forçando a análise das psicoses e depois a da fobia. Dois continentes clínicos, cuja cartografia o psicanalista renova a partir de uma análise estrutural que tem como um de seus operadores centrais, precisamente, o conceito de *Nome-do-Pai*, ao qual devemos voltar.

I. Do Homem dos Ratos ao Pequeno Hans: a questão do *Nome-do-Pai*

O mito individual do neurótico é escrito por Lacan em 1953, no mesmo momento em que ele "inventa" o conceito de *Nome-do-Pai*, e já mostramos[1] o que essa invenção devia à leitura do psicanalista do prefácio de Claude Lévi-Strauss a Marcel Mauss, pois é nesse texto de 1950 que o etnólogo isola "uma função semântica cujo papel é permitir ao pensamento simbólico se exercer apesar da contradição que lhe é própria".[2]

O léxico etnológico da expressão consciente dessa função põe em série o *mana*, o *wakan* ou o *orenda* etc., que nomes desse "espírito das coisas" cujas "características de poder secreto ou força misteriosa" provocam, segundo Lévi-Strauss, perplexidade em Marcel Mauss e também em Émile Durkheim, pois suas *démarches* fundadoras, mas preliminares, não permitiam realmente, segundo o etnólogo, evitar a redução da "realidade social à concepção que o homem, mesmo selvagem, tem dela".[3]

Lévi-Strauss prolonga, assim, o passado dos fundadores da etnologia francesa para restabelecer o valor inconsciente desse conceito, por ele apresentado como um "significante flutuante" necessário para que o significante e o significado continuem numa "relação de complementaridade", sem a qual o pensamento simbólico não pode se exercer.

Entre o significante e o significado sempre existe, para Lévi-Strauss, uma "inadequação" "suscetível de ser resolvida apenas pelo entendimento divino".

O NOME-DO-PAI, A PSICOSE E A FOBIA

A potência do pai morto ou a do *mana* é a única capaz, como indicam os indígenas, de resolver essa inadequação. Entretanto, desvinculando-se do objeto, a análise estruturalista de Lévi-Strauss traz à luz – sob o léxico mencionado – a atividade decisiva de uma "simples forma", "de um símbolo em estado puro" ou, ainda, de uma função semântica que garante o vínculo entre o significante e o significado:

> Nesse sistema de símbolos que constitui toda a cosmologia, seria simplesmente um *valor simbólico zero*, vale dizer, um signo marcando a necessidade de um conteúdo simbólico suplementar àquele que já carrega o significado, mas podendo ser um valor qualquer, desde que ainda faça parte da reserva disponível e já não seja, como dizem os fonologistas, um termo de grupo.[4]

A identificação do valor linguístico e inconsciente do "significante flutuante" que permite ao pensamento simbólico se exercer é – em nossa opinião – uma elegante definição do que Lacan desenvolveria a partir de 1953 com o conceito de *Nome-do-Pai*, cuja ambiguidade pode levar aqueles que ignoram Lévi-Strauss e Lacan a imaginar um Lacan realizando uma espécie de "ponto de cruz" entre o *corpus* freudiano e o catolicismo romano.

Como frisamos muitas vezes, é, pelo contrário, justamente no exato momento em que endossa a teoria estruturalista do significante de exceção que Lacan se desfaz dos fundamentos claudelodurkheimianos que até então sustentavam sua teoria do pai.

LACAN E LÉVI-STRAUSS OU O RETORNO A FREUD

"Os investigadores de campo devem se habituar a encarar suas pesquisas sob dois aspectos diferentes. Eles estão sempre sujeitos a confundir as teorias indígenas sobre sua organização social [...] com o funcionamento real da sociedade",[5] observava Lévi-Strauss já em 1952.

Da mesma forma, não se deve confundir o valor do operador teórico *Nome-do-Pai*, que garante inconscientemente, para Lacan (leitor de Lévi-Strauss), o estofamento entre os significantes e os significados, com o nome do pai da igreja, que nada mais é que um nome de batismo monoteísta, evocando esse "espírito das coisas" que conscientemente permite ao pensamento neurótico funcionar.

Desse ponto de vista, devemos entender que, se o conceito de *Nome-do-Pai*, no que diz respeito a seu valor teórico, tal como o encontramos em Lacan, advém de Lévi-Strauss, o fato de ir buscar na sociedade que é a sua – e mais precisamente no sintoma dos obsessivos que constituem sua igreja – esse significante de *Nome-do-Pai*, para colocá-lo ao lado do *mana* ou do *orenda* no léxico etnológico inaugurado por Lévi-Strauss, é em nossa opinião uma interpretação lacaniana cujas incidências são fundamentais para o registro clínico das pesquisas psicanalistas; mas se trata de uma interpretação, não de uma descoberta.

De acordo com a epistemologia que sustenta seu trabalho, é precisamente quando se engaja numa pesquisa sobre as psicoses, em 1955-1956, que Lacan analisa tudo que se deduz da foraclusão do *Nome-do-Pai* como

O NOME-DO-PAI, A PSICOSE E A FOBIA

operador. Ele dá, então, a perceber – por *défaut* – o que essa versão do operador sustenta inconscientemente na neurose.

Mais uma vez, é necessário que o operador seja degradado – aqui, foracluído – para que Lacan apreenda da melhor maneira possível sua importância clínica; e, desse ponto de vista, o redescubra.

O que ele faz para ilustrar a função estrutural e semântica que incumbe ao *Nome-do-Pai* no ambiente cultural que é o seu?

Falando a seus ouvintes no dia 6 de junho de 1956, o psicanalista menciona, inicialmente, o que na teoria linguística de Ferdinand de Saussure não é capaz, segundo ele, de "definir uma correspondência" entre o movimento do significante e o do significado que funciona no neurótico comum, muito embora, indica Lacan, "a relação do significado com o significante pareça sempre fluida, sempre pronta a se desfazer". (L III, 297)

Ele reconhece, assim, de maneira um tanto teatral, o embaraço de que se vê acometido para transmitir aos que o ouvem o que deseja dizer-lhes.

Com isso, ele se põe na cena analítica e invoca a regra da associação livre indicada por Freud:

> Pois bem, eu disse para os meus botões – *Do que partir?* E eu me ponho a procurar uma frase, mais ou menos à maneira desse pseudoShakespeare sem inspiração que andava para cima e para baixo repetindo – *To be or not... to be* – em suspenso até encontrar a continuação, retomando do início – *To be or not... to be*. Começo com

LACAN E LÉVI-STRAUSS OU O RETORNO A FREUD

um *sim*. E como o inglês não é minha língua materna, mas o francês, o que me vem depois é – *Sim, eu venho ao seu templo adorar o Eterno*.

Isso quer dizer que o significante não pode ser isolado. (L III, 297)

Lacan conclui que: "A frase só existe acabada, e seu sentido lhe advém a posteriori. É preciso que tenhamos chegado realmente ao fim, isto é, ao lado desse famoso Eterno." (L III, 297-298)

Ao se engajar na livre associação, Lacan parece "cair", como que por acaso, na onipresente figura do Eterno, para que o círculo da unidade significante se feche e situe os diferentes elementos que a inesquecível frase faz ressoar desde longa data.

Dando prosseguimento à investigação da tragédia de Racine, *Athalie*,[6] ele mostra em seguida de que maneira, mobilizando o robusto significante "temor a Deus", para colocá-lo na boca de seu interlocutor, Joad faz Abner aderir a sua causa.

E ele prossegue:

A virtude do significante, a eficácia da palavra *temor,* foi transformar o *zelo* do início, com tudo que a palavra tem de ambíguo, e duvidoso, e mesmo de sempre pronta para todas as reviravoltas, na *fidelidade* do fim. Essa transmutação é da ordem do significante enquanto tal. Nenhuma acumulação, nenhuma superposição, nenhuma soma de significações pode bastar para justificá-la. É na transmutação da situação, pela invenção do significante, que reside todo o progresso dessa cena [...].

O NOME-DO-PAI, A PSICOSE E A FOBIA

Quer se trate de um texto sagrado, de um romance, de um drama, de um monólogo ou de qualquer conversação, permitam-me representar a função do significante por um artifício espacializante [...]. Esse ponto em torno do qual deve se exercer toda a análise concreta do discurso, vou chamá-lo de ponto de estofo. (L III, 303)

O *ponto de estofo*: a expressão foi lançada e tem um belo futuro pela frente, mas, no que diz respeito à nossa investigação, cabe notar que, se Lévi-Strauss menciona uma espécie de "complementaridade" entre o significante e o significado, Lacan recorre ao vocabulário do artesão colchoeiro para formular o que toca esses dois movimentos.

Quando a agulha do colchoeiro, que entrou no momento *Deus fiel em* todas as suas ameaças, *volta a sair*, está pronto, o sujeito diz – *Vou me juntar ao bando fiel*.

Se analisássemos essa cena como uma partitura musical, veríamos que está aí o ponto onde se juntam o significado e o significante, entre a massa sempre flutuante das significações que circulam realmente entre esses dois personagens e o texto. [...]

O ponto de estofo é a palavra *temor*, com todas as suas conotações transignificativas. (L III, 303)

Assim, se Lévi-Strauss situava entre significante e significado uma defasagem estrutural "unicamente suscetível de ser resolvida pelo entendimento divino", ou ainda, de maneira mais genérica, se o etnólogo identificou a função semântica de um significante de exceção que permite ao pensamento simbólico se exercer – apesar da separação significante e significado –, Lacan evoca um estofamento, deduzindo-se desse exemplo inaugural, do "temor a Deus".

Mais uma vez, contudo, o exemplo é a própria coisa, e a agulha de Lacan – que vimos partindo do "espírito das coisas" (situando etnologicamente o lugar do pai morto), ou melhor, do valor simbólico zero de um significante de exceção – logo viria a forçar o *corpus* freudiano, para elevar o exemplo do temor a Deus à dignidade do significante de exceção isolado por Lévi-Strauss.

Mesma sessão do dia 6 de junho de 1956: "O esquema do ponto de estofo é essencial na experiência humana", prossegue Lacan, com efeito, passando brutalmente do registro da dimensão artesanal do vocabulário à universalidade da condição humana, para finalmente colocar Freud no seguimento de seu discurso:

O esquema do ponto de estofo é essencial na experiência humana.

> Por que esse esquema mínimo da experiência humana, que Freud nos deu no complexo de Édipo, preserva para nós seu valor irredutível e no entanto enigmático? E por que esse privilégio do complexo de Édipo? Por que Freud quer sempre, com tanta insistência, reencontrá-lo por toda parte? Por que estaria aí um núcleo que lhe parece tão essencial a ponto de ele não ser capaz de abandoná-lo nem mesmo na menor observação particular? – senão porque o conceito do pai, muito próximo do conceito de temor a Deus, lhe fornece o elemento mais sensível

O NOME-DO-PAI, A PSICOSE E A FOBIA

na experiência do que chamei de ponto de estofo entre o significante e o significado.

Talvez eu tenha levado muito tempo para explicar isso, mas creio que isso faz imagem e lhes permite apreender de que maneira é possível que, na experiência psicótica, o significante e o significado se apresentem de uma forma completamente separada. (L III, 304)

A agulha de Lacan reaparece nesse ponto crucial do *corpus* freudiano que é o complexo de Édipo (cuja universalidade é afirmada por Freud). A junção com o *corpus* de Claude Lévi-Strauss é feita no ponto exato do conceito de pai, decisivo em Freud, mas já agora transformado pela costura lacaniana nesse significante de exceção, cuja "ausência ou – melhor dizendo – foraclusão" dá origem aos traços clínicos diferenciais da psicose, entre eles o automatismo mental.

Relendo a clínica do presidente Schreber,[7] Lacan sustenta que "falta, ao que tudo indica, algo desse significante que se chama *ser pai*". (L III, 330)

Mas não é apenas a psicose desse presidente que tem a ver, para Lacan, com a ausência de significante, pois o psicanalista viria a situar, já a partir de então, e com sucesso nunca desmentido, a foraclusão desse significante no cerne da clínica das psicoses.

É, portanto, em junho de 1956, no espaço de tempo de um ou dois seminários, que Lacan introduz no campo psicanalítico uma teoria renovada das psicoses, cuja estrutura dependeria da foraclusão do *Nome-do-Pai*, vale dizer, da ausência desse valor simbólico zero, sem o qual não se pode efetuar a junção entre significante e significado.

Ao isolar essa falta do simbólico que caracterizaria as psicoses, Lacan faz com que apareça, de maneira inversa e complementar, o valor desse significante cuja disponibilidade permite ao pensamento simbólico do neurótico se exercer.

No que diz respeito a nossa investigação, cabe, portanto, ter em mente que, se o conceito de um operador de valor simbólico zero indispensável à simbolização é, de fato, identificado por Lacan em Lévi-Strauss, sem que chegue a enunciá-lo, cabe ao psicanalista:

1. revelar o nome que esse operador recebe no sintoma neurótico "romano" (Em Nome do Pai);
2. reaprender o Édipo freudiano como ponto de estofo das neuroses;
3. reordenar a clínica das psicoses a partir da falta desse operador.

Mas, a partir do momento em que volta a apreender o complexo de Édipo como ponto de estofo das neuroses, não haveria uma espécie de necessidade lógica levando Lacan a se juntar a Freud para dar crédito do referido complexo?

Não:

> Ninguém se detém nisso – é de fato porque, no fundo do pensamento religioso que nos formou, existe a ideia de nos levar a viver no temor e no tremor, que a coloração

do sentimento de culpa é tão fundamental em nossa experiência psicológica das neuroses, sem que por isto possamos prejulgar o que acaso sejam numa outra esfera cultural. Essa coloração é, inclusive, tão fundamental, que foi por ela que abordamos as neuroses e nos demos conta de que eram estruturadas de um modo subjetivo e intersubjetivo. (L III, 324)

O que significa que ele admite a hipótese de que neuroses poderiam ser estruturadas em outras culturas de outra maneira que não a do "temor a Deus" e, portanto, com pontos de estofo diferentes do que a clínica freudiana já identificou com o temor ao pai e o complexo de Édipo, seja o caso da clínica ou do social.[8] Mas o que continua sendo exigível para que não haja psicose é, de fato, a função semântica que permite ao pensamento simbólico se exercer – qualquer que seja a modalidade que assuma e, portanto, a coloração que confira à neurose, ou ainda um "símbolo em estado puro" dotado de um "valor simbólico zero".

A universalidade do operador não acarreta, portanto, para Lacan, a universalidade de sua forma edipiana, mas realmente é esse operador que polariza então sua pesquisa.

A esse respeito, devemos indicar a interessante proximidade entre Lacan e Lévi-Strauss, pois durante esses anos o etnólogo é testemunha de uma particular atenção à problemática do que chama de "formas institucionais zero".

E de fato essas formas, que constituem uma misteriosa classe de objetos simbólicos, sempre mobilizam a

LACAN E LÉVI-STRAUSS OU O RETORNO A FREUD

curiosidade de Lévi-Strauss, embora não tenham dado origem a um artigo específico e pareçam ser abordadas invariavelmente em aparte na obra do etnólogo.

Lacan precisa entregar-se a uma leitura particularmente cuidadosa e perspicaz para perceber essa descoberta de Lévi-Strauss e introduzi-la silenciosamente, mas sem demora, no cerne de suas pesquisas.

Onde, quando, como Lévi-Strauss volta a essas formas institucionais de exceção, que mobilizam tanto a sua atenção quanto a de Lacan?

II. As formas institucionais de tipo zero segundo Lévi-Strauss e o diálogo Lacan/Lévi-Strauss de 1956

Nesse ano de 1956, em que Lacan dedica seu seminário à clínica das psicoses, Lévi-Strauss publica *Les Organisations dualistes existent-elles?*, no qual confirma em aparte, como dissemos, sua descoberta de 1950 sobre as formas institucionais de tipo zero.

Analisando, dessa vez, as regras de casamento dos bororó, o etnólogo isola uma divisão (norte/sul) dessa população que, segundo seus próprios termos, permanece "obscura", pois "não tem nenhuma função, senão permitir à sociedade bororó existir". (*AS* I, 176)

E ele acrescenta:

> Mas não é a primeira vez em que a pesquisa nos coloca diante de formas institucionais que poderíamos chamar de *tipo zero* [grifo nosso]. Essas instituições não teriam nenhuma propriedade intrínseca, senão introduzir as

O NOME-DO-PAI, A PSICOSE E A FOBIA

condições prévias da existência do sistema social a que estão ligadas, ao qual sua presença – em si mesma desprovida de significado – permite se colocar como totalidade. A sociologia encontraria assim um problema essencial, que tem em comum com a linguística, mas do qual ela não parece ter tomado consciência em seu próprio terreno. Esse problema consiste na existência de instituições desprovidas de sentido, senão o de conferir sentido à sociedade que as possui. (*AS* I, 176-177)

Numa nota, Lévi-Strauss lembrava, nesse texto, nos seguintes termos sua descoberta de 1950 a respeito das instituições de tipo zero:

"Assim foi que, há alguns anos, fomos levados a definir o *mana*." (cf. C. Lévi-Strauss, "Introduction à l'œuvre de Marcel Mauss", *in Marcel Mauss, Sociologie et anthropologie* [Marcel Mauss, Sociologia e antropologia], Paris, PUF, 1950, p. XLI-LII[9] e *AS* I, 176)

Lévi-Strauss não deixa, portanto, de lembrar e reforçar nesse momento sua descoberta no plano das instituições sociais, cabe destacar que ele as considera como linguagens, e notemos que menciona nesse texto de 1956 uma afinidade de investigação que reúne, segundo ele, e nesse ponto, os sociólogos e os linguistas, sem jamais mencionar os psicanalistas nem as pesquisas de Lacan, que esboçam desde 1953 essa teoria do *Nome-do-Pai*, que nada impedia (nem impede) de incluir entre as instituições de valor simbólico zero.

Para isso, dirão, teria sido necessário, pelo menos, que o psicanalista de alguma forma informasse seu ilustre amigo do desenvolvimento de sua pesquisa.

LACAN E LÉVI-STRAUSS OU O RETORNO A FREUD

Não podemos afastar completamente essa hipótese, pois ocorre que doze dias *antes* da sessão fundamental do seminário dedicado ao ponto de estofo, em 26 de maio de 1956, Jacques Lacan foi convidado por Jean Wahl à Sociedade Francesa de Filosofia para comentar a exposição ali feita por Claude Lévi-Strauss sobre *As relações entre a mitologia e o ritual.*[10]

Nesse comentário, Lacan menciona o conhecimento que Lévi-Strauss tem do seu trabalho.

Em 26 de maio de 1956, depois da "bela exposição" de Lévi-Strauss, o psicanalista inicia sua intervenção, muito preciosa para nós, e nela se confirma tudo o que ele lhe deve, especialmente a prevalência do significante sobre o significado:

> Se eu quisesse caracterizar o sentido no qual fui apoiado e conduzido pelo discurso de Claude Lévi-Strauss, diria que é na ênfase que ele conferiu [...] ao que eu chamaria de função do *significante*, no sentido que a palavra tem em linguística, na medida em que esse *significante*, não diria que apenas se distingue por suas leis, mas prevalece sobre o significado ao qual as impõe.[11]

Lacan, portanto, reconhece claramente que Lévi-Strauss inverteu o algoritmo saussuriano ligando o significante ao significado (S/s e não s/S), inversão retomada por ele e não operada, como se afirma às vezes. Essa inversão crucial para a história das ideias – e que foi uma verdadeira revelação científica para o psicanalista – foi na verdade realizada por Lévi-Strauss já em 1950, em sua Introdução à obra de M. Mauss (p. XXXII):

O NOME-DO-PAI, A PSICOSE E A FOBIA

"Os símbolos são mais reais do que aquilo que simbolizam, o significante precede e determina o significado. Vamos encontrar novamente esse problema a propósito do *mana*."

Um primeiro passo foi dado; diz-nos Lacan:

> Claude Lévi-Strauss nos mostra em toda parte onde a estrutura simbólica domina as relações sensíveis [...]. O que faz com que uma estrutura seja possível são razões internas do significante, o que faz com que certa forma de troca seja concebível ou não são razões propriamente aritméticas; creio que ele não recuará diante desse termo.[12]

O valor zero ocupa uma postura algébrica cuja importância antropológica e psicanalítica já foi frisada, mas é também, de maneira mais genérica, o uso das "letrinhas" ou das séries algébricas por parte de Lacan que encontra aqui uma legitimidade estruturalista.

O psicanalista prossegue: "O segundo passo que, graças a ele, eu já tinha dado antes de chegar aqui hoje é aquele que devemos a seus desenvolvimentos sobre o *mitema*, que tomo como uma extensão do conceito de mito dessa ênfase posta sobre o significante."

Lacan refere-se aqui ao artigo que Lévi-Strauss dedicou no fim de 1955 à "Estrutura dos mitos", cuja referência fornece muito exatamente pouco adiante.[13]

Esse texto, absolutamente fundamental do etnólogo, sobre a estrutura dos mitos propõe, com efeito, uma análise destes que leva em conta o conceito de mitema,

LACAN E LÉVI-STRAUSS OU O RETORNO A FREUD

permitindo agrupar de uma maneira nova os elementos que compõem a arquitetura de conjunto dessa formação simbólica que é o mito, cuja estrutura aparece então como necessária e desprovida de arbitrariedade.

Lévi-Strauss chega a enunciar, nesse texto, a fórmula estrutural canônica dos mitos nos seguintes termos:

$$Fx(a): Fy(b) = Fx(b): Fa - I(y)$$

"Quaisquer que sejam os esclarecimentos e modificações a serem acrescidos à fórmula acima, parece desde logo certo que todo mito (considerado como um conjunto de suas variantes) é redutível a uma relação canônica desse tipo", afirma o etnólogo, em seguida aplicando essa fórmula ao próprio mito edipiano:

> A fórmula acima vai adquirir todo o seu sentido se lembrarmos que, para Freud, dois traumas (e não um único, como se tende com tanta frequência a acreditar) são necessários para que nasça esse *mito individual* [grifo nosso] em que consiste uma neurose. (*AS* I, 252-253)

Lacan leu muito atentamente esse artigo de ambição imperial, pois Lévi-Strauss não propõe apenas fornecer a fórmula de um mito, mas de *todos* os mitos – que, segundo ele, devem ser apreendidos como um conjunto organizado segundo a lei de um grupo de transformações –, ao mesmo tempo sabendo que o mito seria a única matriz da cultura.[14] E ele toma o cuidado de lançar mão

O NOME-DO-PAI, A PSICOSE E A FOBIA

do "mito edipiano" ou, ainda, desse "mito individual em que consiste uma neurose".

Nesse artigo, Lévi-Strauss continua ignorando a conferência de Lacan, pronunciada em 1953, a convite – já então – de Jean Wahl.

Será que realmente o ignora? Ignora que Lacan propôs uma leitura da neurose em termos de mito individual, como ele fazia à época? Ignora a pesquisa do psicanalista sobre o *Nome-do-Pai*, tendo como ponto de partida essa conferência?

Ignora essa conferência?

Não é a opinião de Lacan que, em 26 de maio de 1956, depois de ter situado muito precisamente os dois passos teóricos que devia a Lévi-Strauss, prosseguiu nos seguintes termos:

> Eis, portanto, onde eu me encontrava hoje. A coisa é altamente apreciada por mim em seu relevo, pois, como Claude Lévi-Strauss *não ignora* [grifo nosso], tentei quase imediatamente, e ouso dizê-lo com pleno sucesso, aplicar sua grade ao sintoma da neurose obsessiva, e especialmente à admirável análise feita por Freud do caso do Homem dos Ratos, em uma conferência que *intitulei precisamente* [grifo nosso] de "O mito individual do neurótico". Cheguei inclusive a formalizar estritamente o caso, segundo uma fórmula dada por Claude Lévi-Strauss, e assim um *a* inicialmente associado a um *b*, enquanto um *c* é associado a um *d*, se encontra na segunda geração, mudar com ele o seu parceiro, mas não sem que subsista um resíduo irredutível na forma de negativação de um dos quatro termos, que se impõe

LACAN E LÉVI-STRAUSS OU O RETORNO A FREUD

como correlativo à transformação do grupo: onde se lê o que eu diria o sinal de uma espécie de impossibilidade de resolução total do problema do mito. De maneira que o mito estaria aí para nos mostrar o equacionamento, sob uma forma significante, de uma problemática que deve por si só deixar necessariamente algo em aberto, que responde ao insolúvel, significando a insolubilidade e sua projeção reencontrada em suas equivalências, que fornece (seria esta a função do mito) o significante do impossível.

Teria eu ainda hoje o sentimento, que tinha então, de que talvez estivesse avançando um pouco?[15]

Num estilo em que o respeito rivaliza com a precisão, Lacan confirma que o brilhante etnólogo não ignora a aplicação que ele fez em 1953 do método do etnólogo a sua clínica do Homem dos Ratos, ao mesmo tempo lembrando ter reaprendido nesse texto a organização neurótica de Ernst Lanzer – paradigma freudiano da neurose obsessiva – como um mito individual. Formulação que não pode deixar de ter chamado a atenção de Claude Lévi-Strauss, embora seja possível entender que o etnólogo talvez não tenha percebido o que o conceito de *Nome-do-Pai* lacaniano devia a sua própria análise do *valor simbólico zero* de um significante de exceção, pois nessa conferência do mito individual do neurótico a aplicação desse conceito às psicoses, esclarecendo definitivamente tal ponto, não é realizada, e só viria a sê-lo doze dias depois do diálogo de 26 de maio.

No que diz respeito a nossa investigação, cabe ter em mente ao menos que nesse momento os dois pensadores

O NOME-DO-PAI, A PSICOSE E A FOBIA

estão de acordo quanto à perspectiva epistemológica que considera a neurose como um mito individual, muito embora caiba a Lévi-Strauss – como vimos – ter proposto, já em 1949, em *A eficácia simbólica*, esse sintagma de um "mito individual" na análise da neurose.

Quanto à elaboração de 1953, notemos que Lacan confirma em 1956 o "pleno sucesso" que obteve ao reinterpretar a neurose obsessiva à luz da pesquisa de Claude Lévi-Strauss, como já evidenciava sua carta a Loewenstein de 14 de julho de 1953 que analisamos acima (cf. parte II), na qual ele relatava a seu analista o apoio que recebera nessa pesquisa, para temperar o desespero, e mesmo o horror, que sentira diante do seu afastamento do grupo analítico.

Se o interesse histórico dessa sessão de 26 de maio de 1956 está particularmente no fato de apanhar na fala de Lacan tudo o que ele deve à teoria antropológica de Lévi-Strauss, inclusive "subjetivamente", a sessão também permite precisar o que pode tê-lo ajudado a reinterpretar, graças às pesquisas do etnólogo, o caso do Homem dos Ratos.

Como vimos, realmente ele menciona uma fórmula fornecida por Lévi-Strauss, articulando as letrinhas *a, b, c, d*. Não importa o que se tenha dito a respeito desse texto de 1953, *O mito individual do neurótico*, parece--nos que essas letras nos dirigem menos na direção da pista direta das *Estruturas elementares de parentesco* do que na do artigo de 1952 "As estruturas sociais no Brasil central e oriental",[16] no qual o etnólogo mais uma vez abre o dossiê bororó, na perspectiva muito genérica de identificar as relações de semelhança entre as estruturas de regulação do casamento, as associações e a gênese mítica das associações.

Aqui, Lévi-Strauss analisa:

> O casamento patrilateral forma "limite" da reciproci-dade *(que)* nunca liga os grupos dois a dois e implica, a cada geração, uma total reviravolta de todos os ciclos [...]. O casamento patrilateral acarreta uma termino-logia 'alternativa' que expressa pela oposição entre as gerações consecutivas e a identificação das gerações alternadas o fato de que o filho se case na direção oposta àquela em que seu pai se casou [...][17]

Desposar a jovem pobre ou a jovem rica – assim como seu pai – motiva o doloroso dilema do Homem dos Ratos. Ernst Lanzer estaria dividido por uma imposição neurótica semelhante à que regula o casamento bororó?

Talvez, mas é na análise das correspondências existen-tes entre as regras sociológicas e o universo mítico que Lévi-Strauss utiliza as letrinhas já citadas.

Mais adiante, com efeito, o artigo mostra que a análise antropológica situada na etapa da "gênese mítica das as-sociações", ou, mais precisamente, que a análise da ordem que regula as passagens ou as transferências ritualísticas de uma associação a outra assume, na escrita de Lévi-Strauss, a forma de um esquema cuja "ideografia" articula as le-trinhas mencionadas por Lacan em 26 de maio de 1956. A semelhança desse esquema com o esquema *L* lacaniano impressiona, como poderemos verificar mais adiante.

O artigo de 1952 – e, de maneira mais ampla, a análise estrutural das regras de troca entre os bororó – teria influenciado diretamente a escrita da conferência lacaniana sobre o mito individual do neurótico? É uma hipótese que não podemos descartar, como tampouco podemos descartar a ideia de que a organização simbólica dos bororó e seus mistérios de fato atraíam a atenção de Lacan nessa época, através do interesse de e por Lévi-Strauss. A sociedade dos bororó, por sua vez, está no cerne do trabalho do etnólogo, para quem a divisão (norte/sul) dessa sociedade terá funcionado como uma espécie de enigma desde a década de 1940, e vimos que ele decididamente desenterra esse enigma em 1956 a fim de resolvê-lo de maneira definitiva, transformando-o em arquétipo de uma *instituição zero* que inspira e engaja, em nossa opinião, a reflexão de Lacan sobre o *Nome-do-Pai* desde 1953, provavelmente desde que leu, em 1950, o prefácio de Claude Lévi-Strauss a *Sociologie et Anthropologie* [Sociologia e antropologia], de Marcel Mauss.

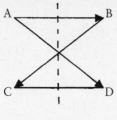

Cl. Lévi-Strauss, 1952,
AS 1, p. 139.

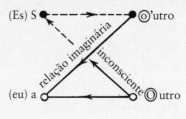

Lacan, 1956

Esquema L

LACAN E LÉVI-STRAUSS OU O RETORNO A FREUD

Temos aqui uma espécie de nuvem de preocupações compartilhadas, fazendo-nos levantar a hipótese de que o "apego" de Lévi-Strauss aos bororó impregna o diálogo que Lacan mantém com ele, e que, através dessa transferência de um ao outro, as formações psíquicas dos analisantes paradigmáticos de Freud – Dora, o Homem dos Ratos, o Presidente Schreber e, como veremos adiante, o Pequeno Hans – *se pensam* com as formações simbólicas dos bororó, e entre elas, no mesmo sentido, que, segundo a bela formulação de Lévi-Strauss, "os mitos se pensam entre eles por intermédio dos homens".[18]

De maneira sucinta, vamos guardar dessa lógica transferencial que:

1. considerar a neurose com um mito individual e
2. considerar a existência das instituições como uma condição do pensamento simbólico (neurótico) é algo da convicção de Lacan e de Lévi-Strauss.

O leitor terá percebido que nos coube classificar o *Nome-do-Pai*, com o qual o psicanalista reorganiza toda a clínica das psicoses em 1956, na categoria das instituições de tipo zero evocadas por Lévi-Strauss.

Não seria arbitrário?

Não, pois no artigo de 1955 "A estrutura dos mitos", mencionado por Lacan no Collège de Philosophie em 26 de maio de 1956, Lévi-Strauss se pergunta, de passagem, se existiriam outros fatos linguísticos tendendo ao valor zero:

O NOME-DO-PAI, A PSICOSE E A FOBIA

Permitam-me abrir um breve parêntese para ilustrar, com uma observação, a originalidade apresentada pelo mito em relação a todos os outros fatos linguísticos. Poderíamos definir o mito como esse modo do discurso em que o valor da expressão *traduttore, traditore* tende praticamente a zero... (*AS* 1, 232)

Opondo-o à tradução extremamente difícil da poesia,[19] Lévi-Strauss sustenta que:

[...] o valor do mito como mito persiste apesar da pior tradução. Não importa nossa ignorância da língua e da cultura da população na qual foi recolhido, o mito é percebido como mito por todo leitor, no mundo inteiro. A substância do mito não se encontra no estilo nem no modo de narração, nem na sintaxe, mas na *história* que nele é contada. O mito é linguagem; mas uma linguagem que trabalha num nível muito elevado, e na qual o sentido consegue, por assim dizer, *decolar* do fundamento linguístico sobre o qual começou evoluindo. *(ibid.)*

Lévi-Strauss deduz duas consequências de sua análise do mito:

1º Como todo ser linguístico, o mito é formado de unidades constitutivas; 2º essas unidades constitutivas implicam a presença daquelas que interferem normalmente na estrutura da língua, a saber, os fonemas, os morfemas e os semantemas. Mas são, em relação a estes últimos, como eles próprios em relação aos morfemas, e estes em relação aos fonemas. Cada forma difere da que a antecede por um grau mais elevado de complexidade. Por esse motivo, chamaremos os elementos que dizem respeito propriamente ao mito (e que são os mais complexos de todos) de grandes unidades constitutivas.

Como proceder para reconhecer e isolar essas grandes unidades constitutivas ou mitemas? [...]. Teremos, portanto, de buscá-las no nível da frase.[20]

Teremos de buscar no nível da frase, afirma Lévi-Strauss no fim de 1955. Não é, muito precisamente, o que Lacan retoma na sessão de 6 de junho de 1956, na qual traz à luz *o ponto de estofo* e cai, "como que por acaso", no eterno e no temor a Deus?

Em 6 de junho de 1956, ele não pode deixar de ter em mente o artigo sobre a estrutura dos mitos que mencionou doze dias antes na presença de Lévi-Strauss. Nesse artigo, de inusitada ambição, como vimos, notaremos antes de mais nada que o etnólogo tenta mais uma vez ir além da clínica freudiana das neuroses, incluindo o Édipo freudiano como uma versão do mito, sendo que todas as versões devem ser interpretadas conjuntamente para trazer à luz a estrutura do universo que delas dá conta.

A esse respeito, Lévi-Strauss escreve:

O problema colocado por Freud em termos 'edipianos' certamente não é mais o problema da alternativa entre autoctonia e reprodução bissexuada. Mas ainda assim se trata de entender de que maneira *um* pode nascer de dois: Como é possível que não tenhamos apenas um genitor, mas uma mãe e, ainda por cima, um pai?[21]

O NOME-DO-PAI, A PSICOSE E A FOBIA

Nessa lógica, o mito é então tomado como uma espécie de ferramenta para

> [...] operar mediações entre termos exclusivos, situações contraditórias; no exemplo edipiano, será, por um lado, a crença na autoctonia do homem (atestada nos mitos de emergência a partir da Terra-Mãe) e, por outro, seu nascimento pela união de um homem com uma mulher (como exige todo o código sociológico da filiação), comentaria Jean-Pierre Vernant muito depois.[22]

O importante aqui é perceber o parêntese indicando que, sob "o pai a mais" mencionado por Lévi-Strauss, todo o código da filiação é que vem a ser evocado.

Dito de outra maneira, o "pai a mais" é o pai que encontra seu valor zero no neurótico, cuja ausência ou foraclusão governa as psicoses, segundo Lacan. Nessa perspectiva, poderíamos precisar que percebemos de que maneira os delírios de filiação podem ser lidos no plano clínico como uma tentativa de suprir a ausência do *Nome-do-Pai* como operador.

Seja como for, percebemos que, com a questão do "pai a mais", é de fato toda a questão da filiação que vem a ser evocada pelo mito, segundo o autor.

O segundo elemento crucial que devemos ter em mente em nossa investigação é que, nesse artigo de 1955, o etnólogo identifica a espécie de valor zero que caracteriza, no registro da tradução, a linguagem mítica; linguagem que trabalha em tal nível que "seu valor persiste apesar da pior tradução" e que, com isso, poderia realmente funcionar

LACAN E LÉVI-STRAUSS OU O RETORNO A FREUD

como uma espécie de concatenação, desempenhando o papel desses significantes de exceção que permitem ao pensamento simbólico se exercer.

Tendo tomado o cuidado de colocar a "invenção" lacaniana do *Nome-do-Pai* na categoria dos valores simbólicos zero, ou dos significantes de exceção, estamos agora em condições de apreender a coerência "lévi-straussiana" que poderia haver no fato de se considerar o mito como uma formação simbólica própria que supre a ausência ou degradação do *Nome-do-Pai*, pois, se dermos crédito a Lévi-Strauss, poderíamos dizer que a estabilidade do mito – indicada no valor quase nulo de sua tradução – é, entre outras coisas, próxima da estabilidade do nome próprio, que garante essa espécie de perenidade à identificação do conjunto dos mundos possíveis.[23]

Nessa perspectiva, "devemos confiar em Lévi-Strauss", parece dizer Lacan, que no ano seguinte, ou seja, no quarto ano do seu seminário, deixaria de lado o campo das psicoses, para abrir o dossiê da relação de objeto (que dá título ao *Seminário, Livro IV*) e também a do remanejamento estrutural da interpretação das fobias, ou, mais precisamente, dos distúrbios do Pequeno Hans, cuja "apresentação clínica" encerra a espécie de visita aos casos paradigmáticos de Freud que Lacan terá feito à luz das investigações de Lévi-Strauss, e que vimos acompanhando passo a passo neste trabalho: a histeria de Dora, a neurose obsessiva do Homem dos Ratos, a psicose de Schreber e por fim a fobia do Pequeno Hans.

III. A relação de objeto: *Livro IV do Seminário*, 1956-1957

Na primeira sessão do seminário, Lacan lembra em que ponto se encontra "ao fim desses anos de crítica", e faz pensar, de maneira inaugural, a música das fontes lévi-straussianas que nosso leitor deve agora ter nos ouvidos.

"Nossa elaboração culmina num esquema que podemos chamar de *o* esquema, e que é o seguinte:

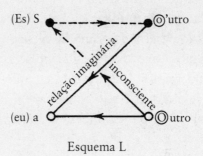

Esquema L

"Este esquema inscreve inicialmente a relação do sujeito com o Outro. Tal como se constitui no início da análise, ela é a relação de fala virtual através da qual o sujeito recebe do Outro sua própria mensagem, na forma de uma fala inconsciente." (*L* IV, 12)

Encontramos, já no início do seminário, a pregnância iconográfica mencionada acima e a fórmula lacano-lévi-straussiana em que a forma invertida proveniente do Outro vem a ser transformada em "fala inconsciente".

Nossos leitores sabem por quê.

Lacan envereda nesse seminário, em seguida, pela relação de objeto, por intermédio de uma espécie de revisão crítica do conceito de objeto tal como empregado no campo psicanalítico, seja por Melanie Klein ou Donald Winnicott[24] com seu objeto transicional, seja em se tratando da imagem do corpo em Françoise Dolto, para mostrar que o objeto que polariza toda a experiência analítica nada mais é que o objeto que capta desde logo o desejo do sujeito: o falo.

Na primeira fase, o falo de fato é um objeto que capta o olhar; uma forma ou uma imagem. Esse objeto, portanto, encontra sua presença imaginária no momento de maturação narcísica do sujeito. Nessa fase, o sujeito experimenta os impasses de sua posição, finalmente encontrando sua saída através do complexo de Édipo, que o leva a endossar o regime da proibição do incesto, seu lugar na linhagem e também na rede simbólica das trocas sociais.

O Édipo aparece nesse ponto como embreagem da maturação subjetiva sobre a legislação social. Com isso, o estatuto imaginário do objeto (fálico) vem a ser articulado ou "estofado" pelo registro simbólico das leis que regulam sua circulação.

Em outras palavras, é esse o momento do registro simbólico que "faz a lei" na forma imaginária do objeto da circulação.

Vimos que, segundo Lévi-Strauss, essa lei das trocas situa os homens como doadores ou receptores de mulheres, e, portanto, as mulheres como objetos da circulação.

O NOME-DO-PAI, A PSICOSE E A FOBIA

Donde um registro da diferença dos sexos conferindo às mulheres, na álgebra lacaniana, o estatuto de falo imaginário que circula entre multidões de homens, cuja organização decorre da soberania do registro simbólico, baseado, para Freud, na morte do pai e sempre mais ou menos androcêntrico.

Essa análise, que dá conta ao mesmo tempo da clínica do caso (edipiano) e da clínica do social, não funciona sem resíduo, pois vimos, com Lacan, de que maneira Dora rejeita a sua posição de objeto de troca, não se acertando com a reestruturação imaginária que é sua, que lhe vem de longe – do estádio do espelho –, se identifica com um homem (seu pai) e faz da sua feminilidade um enigma que desencadeia o fascínio por ela sentido em relação à sra. K...

Cinco anos depois, Lacan volta a essa leitura, a retoma, e nessa retomada dá ênfase ao amor que Dora sente pelo pai e que, segundo ele, está estritamente relacionado à sua impotência.

Nessa lógica, vemos, portanto, que a ausência do falo paterno desencadeia o amor, ou ainda, e de maneira mais estrutural, que o falo adquire aqui tanto mais valor na medida em que parece estar faltando, vale dizer, na forma paradigmática assumida pelo objeto do desejo na clínica de Freud.

Lacan faz aqui duas observações:

1. "a falta de objeto... *(é)* a própria mola propulsora da relação do sujeito com o mundo." (L IV, 36);
2. "não há maior sinal de amor que a doação daquilo que não se tem." (L IV, 140).

É assim que Lacan lembra, nesse seminário, a absoluta necessidade de separar o conceito de falo do conceito de pênis, muito embora a figura imaginária do falo seja conformada pela ereção do pênis, livre de qualquer outro atributo.

Com isso, se é possível no amor dar algo que não se tem, e se a presença do objeto fálico na psicanálise aparece sobretudo nas manifestações da falta, convém dar-se conta de que, onde houver pênis, não há necessariamente falo e vice-versa.

Pergunta a Lévi-Strauss

Por que, então, não imaginar uma sociedade em que as mulheres é que trocariam os homens?

Donde a ideia de Lacan, como ele mesmo indica, de questionar Claude Lévi-Strauss sobre o valor de sua tese, pois, pensa ele, o etnólogo analisa a lógica das trocas do ponto de vista de um postulado androcêntrico que não dá conta dele mesmo:

> E se fizesse o círculo das trocas invertendo as coisas, dizendo que são as linhagens femininas que produzem os homens e que os trocam entre elas? Pois no fim das contas, essa falta de que falamos na mulher, já sabemos que não se trata de uma falta real. O falo, qualquer um sabe que elas podem tê-lo, elas os têm, os falos, e além do mais, elas os produzem, elas fazem meninos, falóforos. Em consequência, podemos descrever a troca através

O NOME-DO-PAI, A PSICOSE E A FOBIA

das gerações na ordem inversa. Podemos imaginar um matriarcado que teria como lei – *dei um menino, quero receber o homem*. (L IV, 191)[25]

A resposta do etnólogo consiste em ir à própria condição de existência do sistema de parentesco, que se encontra fora do sistema, exatamente, portanto, onde ele força a instituição paterna com a qual familiarizamos nosso leitor através do conceito de valor simbólico zero:

> A resposta de Lévi-Strauss é a seguinte. Do ponto de vista da formalização, sem dúvida é possível descrever as coisas exatamente da mesma maneira, tomando como eixo de referência um sistema de coordenadas simétrico baseado nas mulheres, mas, nesse caso, muitas coisas ficarão sem explicação e, particularmente, a seguinte. Em todos os casos, mesmo nas sociedades matriarcais, o poder político é androcêntrico. Ele é representado por homens e por linhagens masculinas. Anomalias muito estranhas nas trocas, modificações, exceções, paradoxos que aparecem nas leis da troca no nível das estruturas elementares de parentesco só podem ser explicados em relação a uma referência que está fora do jogo do parentesco e que tem a ver com o contexto político, ou seja, com a ordem do poder, e muito precisamente com a ordem do significante, na qual cetro e falo se confundem. Por motivos inscritos no registro simbólico, que transcendem o desenvolvimento individual, é que o fato de ter ou não o falo imaginário e simbolizado adquire a importância econômica que tem no nível do Édipo.

É o que motiva, ao mesmo tempo, a importância do complexo de castração e a preeminência das famosas fantasias da mãe fálica... (L IV, 191-192)

As regras da antropologia se sobrepõem às do Édipo, afirma ele, vindo a confirmá-lo mais ou menos nos seguintes termos:

De que se trata no fim da fase pré-edipiana e no limiar do Édipo?

Trata-se do fato de que a criança assume o falo como significante, e de uma maneira que o torne instrumento da ordem simbólica das trocas, na medida em que preside a constituição das linhagens. Trata-se, em suma, de que ele seja confrontado com essa ordem que fará da função do pai o pivô do drama. (L IV, 200)

Em outras palavras, no plano do social, o poder político androcêntrico é a condição de funcionamento das estruturas de parentesco e da troca de mulheres (entre os homens), mas essa determinação implica que, no plano da clínica, isso seja uma função paterna em bom funcionamento, vale dizer, um valor simbólico zero, que permita à criança endossar o valor significante do falo e seu próprio lugar na linhagem, nas trocas sociais e, de maneira mais geral, nas instituições sociais que, segundo nos mostra a antropologia, são estruturadas como linguagem.

Quando a função paterna é degradada, a criança pode ficar congelada no registro imaginário (pré-edipiano), no qual é oferecida à voracidade da onipotência materna.

O NOME-DO-PAI, A PSICOSE E A FOBIA

Em caso de foraclusão ou total ausência do significante do *Nome-do-Pai*, vimos que ele pode "tentar" a solução do delírio.

Nesse *Seminário IV*, contudo, Lacan acrescenta uma nova solução.

A *fobia como solução*

A fobia:

> constitui um outro modo de solução do difícil problema introduzido pelas relações da criança com a mãe. [...] para que haja os três termos do trio, é necessário um espaço fechado, uma organização do mundo simbólico, que se chama o pai. Pois bem, a fobia pode ser considerada dessa ordem. Ela diz respeito a esse vínculo circundante. Num momento particularmente crítico, quando nenhuma via de outra natureza está aberta para a solução do problema, a fobia constitui um pedido de socorro, o pedido a um elemento simbólico singular.
>
> Em que consiste sua singularidade?
>
> Digamos que está em aparecer sempre como extremamente simbólico, ou seja, extremamente afastado do imaginário. No momento em que é chamado a socorrer para manter a solidariedade essencial ameaçada pela brecha introduzida pelo surgimento do falo entre a mãe e a criança, o elemento que intervém na fobia tem um caráter *verdadeiramente mítico* [grifo nosso]. (L IV, 58)

O buraco, ou a garganta aberta da mãe, aparece no seminário na figura de um cão que assusta a criança fóbica, e em seguida entra em cena a angústia do Pequeno Hans[26] associada à ideia recorrente de ter sido mordido por um cavalo.

O cavalo, como objeto da fobia do Pequeno Hans, foi interpretado por Freud como uma espécie de ereção totêmica fomentada pela criança contra o pano de fundo da rivalidade edipiana que a opunha ao pai, e numa lógica do Édipo mais ou menos duplicando a que prevalece no ato parricida de *Totem e tabu*.

Lacan realmente não endossa essa flexão do objeto da fobia sobre o pai, pois dá ênfase à angústia de devoração que inaugura a entrada na fobia, que deve ser interpretada, segundo ele, em função do período pré-edipiano em que se encontra então a criança.

Nesse momento, a investigação conduzida pela criança para saber quem está na posse ou não do falo se desdobra no registro especular, indica Lacan, e a angústia se desencadeia no momento em que percebe o fato de que a mãe carece de falo, a criança imagina a frustração da mãe, e vem a se constituir, ela própria, como "objeto de *(seu)* apetite imaginário". (L IV, 82)

"A partir de que momento a fobia se torna necessária? A partir do momento em que a mãe carece de falo." (L IV, 73)

O desencadeamento da fobia não deve ser interpretado, portanto, pela dimensão parricida edipiana, pois, longe de estar em rivalidade com o pai, afirma Lacan, é precisamente porque o pai "não responde" que a

O NOME-DO-PAI, A PSICOSE E A FOBIA

criança se veria ameaçada pelo perigo imaginário de ser engolida pela mãe.

Em outras palavras: na ausência de um polo legislativo da função paterna funcionando bem, a transmutação do falo imaginário pelo registro simbólico que fixa as leis de sua circulação não se efetiva realmente, e a criança continua encarnando na angústia a imaginária versão do objeto sobre o qual a mãe poderia fincar seus caninos.

O cavalo, portanto, também é a mãe, nessa lógica de interpretação.

Se o objeto da fobia, de fato, tem vocação para polarizar o conjunto de sua construção, não convém, afirma Lacan, transformá-lo – contrariando Freud – num simples substituto materno, mas num significante que deve ser interpretado em função da evolução diacrônica da construção fóbica, cuja estrutura nada mais é que a estrutura de uma "*fomentação mítica* [grifo nosso]" (L IV, 304), com valor de substituição à falta desse valor simbólico zero tão precioso que é a função do *Nome-do-Pai*.

Referindo-se explicitamente ao artigo de Claude Lévi-Strauss sobre a "Estrutura dos mitos", de 1955 (L IV, 277), o psicanalista envereda então por uma aplicação à clínica freudiana da fobia do Pequeno Hans do método de análise dos mitos proposto pelo etnólogo.

Os leitores interessados nessa última visita lacaniana a um analisado de Freud serão remetidos à leitura do *Seminário, Livro IV*, mais particularmente a sua quarta parte, "A estrutura dos mitos na observação da fobia do Pequeno Hans".

LACAN E LÉVI-STRAUSS OU O RETORNO A FREUD

Para nossa investigação, voltada para a demonstração de tudo o que o retorno de Lacan a Freud deve a Lévi-Strauss, basta-nos lembrar a série de ênfases significantes que, com toda evidência, tornam esse comentário conclusivo[27] de Lacan um momento exemplar desse retorno.

O *cavalo significante*

> Freud nos diz expressamente que poderíamos ser tentados a qualificar a fobia por seu objeto, no caso, o cavalo, se não nos déssemos conta de que esse cavalo vai muito além do que é o próprio cavalo. Trata-se de muito mais que uma figura heráldica, que é prevalecente, que centraliza todo o campo, e que é carregada de todos os tipos de implicações – implicações significantes antes de mais nada.

Mais adiante, ele acrescenta:

> A ênfase que tento conferir aqui, e que sempre e por toda parte é omitida, é outra – o que eu friso é que, num momento crítico da evolução do Pequeno Hans, é trazido um determinado significante que desempenha um papel polarizante, recristalizante. O que sem dúvida se dá de maneira patológica, mas que nem por isso deixa de ser constituinte. O cavalo começa, então, a pontuar o mundo exterior de signos. Devo lembrar que, mais tarde, Freud, falando da fobia do Pequeno Hans, falaria da função de signo do cavalo. Esses signos reestruturaram o mundo para Hans, marcando-o profundamente

O NOME-DO-PAI, A PSICOSE E A FOBIA

> com todos os tipos de limites, dos quais devemos agora apreender a propriedade e a função. [...] Tudo isso é feito com esse elemento que é um significante, o cavalo. (L IV, 305-307)

Se nos lembrarmos da maneira como Lévi-Strauss qualificava como obscuras as instituições zero, vamos experimentar, nesse momento do seu desenvolvimento, a indicação lacaniana:

> Para entender a função do cavalo, o caminho não é buscar o equivalente do cavalo [...]. A função do cavalo, quando introduzido como ponto central da fobia, é ser um termo novo que, precisamente, tem de início a propriedade de ser um *significante obscuro* [grifo nosso]. O jogo de palavras que acabo de fazer quase pode ser tomado de maneira completa – ele é, sob certos aspectos, *insignificante*. É aqui que ele tem sua função mais profunda – desempenha um papel de relha, cuja função é reorganizar o real de uma nova maneira. (*ibid.*, 307)

A fobia de Hans como mito individual

"Que estamos procurando detectar até o momento nessa fomentação mítica, que é a característica essencial da observação de Hans?" (L IV, 304)

> Embora o mito individual não possa, de forma alguma, ser restituído a uma identidade com a mitologia, uma característica não deixa de ser comum entre os dois –

a função de solução de uma situação fechada em um impasse, como a do Pequeno Hans entre seu pai e sua mãe. O mito individual reproduz em tamanho menor esse caráter de fundamento do desenvolvimento mítico, onde quer que sejamos capazes de apreendê-lo suficientemente. Em suma, ele consiste em enfrentar uma situação impossível através da articulação sucessiva de todas as formas de impossibilidade de solução.

É nisso que a criação mítica responde a uma pergunta. Ele percorre o círculo completo do que se apresenta, ao mesmo tempo, como abertura possível e como abertura impossível de ser usada. Completado o circuito, algo é realizado, significando que o sujeito se colocou no nível da pergunta. (L IV, 330)

Hans ou o espírito da tribo

... o Pequeno Hans [...] é um metafísico. Ele leva a pergunta aonde ela está, vale dizer, até o ponto onde alguma coisa está faltando. E lá ele pergunta onde está a razão, no sentido em que se diz *razão matemática*, dessa falta de ser. E, exatamente como qualquer espírito *coletivo da tribo primitiva* [grifo nosso], ele vai se comportar com o rigor que sabemos, percorrendo todas as soluções possíveis, com uma bateria de significantes selecionados. (*ibid.*, 330)

Três pais e uma suplência

O que nos ensina a teoria analítica sobre o complexo de Édipo? [...]

Isto é um fato – para que a situação se desenvolva em condições normais [...] é necessário que o verdadeiro

O NOME-DO-PAI, A PSICOSE E A FOBIA

pênis, o pênis real, o pênis válido, o pênis do pai, funcione, por um lado. Por outro lado, é necessário que o pênis do menino, que se situa, em comparação com aquele, numa *Vergleichung*,[28] adquira sua função, sua realidade, sua dignidade. Para isso, é necessário que haja uma passagem por essa anulação que se chama complexo de castração.

Em outras palavras, na medida em que seu próprio pênis é momentaneamente aniquilado é que a criança pode esperar, mais tarde, aceder a uma plena função paterna, vale dizer, ser alguém que se sinta legitimamente de posse de sua virilidade. E se verifica que esse *legitimamente* é essencial para o feliz funcionamento da função sexual no sujeito humano. (L IV, 363-364)

O pai simbólico é o *Nome-do-Pai*. É o elemento mediador essencial do mundo simbólico e de sua estruturação. [...] O *Nome-do-Pai* é essencial a toda articulação de linguagem humana [...].

Existe o pai simbólico. Existe o pai real [...]. Para que o complexo de castração seja verdadeiramente vivenciado pelo sujeito, é necessário que o pai real realmente entre no jogo. É necessário que ele assuma sua função de pai castrador [...]. É na medida em que o pai, tal como existe, cumpre sua função imaginária no que ela tem de empiricamente intolerável, e mesmo de revoltante, quando ele faz sentir sua incidência como castradora, e unicamente sob esse ângulo – que o complexo de castração é vivenciado [...].

Todo o problema está aí. Trata-se do fato de que o Pequeno Hans encontre uma suplência para esse pai que se obstina em não querer castrá-lo. É a chave da observação. (*ibid.*, 364-365)

O psicanalista distribui, portanto, a função paterna pelos três registros da análise e situa a suplência, aqui, no plano do pai imaginário castrador.

Mas dando novamente o valor, que já dava em 1938, ao lugar da mãe na castração (contrariando Freud), ele situa a angústia da mordida.[29]

> Se existe castração, é na medida em que o complexo de Édipo é castração. Mas a castração, não foi à toa que nos demos conta, de maneira tenebrosa, que ela tinha tanto relação com a mãe quanto com o pai. A castração materna – é o que vemos na descrição da situação primitiva – implica, para a criança, a possibilidade da devoração e da mordida. Há anterioridade na castração materna, e a castração paterna é um substituto seu.
>
> Esta talvez não seja menos terrível, mas certamente é mais favorável que a outra, pois é suscetível de desdobramentos, o que não ocorre na deglutição e na devoração pela mãe. Do lado do pai, é possível um desdobramento dialético. Uma rivalidade com o pai é possível, um assassinato do pai é possível, uma emasculação do pai é possível. Desse lado, o complexo de castração é fecundo no Édipo, ao passo que não o é do lado da mãe. E por uma simples razão, de que é impossível emascular a mãe, pois ela não tem nada que se possa emascular. (*ibid.*, 367)

Retomando a inspiração dos complexos familiares, nos quais já afirmava a antiguidade da mãe no complexo de castração, ou ainda o papel dela na promoção da lei – contra o pano de fundo da angústia de despedaçamento

O NOME-DO-PAI, A PSICOSE E A FOBIA

–, Lacan faz valer, desta vez, a eleição do "cavalo mordedor" como primeiro substituto da mãe que representa a angústia de Hans. Essa angústia é desencadeada, segundo ele, quando a criança se dá conta do que falta à mãe. A angústia, portanto, é muito anterior à escolha pelo cavalo e, mesmo, pela mordida:

Qual, então, o interesse em promover a ameaça de uma mordida pelo cavalo? É que:

1. ao estabelecer a mordida como ameaça, a criança desloca o impacto da ferida temida e
2. elegendo o cavalo, escolhe um significante que lhe permite simbolizar alternadamente a mãe e o pai (ou sua ausência); ou ainda, segundo Lacan, uma figura prenhe de "mediação metafórica".

O cavalo: mãe, depois pai

> Se chamarmos de grande I o significante em torno do qual a fobia ordena sua função, digamos que algo é, então, simbolizado, que podemos chamar de pequeno sigma, σ, e que é a ausência do pai, p^o.
>
> Ou seja –
>
> $I(\sigma\, p^o)$.
>
> Não significa dizer que esteja aí tudo que está contido no significante do cavalo, longe disso. (*ibid.*, 346)

Vimos particularmente que, no limiar da fobia, o cavalo simbolizava a mãe.

A *mordida como derivação da ameaça*

... a mordida materna, que é tomada como elemento instrumental, substituto da intervenção castradora, e derivada quanto a sua direção, já que não diz respeito ao pênis, mas a uma outra coisa que na derradeira fantasia vai dar numa mudança. Cabe supor que essa mudança já tenha, em si mesma, certo grau de suficiência, ou pelo menos de suficiência para a redução da fobia. No fim, Hans é mudado. É o que se obtém. (*ibid.*, 368)

Vemos, assim, o que está em questão: deslocar o perigo, elegendo um significante capaz de metaforizar a voracidade da mãe.

Não é o que, habitualmente, cabe ao *Nome-do-Pai* ou, ainda, à metáfora paterna?

A *fobia como equivalente da metáfora paterna*

Lacan redige, inicialmente, a equação que expressa o impasse do Pequeno Hans, que, entrementes, veio a ganhar uma irmãzinha, Anna.

Escrevamos como se segue, e de acordo com a sua lógica, os termos desses impasse:

(Mãe + Falo + Anna) M ~ mordida + pênis (o seu).

O escrito de Lacan é:

"$(M + \varphi + A)\ M \sim m + \prod$" (L IV, 380).

E ele acrescenta:

"A partir do momento em que é assim que o problema se apresenta para ele, é necessário que seja introduzido, já que não há outro, esse elemento de mediação metafórica que é o cavalo, com a indicação 'I, com o espírito rude'." (*ibid.*, 380)

Lacan junta o impasse e a "solução" para finalmente redigir a fórmula da fobia, conforme a seguinte escrita:

$$\left(\frac{\text{'I}}{M + \varphi + \alpha M} \right) \sim m + II \; (\textit{ibid.}, 380)$$

Se, portanto, a fobia é de fato uma formação mítica e os mitos vêm a ser expressos na escrita de Lévi-Strauss, Lacan não fica atrás e comenta seu gesto com uma conclusão fundamental para nós, já que indica:

"Esta fórmula, que é *o equivalente da metáfora paterna* [grifo nosso]..." (*ibid.*, 380)

Isso de qualquer forma basta, em nossa perspectiva, para estabelecer que, para ele, o objeto fóbico (aqui, o cavalo) deve ser interpretado como um significante que polariza toda essa construção mítica da fobia, cuja fecundidade clínica está em ter valor de suplência à ausência da função paterna ou, ainda, em outras palavras, à falta da função semântica que permite ao pensamento simbólico se exercer.

Mas por que, então, ter feito todo esse percurso?

Não fizemos esse derradeiro percurso para repetir a fulgurante interpretação estrutural que Lacan faz da fobia do Pequeno Hans e, assim, de todas as fobias, mas para confirmar a maneira como o psicanalista faz valer o valor quase mítico da fobia, como um operador capaz de substituir uma função paterna degradada, assim como Lévi-Strauss fazia valer a maneira como o mito pode ser incluído (pelo menos sob certos aspectos) na classe das instituições de valor zero, perto do espírito das coisas ou dos significantes de exceção em que nós mesmos incluímos o *Nome-do-Pai*, cuja função semântica condiciona o estofo do significante e do significado ou, ainda, o próprio funcionamento dos sistemas simbólicos (assim como, portanto, as outras formas do valor simbólico zero).

Desse ponto de vista, o mito relacionado à fobia permite que o sujeito dessa construção participe – ao seu estilo – do ordinário (neurótico) da linguagem e dos vínculos sociais. O mito da fobia, segundo Lacan, erige uma substituição, exatamente onde o delírio se desdobra como tentativa de cura na psicose. Donde, por sinal, a maneira como o psicanalista, ao comentar a fobia do Pequeno Hans, evoca no mesmo movimento o delírio e o mito.

> O que chama a atenção é o lado articulado com o qual esse delírio se desenvolve.
>
> Eu digo o *delírio* – é quase como um lapso, pois aquilo de que se trata nada tem a ver com uma psicose, mas o termo não é inadequado. [...]. Temos [...] a impressão de que a edificação ideacional [...] no caso do Pequeno

O NOME-DO-PAI, A PSICOSE E A FOBIA

Hans – tem sua motivação própria, seu plano próprio, sua instância própria. Isso talvez responda a esta necessidade ou àquela função, mas não, com certeza, ao que quer que seja que possa se justificar por tal pulsão, por tal elã, por tal movimento emocional particular que seria transposto ou mesmo que aí se exprimiria pura e simplesmente. Trata-se de um mecanismo completamente diferente, que requer o estudo estrutural do mito. (L IV, 290-291)

Assim, se Lacan tomou o cuidado de reservar a observação do Pequeno Hans como momento derradeiro de seu trabalho de comentário das *Cinco psicanálises*, como deixar de perceber o que culmina aqui em sua referência a Lévi-Strauss, iluminando a posteriori tudo o que sua visita aos casos paradigmáticos do pai da psicanálise deve às pesquisas do etnólogo, que desse modo se revelam pelo que são: o caminho essencial tomado pelo psicanalista no seu *retorno a Freud*.

Ainda teremos de nos perguntar, contudo, o que a análise estrutural dos mitos, segundo Lévi-Strauss, leva Lacan a perceber a respeito do manejo clínico dos mitos em Freud, no mínimo para tomar a verdadeira medida daquilo que, pelo "retorno" (via Lévi-Strauss), terá (ou não) sido deduzido da distância que separa Lacan de Freud nessa questão mítica essencial, vale dizer, a questão da origem ou, ainda, para o *corpus* freudiano, a questão do pai.

LACAN E LÉVI-STRAUSS OU O RETORNO A FREUD

O mito do pai morto e suas suplências

Totem e tabu *ou o supereu*

Em 6 de março de 1957, Lacan situa aquilo que para ele é a questão crucial de Freud: "Toda a interrogação de Freud se resume nisto: o que é ser um pai?" (L IV, 204)

Com a dificuldade da criança fóbica, vimos mais uma vez o lugar fundamental que, segundo Lacan, é ocupado pela função paterna na estruturação subjetiva, e também confirmamos de que maneira essa função podia ser substituída – em caso de degradação – por uma elaboração mítica e sintomática capaz de ligar o significante ao significado.

Dando prosseguimento, nesse ano de 1957, à elaboração de Freud, Lacan indica que a obra "... que lhe era mais cara, como um êxito que lhe parecia uma performance, é *Totem e tabu*, que nada mais é que um mito moderno, um mito construído para explicar o que continuava aberto em sua doutrina, a saber – *Onde está o pai?*". (L IV, 210)

Para elucidar a questão da origem, indica ele, Freud produz um mito que desloca a questão de "O que é um pai?" para um "Onde está o pai?". E ele prossegue: "... para que subsista um pai, é necessário que o verdadeiro pai, o único pai, o pai único, esteja antes da entrada na história, e que seja o pai morto. Bem mais – que seja o pai assassinado." (*ibid.*)

O psicanalista assim distingue perfeitamente, em Freud, a separação entre os pais e o pai, que é o único que encarna a resposta à questão freudiana fundamental e que se torna, "O que é O pai?".

O NOME-DO-PAI, A PSICOSE E A FOBIA

O pai é aquele que foi morto antes da entrada na história das sociedades dos filhos, conta Freud em *Totem e tabu*, e esse parricídio inaugural, fundador das regras sociais (ativadas em nome do pai morto), está na origem do supereu, que nada mais é, segundo Lacan, que o significante que tem como eminente função selar a relação do homem com o significado.

O pai originário "... terá sido morto. E por que, senão para conservá-lo?". (L IV, 211)

Isso assume a forma de um supereu tirânico que "... representa por si só, mesmo nos não neuróticos, o significante que marca, imprime, deixa no homem o selo de sua relação com o significante". (*ibid.*, 212)

Segundo Lacan, o espírito da coisa paterna assume no mito freudiano, portanto, a forma de um significante de exceção que se chama supereu, o que é novo, tendo sintomas que formam equivalências:

"Existe no homem um significante que marca sua relação com o significante, e isso se chama supereu. Existem mesmo muitos mais que um, e se chamam sintomas." (*ibid.*, 212)

O círculo se fecha.

O mito freudiano do parricídio responde à pergunta "O que é o pai?", e a resposta é: é o pai morto, mas também o que dele se deduz, o supereu, que é um significante que articula os filhos ao conjunto dos significantes, como fazem os sintomas. A elaboração dessa nova equivalência não espantará o leitor, tendo em vista o valor que Lacan atribui aos mitos nas fobias e às organizações estereotipadas dos mitos nas psicoses "Discurso de Roma", como substituição da degradação da função paterna que assume forma mítica em *Totem e tabu*. Função paterna que – através do supereu – estabelece a relação do homem com a lei, ou aquilo que, em Lacan, tem a ver com o ponto de basta entre o significante e o significado.

Os sintomas como formações míticas de suplência

Nessa lógica, o mito de *Totem e tabu* deve ser lido como o fundador da função paterna e, portanto, do regime ordinário da relação do homem com o significante. Quando ocorre degradação da função paterna, a clínica deixa perceber sintomas que fazem as vezes de suplências (fobias, delírios e outras modalidades sintomáticas). Mas o que importa ver é que, à degradação da função totêmica – escrita pelo mito freudiano – respondem sucedâneos sintomáticos, cuja postura estrutural indica que só formações míticas (fobias, delírios etc.) podem substituir o mito, ou ainda que, qualquer que seja a sua estrutura subjetiva, o homem continua sendo um animal mítico e que convém, portanto, interpretar os sintomas em questão como versões diferentes do mito fundador, cuja função essencial é vincular o desejo à lei ou, ainda – em termos lacanianos –, permitir o ponto de basta o significante e o significado. Nessa perspectiva, todos esses sintomas ou formações míticas formulam diferentes modalidades da função paterna, dando lugar, naturalmente, a modos de existência estruturalmente diferentes (neurose, psicose, perversão), mas cabe notar que a espécie humana encontra aqui sua unidade e, também, que localizamos

O NOME-DO-PAI, A PSICOSE E A FOBIA

aí o momento fundador no qual Lacan apresenta as formações sintomáticas – sempre de postura mítica – como equivalentes do estofo introduzido pelo supereu ou pela herança do pai morto.

Muito mais tarde, ele voltaria a essa problemática do sintoma como equivalente do *Nome-do-Pai* no *Seminário, Livro XXIII,* judiciosamente intitulado por ele próprio de "o sinthoma".

Já em 1957, porém, as fobias, os delírios e, de maneira geral, os sintomas têm, segundo Lacan, tanto valor de pontos limite quanto aquilo que comumente se deduz como o casamento do desejo com a lei, selado pela herança comum do parricídio originário: o supereu.

Vemos assim que, se ele serializa aqui as formações sintomáticas como um conjunto de mitos que devem ser explicados na lógica estrutural de Lévi-Strauss, ele também se situa no cerne da lógica freudiana, que já indicava muito precisamente tudo o que as organizações fóbicas deviam (por exemplo) à atualidade do desejo parricida da criança;[30] mas sem contradizer Freud, Lacan sistematiza a organização mítica dos sintomas e inclui *Totem e tabu* em sua arqueologia diferencial da função paterna enquanto *mito moderno* que dá conta da produção do operador significante de exceção, aquele que permite ao pensamento simbólico funcionar com um sintoma social (totêmico) e não individual.

Poderíamos então dizer que, para Lacan, assim como para Lévi-Strauss, o mito social responde desde sempre pelo vínculo do homem com a lei; que os sintomas também são mitos individuais; que o psicanalista precisa a maneira como esses operadores de substituições permitem o estofo entre o significante e o significado. Esse estofo não permite apenas que o pensamento simbólico se exerça, porém, mais precisamente, e em função do tipo de formação mítica que adotam, esses operadores permitem ao pensamento fóbico funcionar, assim como o permitem ao pensamento obsessivo ou ao pensamento psicótico.

Se o retorno a Freud é realmente, como anunciava Lacan em 1951, o meio de restabelecer no campo psicanalítico a "ponte" que liga "o homem moderno aos mitos antigos", vemos que ele se engaja agora numa análise mais precisa, pois lembra a genealogia mítica da função paterna na obra freudiana, traz à luz, graças a Lévi-Strauss, o operador exigível para que o pensamento simbólico possa se exercer (o *Nome-do-Pai*) e, com sua serialização dos sintomas como formações míticas de substituição, propõe, enfim, uma clínica diferencial dos diversos modos pelos quais se expressa o pensamento simbólico na experiência analítica (neuroses, psicoses, perversões).

Desse ponto de vista, o mito surge como um operador que sobrepaira a vida do homem enquanto tal, e o Édipo – quando existe para um sujeito ou para um povo – só aparece agora como uma espécie de "banho purificador que renova o renascimento da lei". (L VI)[31]

Vemos então, nesse momento, que a função do mito em Lacan é primordial; ele continua a restringir o alcance do Édipo, falando – desde sempre – do caráter limitado e não universal deste.

Com sua clínica diferencial, ele está muito mais próximo de Lévi-Strauss que de Freud, pois tenta demonstrar

O NOME-DO-PAI, A PSICOSE E A FOBIA

a pluralidade das formações míticas (no plano etnológico e clínico), enquanto Freud afirma o caráter histórico e fundador de *Totem e tabu* para a humanidade inteira, assim como afirma a universalidade correlativa do Édipo.

Em 1961, Lacan proporia, nessa mesma linha de aprofundamento, uma serialização dos mitos que, segundo ele, devem ser distinguidos historicamente na evolução da estruturação do sujeito ocidental.

Essa série articula – em torno do saber sobre a morte do pai – *Totem e tabu, Hamlet* e a *Trilogia dos Coûtfontaine.*

Se Freud sustenta, assim, universais (*Totem e tabu*, Édipo), Lacan vê modalidades mitológicas e rituais, histórica e geograficamente diferenciadas, a exemplo de Lévi-Strauss.

Seu retorno a Freud de fato o conduz àquilo que faz da função simbólica o cerne da obra freudiana, mas, seguindo Lévi-Strauss, ele modaliza a ascendência do mito freudiano e de seu rito edipiano sobre o ser vivo.

Seu retorno, então, não é dogmático, tampouco o é sua ligação com Lévi-Strauss, pois, como mostraremos em nosso posfácio, certos desvios o separarão do etnólogo, no momento em que sua descoberta do objeto *(a)*, particularmente, o levar a descompletar o universo dos objetos, como o próprio mundo.

Mas antes de empreender a análise desse novo período de investigações lacanianas, foi necessário mostrar tudo aquilo que o *retorno* dele *a Freud* devia a Lévi-Strauss, assim como a reviravolta que daí resultou no campo psicanalítico.

LACAN E LÉVI-STRAUSS OU O RETORNO A FREUD

Notas

1. Ver nosso *Lacan et les Sciences Sociales, op. cit.*, p. 217-222.
2. *In* Introdução de Claude Lévi-Strauss a *Sociologie et Anthropologie, op. cit.*, p. XL-IX.
3. *Ibid.*, p. XL-VI.
4. *Ibid.*, p. L.
5. Claude Lévi-Strauss, "Les Structures Sociales dans le Brésil Central et Oriental" (1952), *in Anthropologie Structural* (Antropologia estrutural) , vol. 1, *op. cit.*, p. 145.
6. A tragédia de Racine começa na entrada do templo dos judeus com um improvável face a face entre o grão-sacerdote Joad e Abner, um dos principais oficiais do rei de Judá, que se tornou idólatra sob a sombria influência de sua mulher, a sanguinária Athalie.

    "Sim, eu venho ao seu templo adorar o Eterno" é o verso inaugural da peça, dito por um Abner ainda hesitante, mas que veio prevenir Joad das malévolas intenções alimentadas por Athalie contra ele.

    "Eu temo a Deus, caro Abner,

    "E não tenho nenhum outro temor...", retruca o grão-sacerdote, prosseguindo alguns versos adiante de maneira propriamente desconcertante: "Eu temo a Deus, estás dizendo, sua verdade me toca."

    "Eis como esse Deus lhe responde por minha boca..."

    O temor a Deus é passado de uma boca a outra (*Athalie*, ato 1, cena 1, Racine, Paris, Gallimard, 2001).
7. Daniel Paul Schreber (1842-1911). Nascido numa família da burguesia protestante alemã, ele se torna um jurista reputado. Em 1884, quando presidente do Tribunal de Recursos de Saxe, apresentou sérios sinais de perturba-

O NOME-DO-PAI, A PSICOSE E A FOBIA

ção mental. Escreveu suas *Memórias de um neuropata*, publicadas em 1903, e morreu no asilo de Leipzig. Freud analisou seus escritos, demonstrando a validade de sua própria teoria da psicose.

Ver Sigmund Freud, "Remarques Psychanalytiques sur l'Autobiographie d'un Cas de Paranoïa (Le Président Schreber)" [Notas psicanalíticas sobre um relato autobiográfico de um caso de paranoia], *in Cinq Psychanalyses, op. cit.*, p. 263-324.

8. Desse ponto de vista, e levando-se em conta a vizinhança na época entre Lacan e Lévi-Strauss, podemos evocar "a desenvoltura em relação ao sobrenatural" dos bororó, que tanto espantou o etnólogo. Como se sabe, o "templo" dessa sociedade bororó é ao mesmo tempo oficina, clube, dormitório e, por fim, prostíbulo. De fato se verifica aí, no mínimo, uma desenvoltura tanto mais impressionante para o etnólogo na medida em que ele confidenciava ao leitor: "Meu único contato com a religião remonta a uma infância já descrente, quando eu morava, durante a Primeira Guerra Mundial, na casa do meu avô, que era rabino em Versalhes. A casa ao lado da sinagoga, ligada a ela por um longo corredor interno no qual não nos arriscávamos sem certa angústia..." (Cl. LéviStrauss (1940-1955), *Tristes Tropiques*, Paris, Pion, 2001, p. 266).

Prova, diga-se de passagem, de que não é preciso ser crente para sentir em nossas sociedades "o temor a Deus" selecionado por Lacan, da mesma forma que esse temor não parece realmente universal.

9. Essa divisão norte/sul já se encontra em *Tristes trópicos*, mas suscita esta reflexão do etnólogo: "Infelizmente, nenhum observador conseguiu ainda entender o exato papel da segunda divisão, que chegou a ser discutida em sua

LACAN E LÉVI-STRAUSS OU O RETORNO A FREUD

própria realidade" (*Tristes Tropiques* [Tristes trópicos], *op. cit.*, p. 257).

Seria necessário apenas um ano a Claude Lévi-Strauss para que voltasse a apreender essa divisão como um objeto simbólico que tem como papel principal nada menos que garantir a própria existência da sociedade dos bororó?

No caso, cabe lembrar que se *Tristes trópicos* de fato foi publicado em 1955, seu texto se baseia no material de uma expedição etnológica ao Brasil conduzida por Lévi--Strauss mais de quinze anos antes e, provavelmente, com notas tomadas então.

10. *In Bulletin de la Société Française de Philosophie*, t. XLVIII, 1956.

11. Jacques Lacan, *op. cit.*, 114.

12. Cf. Lacan, *Bulletin...*, *op. cit.*, p. 114.

13. Claude Lévi-Strauss, "La Structure des Mythes", *in Journal of American Folklore*, outubro/dezembro de 1955, retomado *in Anthropologie Structurale*, vol. 1, *op. cit.*, p. 227-255.

14. A ambição epistemológica de Lévi-Strauss foi impressionante para os intelectuais da época, como evidencia ainda hoje Tzvetan Todorov ao escrever: "Lévi-Strauss nos impressionava... por exemplo, na 'análise estrutural do mito' [...] aparece uma expressão célebre... que supostamente representa a estrutura irredutível de todo mito! Eu fiquei admirado..." (*in Devoirs et Délices: une Vie de Passeur*, Paris, Le Seuil, 2002, p. 84).

A história dessa expressão foi estudada por Lucien Scubla em sua tese de doutorado, EHESS, Paris, 1996. Ver L. Scubla, *Lire Lévi-Strauss*, Paris, Odile Jacob, 1998. O emprego dessa expressão por Lévi-Strauss é muito bem descrito no trabalho de Emmanuel Désvaux, *Quadratura americana*, Genebra, Georg, 2001.

O NOME-DO-PAI, A PSICOSE E A FOBIA

Sobre o estruturalismo de Claude Lévi-Strauss aplicado ao mito grego, inclusive de Édipo, será proveitoso ler J. P. Vernant, *Mythe et Société en Grèce Ancienne* [Mito e sociedade na Grécia antiga], Paris, La Découverte, 1974.

15. Lacan, *Bulletin...*, *op. cit.*, p. 116.

16. *Anthropologie Structurale*, vol. 1, *op. cit.*, p. 135.

17. *Ibid.*, p. 135.

18. Apego que podemos confirmar pela seleção "arbitrária" do mito de referência que percorre toda a obra inaugural das *Mythologiques* (*Le Cru et le Cuit*, Paris, Plon, 1964 [no Brasil, *Mitológicas: o cru e o cozido*, São Paulo, Cosac Naify, 2004]), o mito do captor de pássaros, que é um mito bororó no qual encontramos a figura do incesto mãe-filho e da morte do pai, ou ainda o mito do que poderíamos chamar de "Édipo bororó", que veio a se tornar, através desse texto, um analisador de todos os mitos para Claude Lévi-Strauss.

19. Lévi-Strauss evidencia aqui sua proximidade com Roman Jakobson, que, por sua vez, afirma: "... a poesia, por definição, é intraduzível. Só é possível a transposição criadora [...]. Se tivéssemos de traduzir para o francês a tradicional expressão *Traduttore, traditore* como 'o tradutor é um traidor', privaríamos o epigrama italiano de seu *valor* paronomástico" (*in* "Aspects Linguistiques de la Traduction" (1959), *Essais de Linguistique Générale*, Paris, Minuit, 1963, p. 86). (No Brasil, *Linguística e comunicação*, São Paulo, Editora Cultrix, s. d.)

20. *Anthropologie Structurale*, vol. 1, *op. cit.*, p. 233.

21. *Ibid.*, *op. cit.*, p. 240.

22. Jean-Pierre Vernant, *op. cit.*, p. 239-240.

23. Em *La Logique des Noms Propres* [A lógica dos nomes próprios], Paris, Minuit, 1980, Saul Kripke mostra que o

nome próprio é um "designador rígido" que designa "em todos os mundos possíveis" o mesmo objeto.

24. Donald Winnicott (1896-1961), médico e psicanalista inglês. Em 1923, quando se orientava para a pediatria e a psicanálise, foi nomeado médico assistente no Padington Green Children's Hospice, cargo que ocupou durante quarenta anos. Analisado com James Strachey, era considerado o pai da psicanálise infantil na Grã-Bretanha. A importância por ele atribuída à mãe se inscreve na lógica do freudismo do entreguerras, no qual o interesse pelo pai se reduzira consideravelmente. Sua técnica psicanalítica sempre esteve em contradição com os padrões da IPA.

25. Cabe frisar que em 1956, em *La Famille*, publicado em inglês, texto traduzido em *Claude-Lévi-Strauss*, Paris, Idées/Gallimard, 1979, Lévi-Strauss faz a mesma pergunta que Lacan, assumindo o ponto de vista de uma leitora imaginária. Uma nova tradução, com alterações feitas pelo autor, consta em *Le Regard Éloigné*, Paris, Plon, 1983.

26. Herbert Graf (1903-1973), filho de Max Graf (l873-1958), crítico e musicólogo austríaco que, depois de conhecer Freud em 1900, participou durante vários anos das reuniões semanais dos primeiros discípulos de Freud. Herbert Graf foi observado pelo pai a partir dos 3 anos de idade. Essas observações apresentadas a Freud fundamentaram toda uma parte da análise do Pequeno Hans, que ele encontrou pessoalmente em 30 de março de 1908. Ele veio a se tornar o paradigma da análise freudiana das fobias.

27. "A observação do Pequeno Hans é todo um mundo. Se, das cinco psicanálises, é esta a que deixei por último no trabalho de comentário aqui conduzido, não é à toa" (L IV, 205, *op. cit.*).

28. Esta palavra alemã significa "comparação".

O NOME-DO-PAI, A PSICOSE E A FOBIA

29. Ver o nosso *Lacan et les Sciences Sociales*.

30. Ver Sigmund Freud, "Analyse d'une Phobie Chez un Petit Garçon de 5 ans (le petit Hans)" (1909), *in Cinq Psychanalyses, op. cit.*, p. 93-198, e Paul-Laurent Assoun, *Leçons Psychanalytiques sur les Phobies*, Paris, Anthropos, 2000.

31. O texto de Lacan diz: "É por demais evidente que esse crime, que é o assassinato primitivo do pai, que é para ele (Freud) exigido como devendo ressurgir sempre, formando o horizonte, a barra terminal do problema das origens [...] o assassinato primitivo do pai, que ele o situe na origem da horda ou na origem da tradição judaica, tem naturalmente um caráter de exigência mítica. [...] Outra coisa é a relação da lei primitiva com o crime primitivo, e o que acontece quando o herói trágico que é Édipo, que também é cada um de nós em algum ponto do seu ser virtualmente quando ele reproduz o drama edipiano, quando, matando o pai, ele se acasala com a mãe, quando, de certa maneira, repete no plano trágico, numa espécie de banho purificador, o renascimento da lei." (*Le Désir et son Interprétation* – 1958-1959, *Seminário, Livro VI*, inédito)

Conclusão

A *doxa*: seus ideais e o recalque de Lévi-Strauss

Para concluir, devemos situar a nossa análise do retorno a Freud empreendido por Jacques Lacan no campo das leituras que outros já lhe dedicaram, posto que estas mais ou menos motivam a *doxa* tendente a dar conta desse momento lacaniano pela influência de obras filosóficas ou linguísticas mencionadas pelo psicanalista no período: basicamente, a *Fenomenologia do espírito* de Hegel (1807), no caso daquelas, e o *Curso de linguística geral* de Ferdinand de Saussure, publicado em Genebra, em 1915, no caso destas.

Confirmamos, logo de início: tudo indica que Lacan, com efeito, foi um "ouvinte assíduo" do seminário que Kojève[1] dedicou a Hegel durante três anos (1934-1937) no contexto da École des Hautes Études en Sciences Sociales, como também é fácil verificar a presença de Hyppolite no primeiro ano do seminário de Lacan (1953-1954). A esse respeito, cabe notar ainda que Jean Hyppolite é o filósofo ao qual devemos, desde 1941 (pelas Éditions Montaigne), a tradução francesa da edição alemã, de 1937, da *Fenomenologia do espírito*.

Da mesma forma, podemos verificar que as referências a Hegel podem ser encontradas com frequência na escrita lacaniana, quando de seu retorno a Freud, e especialmente no que diz respeito à teoria "do desejo como desejo do outro", de bom grado levando o pesquisador (à fonte) à pista hegeliana.

Assim, em seu livro *Lacan. La Formation du Concept de Sujet* [Lacan: a formação do conceito de sujeito],[2] Bertrand Ogilvie escreve:

> Desejar não é desejar o outro, mas desejar o desejo do outro: é Kojève, com sua leitura de Hegel, que fornece aqui a Lacan os meios para formular a ideia de que a estrutura racional do sujeito não está ligada à situação que a permitiu de maneira ocasional, mas de maneira essencial, na medida em que já a contém em si mesma. O sujeito não é anterior a esse mundo de formas que o fascinam: ele se constitui, antes de mais nada, por elas e nelas.[3]

A observação é pertinente, e não há por que pôr em dúvida essa influência hegeliana, talvez cabendo esclarecer seu ponto de impacto, seu lugar e, mesmo, sua função; pois se o impasse do desejo como desejo do outro é endossado por Lacan já em 1938, sob a forma clínica particular do complexo de intrusão (acompanhando o estádio do espelho e, portanto, o registro imaginário da estruturação subjetiva), resta o fato de que, nessa mesma época, o psicanalista constrói "a solução pelo pai", ou, melhor dizendo, a metamorfose do filho no pai, permitindo ao sujeito edipiano superar o impasse e alçar sua maturação subjetiva à fase paranoica, para se inscrever melhor na produção dos bens culturais.

CONCLUSÃO

Se a formulação do impasse do estádio do espelho não deixa de ter inspiração hegeliana, seu resultado de 1938 ou de 1950 já não a tem tanto, pois Hegel antes situa a morte como "solução" para o progresso da dialética do mestre e do escravo que constitui, segundo ele, o momento do impasse subjetivo.

Haverá, afinal, solução pelo pai ou pela morte?

Avancemos com Lacan: a partir de seu retorno a Freud (que não é estudado por B. Ogilvie), ele muda de atmosfera conceitual na questão do pai, trocando o pai de família – que constituía a solução de 1938 – pela versão simbólica do pai, cujo valor é tanto mais convincente na medida em que está morto.

Esse assassinato "epistemológico" do pai de família, cometido no decorrer de sua investigação, certamente é o ato pelo qual ele não desmente completamente Hegel, mas assina sua reconciliação com Freud, que soube reconhecer com mão segura (a mão do parricídio adormecido) que o operador da regulação do gozo é, de fato, o conjunto das regras sociais formuladas em nome do pai morto.

Valendo-se da mediação hegeliana da morte e da teoria freudiana do pai morto, Lacan pode introduzir em 1953, na conferência O mito individual do neurótico, a morte e o pai morto como operadores analíticos indispensáveis ao avanço do tratamento. Não é, portanto, de maneira fortuita que também aparece nessa conferência, numa das primeiras vezes, o sintagma Nome-do-Pai.

Mas se ele abraça nessa data o desejo de Freud, ou ainda, o desejo do pai morto da psicanálise, a quem ele diz "é

LACAN E LÉVI-STRAUSS OU O RETORNO A FREUD

preciso confiar", é também esse o momento em que pode distinguir, além da silhueta do pai morto (sobrepairando a clínica da função paterna), o lugar da função simbólica enquanto tal e enquanto lugar no qual se fomenta (vindo do outro) o desejo inconsciente do sujeito.

Se o desejo é, então, o desejo do outro ainda nesse momento, resta o fato de que não se deve perder de vista a mutação das formas que geram o sujeito, pois, se os textos sobre o estádio do espelho situam essa forma (ou essa *Gestalt*) do lado do imaginário, o *retorno a Freud* permite a Lacan garantir (após essa leitura dos textos, entre eles o caso Dora) que a inconsciência do desejo é motivada por uma forma de linguagem através da qual o sujeito recebe do outro sua própria mensagem de forma invertida, segundo a formulação cunhada por Claude Lévi-Strauss.

Esse deslocamento das leis lacano-durkheimianas da família em direção às regras da fala e da linguagem (colhidas em LéviStrauss) promove uma revolução no ponto de vista de Lacan sobre a teoria freudiana do sintoma, gerando nele uma verdadeira mutação da teoria do sujeito do inconsciente.

Mas também devemos observar que, nesse momento, há uma espécie de condensação na arquitetura teórica em construção, pois impasse e solução (subjetivos) podem ser formulados da mesma maneira – *o desejo do homem é o desejo do outro* –, com a ressalva apenas de que, em seu retorno, o psicanalista desdobra (e mesmo destrincha) o registro da análise da estruturação subjetiva, e de

CONCLUSÃO

que o impasse (*o desejo do homem é o desejo do outro*) permanece do lado imaginário, enquanto a solução (*o desejo do homem é o desejo do outro*) está do lado do simbólico. Com isso, caberia esclarecer, a cada vez que se assume o risco de usar essa fórmula, se estamos nos situando do lado imaginário (outro intrusivo) ou do lado simbólico (outro da linguagem).

Deixar de levar em conta essa separação estrutural impede de entender o que o retorno lacaniano implica, levando a ler esse retorno com a simples música hegeliana do tempo anterior.

Mas isso não é tudo.

O exame da *doxa* dos leitores de Lacan revela uma recorrente convocação da suposta influência de Saussure na pesquisa do psicanalista que revisita as lições do *Curso de linguística* para retornar a Freud pelo caminho do simbólico.

Assim, a união de Hegel com Saussure esgotaria em grande medida, para esse estilo de leitura, os considerandos da teoria do sujeito montada por Lacan nesse momento de sua análise. Por isso é que o trabalho de Joël Dor[4] – leitura obrigatória se se quiser acompanhar a evolução do esquema L no ensino de Lacan – rapidamente introduz o leitor àquilo que não deve ser ignorado da *Fenomenologia do espírito* e também do *Curso de linguística* para entender o retorno lacaniano a Freud.

Mas cabe observar que esse importante texto não inclui a referência a Lévi-Strauss nem no índice de

LACAN E LÉVI-STRAUSS OU O RETORNO A FREUD

nomes citados, nem em sua bibliografia e, *a fortiori*, ignora a repercussão das investigações de Lévi-Strauss nas de Lacan.

O que em nada diminui a qualidade do trabalho de Joël Dor nem sua utilidade, mas a ausência de referência a Lévi-Strauss nessa introdução à leitura de Lacan ressoa, do nosso ponto de vista, como um formidável sintoma do recalque teórico da presença da etnologia francesa (e especialmente a de Lévi-Strauss) na gênese do pensamento do psicanalista. Presença que, para os melhores leitores de Lacan, realmente parece ter afundado na sombra dos filósofos e linguistas.

Duas referências adicionais, aqui, que confirmam isso: *Le Retour à Freud de Jacques Lacan* [Retorno a Freud de Jacques Lacan], publicado por Philippe Julien em 1985,[5] em momento algum menciona o nome de Claude Lévi-Strauss, assim como tampouco o estudo de Erik Porge sobre os *Noms du Père chez Jacques Lacan* [Nomes do pai em Jacques Lacan].[6]

É, portanto, como se a ensurdecedora referência hegeliano-saussuriana funcionasse como uma espécie de ideal teórico constantemente invocado, mas ao preço do recalque, em contrapartida, da influência de Lévi-Strauss para os leitores do *retorno a Freud* (e os leitores dos leitores...).

Referência ensurdecedora?

É preciso ter cautela, pois, desde 1986, Alain Juranville aborda as referências de Lacan a Hegel e a Saussure com matizada atenção, que se distingue do senso comum regu-

CONCLUSÃO

larmente introduzido por Juranville em seu texto *Lacan et la Philosophie* [Lacan e a filosofia] com a excelente expressão: "Sabe-se que..."

> Sabe-se que Lacan teria amplamente se baseado no pensamento de Hegel em sua apresentação da teoria psicanalítica. E, com frequência, não se hesitou em censurá-lo por isso. Na verdade, as relações de Lacan com Hegel não parecem muito simples: se de fato existe 'dialética do desejo' na concepção lacaniana, é preciso esclarecer que, como o desejo é a tradução 'ontológica' do fenômeno do significante, essa dialética não pode se desenrolar completamente como para Hegel – ela é inseparável de uma 'subversão do sujeito', que estabelece a distinção entre o sujeito de Lacan e o sujeito segundo Hegel. (p. 121)[7]

Justo.

Juranville realmente isola a lógica do significante e, portanto, o desejo como desejo do outro do simbólico, em vez da separação entre a teoria de Hegel e a de Lacan. E, também aqui, Juranville adverte contra a *doxa*:

> Sabe-se que Lacan justificou sua empreitada de fundação a partir das teorias linguísticas de Ferdinand de Saussure. Sabe-se também que os linguistas quase sempre denunciaram aí um equívoco. E o próprio Lacan chegou a falar de sua 'linguisteria', como se tivesse tido de reconhecer um desvio teórico. Mas o que devemos pensar na verdade? (*ibid.*, p. 41)

LACAN E LÉVI-STRAUSS OU O RETORNO A FREUD

Juranville responde: "Muito longe / *como em Saussure* / de o significado preceder o significante, é de o fato significante que se apresenta inicialmente. Significante puro." (*ibid.*, p. 47) "... o significado é *produzido* pelo significante..." (*ibid.*, p. 48) "É o que devemos aceitar, se quisermos seguir Lacan." (p. 47) Juranville assume, com isso, a distância crítica que convém a qualquer trabalho de investigação, em relação ao senso comum. "Sabe-se que..." enfatiza as resistências ou, ainda, os preconceitos que recobrem a ignorância e mesmo o recalque.

Resta o fato de que Juranville, em grande medida, deixa de lado a contribuição de Lévi-Strauss à obra lacaniana, especialmente no que diz respeito ao emprego, por Lacan, da lógica do significante, pois vimos (p. 189) que não foi o psicanalista que inverteu elegantemente o algoritmo saussuriano, mas Lévi-Strauss, como o próprio Lacan indicava em seu diálogo de 1956 com o etnólogo no Colégio de Filosofia de Jean Wahl.

Mais uma vez, o recalque de Lévi-Strauss se prolonga em proveito de um Saussure que teria sido diretamente revisitado por Lacan, efetuando o gesto epistemológico fundamental – para a psicanálise e para a antropologia também – de inverter o algoritmo saussuriano para escrever a prevalência do significante sobre o significado.

Esse gesto é uma verdadeira revolução teórica, conferindo ao significante sua imperial soberania e permitindo ao Lacan do "retorno" reler Freud, sua teoria e seus grandes casos clínicos.

CONCLUSÃO

Nesse sentido, cabe notar que, ao que nos conste, e entre os leitores de Lacan, Guy Le Gaufey é um dos raros que constituem exceção no sepultamento de Lévi-Strauss sob e pela idealização das referências filosófico-linguísticas de Lacan, particularmente no que diz respeito à genealogia do conceito de simbólico.

> O *Curso* não foi o elemento desencadeador para Lacan. Muito mais decisiva foi a intermediação de Claude Lévi--Strauss e de seu conceito de um sistema simbólico no qual só se articulavam, mais uma vez, puras diferenças (sistema que, por sua vez, confessava sua filiação à fonologia de Trubetskoy, modelo por excelência das construções estruturais ainda por vir).[8]

Verdade; Guy le Gaufey não diz outra coisa, pois seu estudo (*Le Lasso Imaginaire*), voltado antes de mais nada para o imaginário, não é, segundo seus próprios termos, "o lugar para desdobrar a delicada genealogia lacaniana do conceito de simbólico". [9]

Era, portanto, necessário projetar em nossa própria análise o raio de luz que faltava, pois, a partir do momento em que diagnosticamos o recalque que atinge as ciências sociais na *doxa* da leitura de Lacan – trate-se de Durkheim ou de Lévi-Strauss –, tínhamos de avaliá--lo devidamente, mostrar suas incidências e apontar seus considerandos.

Não voltaremos a Durkheim, afastado pelo próprio Lacan (depois de 15 anos), em proveito de Lévi-Strauss.[10]

Mas Lévi-Strauss?

LACAN E LÉVI-STRAUSS OU O RETORNO A FREUD

O que poderia explicar a "queda" de Claude Lévi-Strauss, ou, mais exatamente, de suas investigações – em proveito do ideal filosófico –, no que diz respeito à análise da gênese do *corpus* lacaniano, e especialmente na análise de seu retorno a Freud, que teve como efeito uma modificação fundamental do campo da psicanálise na França e no mundo?

A importância das referências filosóficas de Lacan seria tão esmagadora a ponto de decidir, se não justificar a sombra projetada nas ciências sociais?

Como decidir, senão nos voltando para um mestre da filosofia cuja qualificação permite avaliar razoavelmente a fundamentação das fontes filosóficas do psicanalista?

Por que não Louis Althusser?[11]

A ideia não é má, pois o filósofo, favoravelmente inclinado em relação a Lacan, deu-se ao trabalho, justamente, de examinar a maneira como o psicanalista se referia ao campo da filosofia em seu retorno a Freud.

O ponto de vista de Louis Althusser

Vigorosamente tomando posição, em 1964, sobre esse retorno, em artigo na *La Nouvelle Critique*, revista dos intelectuais comunistas de importância absolutamente fundamental, na época, para o conjunto do campo intelectual francês, Althusser escreveu:

> Retornar a Freud, hoje, impõe, portanto:
> 1º Não só que recusemos, como grosseira mistificação, a camada de sua exploração reacionária.

CONCLUSÃO

2° Mas também que evitemos cair nos equívocos, mais sutis e escorados no prestígio de certas disciplinas mais ou menos científicas, do revisionismo psicanalítico.

3° E que finalmente nos dediquemos a um trabalho sério de crítica histórico-teórica para identificar e definir, nos conceitos que Freud teve de empregar, a verdadeira *relação epistemológica* entre esses conceitos e o conteúdo que pensavam.

Sem esse triplo trabalho de crítica ideológica (1°, 2°) e elucidação epistemológica (3°), praticamente inaugurado na França por Lacan, a descoberta de Freud permanecerá, em sua especificidade, fora do nosso alcance.[12]

O filósofo aqui retoma o sintagma "retorno a Freud", forjado por Lacan a partir de 1951, seu valor de palavra de ordem, assim como reconhece que foi o psicanalista quem inaugurou o caminho conduzindo à obra freudiana.

E, desse ponto de vista, Louis Althusser concorda com ele no essencial.

Mas, aqui, o que é o essencial para Althusser?

É o retorno promovido por Lacan à "maturidade" freudiana, a saber, um retorno ao momento em que, livre de toda a "extensão" disciplinar, a psicanálise se assume como "uma ciência nova, que é a ciência de um objeto novo: o inconsciente". (p. 15)

Althusser especifica:

Se a psicanálise é de fato uma ciência, pois ela é a ciência de um objeto próprio, é também uma ciência segundo a estrutura de toda ciência: possuindo uma *teoria* e uma *técnica* (método) que permitem o conhecimento e a transformação do seu objeto numa *prática* específica. (*ibid.*)

Adotando em seu estilo o combate de Lacan, o filósofo mergulha, em seguida, sua pena no tinteiro de Lênin, que redigiu *A doença infantil do comunismo (o "esquerdismo")*,[13] para voltar sua lança contra os adeptos da Internationale Psychanalytique (IPA) e denunciar, em suas palavras, "... o infantilismo teórico, a volta à infância, na qual toda uma parte da psicanálise contemporânea, acima de tudo a americana, saboreia as vantagens de suas desistências". (p. 17)

Segundo Althusser, a marca desse infantilismo está no fato de que a psicanálise da IPA não se apoia em seu "objeto próprio" (o inconsciente), mas em alianças duvidosas com

> ... a psicologia, seja ela behaviourista (Dalbiez), fenomenológica (Merleau-Ponty) ou existencialista (Sartre); na bioneurologia, mais ou menos jacksoniana (Ey); na "sociologia" de tipo "culturalista" ou "antropológica" (dominante nos Estados Unidos: Kardiner, M. Mead etc.); e na filosofia (cf. a "psicanálise existencial" de Sartre, a "Daseinsanalyse" de Binswanger etc. (*ibid.*)

Em contrapartida, Louis Althusser sustenta que: "A primeira palavra de Lacan é para dizer: em seu princípio, Freud fundou uma *ciência*. Uma ciência nova, que é a ciência de um objeto novo: o inconsciente." (p. 15)

CONCLUSÃO

Diante das "... alianças-compromissos seladas com linhagens *imaginárias* de adoção, mas poderes muito reais" (p. 17), Lacan intervém, segundo o filósofo, "... para defender, contra essas 'reduções' e esses desvios que dominam hoje uma grande parte das interpretações teóricas da análise, sua irredutibilidade, que nada mais é que a *irredutibilidade de seu objeto*". (p. 19) Nesse ponto das alianças, Althusser é particularmente preciso, como vemos, e precisamos estar muito atentos agora, pois, para ele, a "defesa da irredutibilidade" do objeto da psicanálise (o inconsciente) não implica um esplêndido isolamento necessário do *corpus* freudiano, pois, explica: "Lacan não contestaria que, sem o surgimento de uma nova ciência: a *linguística*, sua tentativa de teorização teria sido impossível..." (p. 23)

Em seguida, Althusser retoma a leitura – que se tornou recorrente e ortodoxa – da gênese da teoria lacaniana do sujeito do inconsciente procedente de uma leitura de Freud com os óculos de Saussure:

> Trata-se, sem dúvida, da parte mais original da obra de Lacan: sua descoberta. Essa passagem da existência (a rigor puramente) biológica à existência humana (filho de homem), Lacan mostrou que ela se dava sob a Lei da Ordem, que vou chamar de Lei de Cultura, e que essa Lei da Ordem se confundia em sua essência *formal* com a ordem da linguagem. (p. 24-25)

Também aqui, encontramos Saussure como recalque de Lévi-Strauss, cujas pesquisas são, no entanto, mencionadas pouco adiante, quando Althusser se pergunta:

Por exemplo: Como pensar rigorosamente a relação entre a estrutura formal da linguagem, condição de possibilidade absoluta da existência e da inteligência do inconsciente, por um lado, e, por outro, as estruturas concretas de parentesco e, por fim, as formações concretas ideológicas nas quais são vividas as funções específicas (paternidade, maternidade, infância) envolvidas nas estruturas de parentesco? Seria possível conceber que a variação histórica dessas últimas estruturas (parentesco, ideologia) afete sensivelmente este ou aquele aspecto das instâncias isoladas por Freud? (p. 32)

Althusser aparentemente não se dá conta, aqui, de tudo o que Lacan, na escuta de Lévi-Strauss, já formulou a esse respeito.

Assinalaremos, também, que ele evoca o Édipo como

... estrutura dramática, a 'máquina teatral' imposta pela Lei de Cultura a todo candidato, involuntária e forçada à humanidade, uma estrutura contendo em si mesma não só a possibilidade, mas a necessidade das variações concretas nas quais ela *existe*, para todo indivíduo que possa chegar a seu limiar, vivê-lo e sobreviver a ele [...]. Essas *variações* podem ser pensadas e conhecidas em sua própria essência, a partir da estrutura do *invariante* Édipo... (p. 31)

Althusser aqui é mais freudiano que Lacan, que, de acordo com Lévi-Strauss, não reconhece o Édipo como um invariante.

CONCLUSÃO

No essencial, contudo, o filósofo está de acordo com o psicanalista do retorno a Freud, que apoia publicamente, já a partir do verão de 1963.

E, com efeito, um ano antes do seu *Freud e Lacan*, ele escreve:

> Marx baseou sua teoria na rejeição do mito do 'homo economicus'; Freud baseou sua teoria na rejeição do mito do 'homo psychologicus'. Lacan viu e entendeu a ruptura libertadora de Freud. E a entendeu no sentido pleno do termo, levando ao pé da letra o seu rigor, forçando-a a produzir, sem trégua nem concessões, suas próprias consequências. Ele pode, como qualquer um, errar nos detalhes, e mesmo na escolha de suas referências filosóficas: o *essencial* devemos a ele.[14]

A homenagem é enfática.

"O essencial devemos a ele."

Resta o acessório, que, para nossa própria pesquisa, é absolutamente central, pois se trata de nada menos que avaliar o que determina a escolha das referências filosóficas de Lacan, e que, segundo Althusser, está sujeito a certas errâncias.

Sejamos claros: o essencial é realmente que o filósofo não se mostre avaro no apoio a Lacan. Mas queremos ressaltar que, mesmo nessa época de luta política intensa – momento que o psicanalista chamaria de sua excomunhão –, Louis Althusser considera importante enunciar em junho-julho de 1963 uma discreta reserva sobre as referências filosóficas lacanianas.

LACAN E LÉVI-STRAUSS OU O RETORNO A FREUD

Essa reserva chama tanto mais a atenção na medida em que contrasta com o *automaton* da *doxa* dos leitores de Lacan, convocando de maneira quase compulsiva os mestres da filosofia ao berço de suas pesquisas.

Nossos leitores podem sentir-se tentados a pensar que essa diminuta reserva de Althusser, no contexto de uma discreta nota de rodapé, poderia ser esquecida.

Certamente; contudo, no exato momento em que Lacan investia contra os analistas da IPA, que regrediam às posições infantis da psicanálise, encontrando um abrigo à sombra de autoridades científicas polimórficas, Louis Althusser confirmava no ano seguinte (em 1964) sua reserva, no que diz respeito a uma redução do todo da psicanálise, "... à experiência originária da luta hegeliana, do para outrem fenomenológico, ou da 'brecha' do ser heideggeriano"[15] igualmente.

Mais adiante um pouco, o filósofo é ainda mais explícito, pois, após descrever um Lacan "... já por antecipação sitiado e condenado pela força esmagadora das estruturas e das corporações ameaçadas, se antecipando a seus golpes..." (p. 19), ele acrescenta:

> Donde, também, o recurso, não raro paradoxal, à caução de *filosofias completamente estranhas a seu empreendimento científico (Hegel, Heidegger)* [grifo nosso], como testemunhas de intimidação, atiradas no rosto de uns para lhes impor respeito; como testemunhas de uma objetividade possível, aliada natural de seu pensamento, para tranquilizar ou ensinar os outros. (p. 19-20)

CONCLUSÃO

A sanção foi baixada, a avaliação do professor de filosofia da École Normale Supérieure é sem distinção: Hegel e Heidegger representam para Lacan garantias eruditas completamente estranhas a seu empreendimento científico.

Segundo ele, elas só estão presentes na pena do psicanalista em função, primeiramente, da necessidade de impor respeito aos seus adversários. E ele acrescenta:

> Que esse recurso tenha sido quase indispensável para sustentar um discurso, dirigido *do interior* apenas para os médicos – seria necessário ignorar tanto a fraqueza conceitual dos estudos médicos em geral quanto a profunda necessidade de teoria dos melhores médicos, para condená-lo sem apelação. (p. 20)

Sem dúvida, mas se concordamos com Althusser quanto ao oportunismo das referências filosóficas lacanianas, cabe eximir-se, como ele, de "condená-lo sem apelação", tanto mais que, na época, o psicanalista de fato podia se ver obrigado a abraçar essa estratégia visando a impressionar, não os filósofos, mas o saber teórico dos médicos, cuja consistência teórica, no fim das contas bastante modesta, é mencionada por Althusser.

Mas não vamos encontrar – sem crítica – uma idealização semelhante dessas mesmas referências filosóficas naquilo que hoje em dia constitui o que chamamos de *doxa* dos leitores de Lacan?

Os formadores de opinião, ou os produtores dessa *doxa*, acaso seriam teoricamente mais bem formados que

LACAN E LÉVI-STRAUSS OU O RETORNO A FREUD

Althusser para avaliar o recurso de Lacan a essas figuras filosóficas emblemáticas?

Não raro sendo médicos, ou mesmo psicólogos, os psicanalistas lacanianos muitas vezes parecem menos competentes que Althusser para essa avaliação do alcance verdadeiramente heurístico das referências filosóficas lacanianas.

Assim, se nossa tese a respeito do recalque da referência antropológica pelos leitores de Lacan é justa, especialmente no que diz respeito às pesquisas de Lévi-Strauss, poderíamos de fato distinguir, na escrita de Althusser, uma análise aceitável do estatuto de operador do recalque aqui inculpado, a idealização das referências filosóficas no texto lacaniano, menos convocado pelo psicanalista por seu valor simbólico de reprodução do que em vista daquilo que Althusser chama na época – para condená-las – de uma dessas "alianças-compromissos seladas com linhagens *imaginárias* de adoção, mas poderes muito reais...". (p. 17)

O recalque de Lévi-Strauss (pela idealização das referências filosóficas), não no texto lacaniano, mas no espírito de seus leitores, surge então como um efeito *a posteriori* totalmente incontrolável pelo próprio Lacan, pelo fato de que ele optou por utilizar a autoridade filosófica desde 1951, segundo Althusser, para impor respeito aos médicos da Internationale (IPA).

Difícil para Lacan prever, com efeito, que essas referências filosóficas – cujo real poder teria sido utilizado pelo psicanalista para erguer um anteparo de respeito

CONCLUSÃO

indispensável ao seu retorno a Freud – fascinariam alguns anos depois os "doutores" de seu próprio campo, levando-os assim a se perder na leitura dos seus textos.

Naturalmente, será necessário esclarecer aqui, pois embora seja absolutamente simplificador reduzir a contribuição da filosofia nas pesquisas de Lacan pela convocação das luzes da filosofia de Hegel, e mesmo da filosofia – muito menos gloriosa – de Heidegger, é preciso notar que esse ponto de vista de Althusser sobre a instrumentalização política das referências filosóficas por Lacan nunca mereceu realmente a atenção dos leitores do psicanalista. Tal ponto de vista também entrou, pela mesma razão que as pesquisas de Lévi-Strauss, para o esquecimento da história do pensamento de Lacan e, de maneira mais ampla, da história do campo psicanalítico, tal como tentamos aqui restituí-la.

Todavia, se nossa tese é verdadeira, o que está em questão não é pouca coisa.

Devemos, então, ser ainda mais precisos e recuperar a conjuntura em que Althusser tomou partido por Lacan, verificando se o psicanalista de 1964 vai se adequar ao que o filósofo formula a seu respeito.

O essencial: o ponto de vista de Lacan

Quanto ao "essencial", de início, vimos que Althusser enfatizava a exigência científica que segundo ele caracterizava o retorno de Lacan a Freud (o que não é desmentido por nossa própria análise desse retorno), mas devemos lembrar que em janeiro de 1964, ou seja, no momento em que o filósofo redige o seu *Freud e Lacan*, o psicanalista "excomungado" da Internationale troca o tema previsto para o décimo primeiro ano de seu seminário – *Os Nomes-do-Pai* – para se engajar no exame dos fundamentos da psicanálise, que, precisamente, pressupõe fazer do cientificismo da psicanálise menos uma certeza do que uma questão.

Deixando de lado as versões religiosas da psicanálise, Lacan não afasta o fato de que esta tem um objeto e uma experiência específicos; resta que ninguém interroga o desejo do físico para caracterizar a física como ciência, observa ele, ao passo que, ainda segundo ele, a incidência atuante do desejo do analista na experiência freudiana é de tal ordem que realmente é necessário fazer sua análise para perceber o que advém desse desejo na experiência analítica, e mesmo na elaboração de seu objeto, e assim produzir esse objeto como objeto propriamente científico.

Nesse ponto, esclarece ele nas primeiras sessões do seminário, "algo, em Freud, nunca foi analisado"[16] (L XI, 16); e precisamente a elucidação daquilo que, no desejo de Freud, teria permitido abrir a porta de entrada da experiência do inconsciente e que deveria ter polarizado o seminário anunciado por Lacan sobre os *Nomes-do-Pai*.

Suspendendo sua análise nesse ponto de origem da psicanálise, Lacan deixa, assim, na sombra o que a experiência analítica e seu objeto devem ao desejo freudiano.[17]

CONCLUSÃO

Essa ausência de análise, ao mesmo tempo, deixa a cientificidade da matéria como uma questão a ser resolvida, pois a elucidação do desejo de seu fundador não foi empreendida por ele como havia anunciado, e só essa análise teria podido ou poderia permitir a separação da psicanálise do desejo de seu fundador, para transformá-la numa teoria científica.

Temos aqui, portanto, uma defasagem entre Althusser e Lacan, uma defasagem que vale assinalar, pois, a respeito do ideal científico da psicanálise, Lacan parece, em 1964, menos entusiasta que o filósofo, que vê no *retorno a Freud* do psicanalista a própria realização desse ideal científico.

Mas nesse momento Lacan ainda estaria realmente em seu retorno?

Talvez, porém, mais no sentido dos anos 1951-1957, que já estudamos.

Excomungado da IPA, foi obrigado a retomar, em 1964, a questão do estatuto da psicanálise nestes termos mais simples, "O que é a psicanálise?", mas de um ponto "que mudou", diz ele, "pois ela não está mais dentro, e não se sabe se está fora". (L XI, 9)

Cabe novamente pontuar aqui: nessa conjuntura muito difícil que ainda lhe era imposta, Lacan não nega seu lugar, como se vê, mas se engaja mais uma vez na análise dos fundamentos da psicanálise, sem que possamos ainda dizer se se trata realmente de um segundo retorno a Freud.

Em janeiro de 1964, Althusser tampouco o podia dizer, mas tudo indica que, no que se refere ao "essencial" – a

LACAN E LÉVI-STRAUSS OU O RETORNO A FREUD

caracterização da psicanálise lacaniana como ciência –, é precisamente no exato momento em que o filósofo se faz, em certa medida, o seu "arauto" que o próprio Lacan questiona isso.

O que em nada compromete o fundamento da avaliação de Althusser sobre as pesquisas lacanianas anteriores a janeiro de 1964, mas indica que, quando se refere ao valor científico do retorno a Freud, o filósofo examina os anos iniciais do trabalho, ao passo que Lacan, em 1964, volta a questionar o que parece já estabelecido pelo filósofo.

Obrigado a Lévi-Strauss

Desse ponto de vista, poderíamos dizer que o Lacan de 1964 é mais althusseriano que Althusser, ou ainda que suas exigências para fazer da psicanálise uma ciência são ainda muito mais ferozes que os *requisitos* de que o filósofo se faz fiador.

Quanto ao valor científico do retorno a Freud, ou ainda quanto ao "essencial", poderíamos dizer que, se Althusser fala por um Lacan do passado, o próprio Lacan já se volta para o futuro, reintroduzindo a dúvida heurística sobre esse ideal científico.

O que equivale a dizer que o psicanalista não se ilude, assim, quanto à entrada do filósofo na luta a seu lado, visando a impor respeito àqueles que, excomungando-o, atrapalhavam suas pesquisas, seu ensino, sua experiência analítica ou, mesmo, toda a sua transmissão.

CONCLUSÃO

Não achamos que, nessas condições, Althusser tampouco se tenha iludido quanto a esse papel de "guarda--costas" que compartilhou com Hegel e Heidegger, pois tratou ele próprio de analisá-lo, mas optou por consentir lucidamente.

Qual foi exatamente o apoio político que Lacan recebeu, então, de Louis Althusser?

A história desse momento que é contada por E. Roudinesco indica que, quando se efetivou a ruptura com a IPA em outubro de 1963, Lacan pediu a Althusser que "encontrasse uma solução para seu problema",[18] vale dizer, que providenciasse a transferência do seu seminário para a École Normale Supérieure. A autora lembra que o filósofo incluiu então a obra de Lacan no programa de seu curso, mobilizando em torno do texto dele os jovens normalistas que viriam a dar uma nova projeção a sua notoriedade.

Quanto a esse novo começo, que permitiria a fundação da École Freudienne de Paris e o "sucesso cultural" de Lacan, a historiadora conclui: "Lacan deve tudo a Althusser."[19]

Temos aqui, muito precisamente, a sentença utilizada por Althusser, indicando que Lacan "pode, como qualquer um, errar nos detalhes, e mesmo na escolha de suas referências filosóficas: o essencial devemos a ele".

E desse ponto de vista, da análise da dívida, Lacan não desmente Althusser, pois ocorre que, na sessão inaugural de seu seminário de 1964, ele agradece nominalmente a todos aqueles que o ajudaram naquele momento de

LACAN E LÉVI-STRAUSS OU O RETORNO A FREUD

excomunhão, mas, cabe frisar, não faz então qualquer referência a Althusser.[20]

Naquele dia 15 de janeiro de 1964, em que Lacan entra numa nova etapa, seus agradecimentos se dirigem, assim, a Fernand Braudel, presidente da Seção de Hautes Études, que disponibilizou seu contexto para o seminário. Ele ressalta a "nobreza" de Braudel, nobreza com a qual, afirma, "ele quis enfrentar" sua situação; seus agradecimentos também se voltam para Robert Flacelière, diretor da École Normale Supérieure, que se dispôs a pôr uma sala às ordens da Hautes Études para o seminário do psicanalista, mas também, e sobretudo, para aquele que, em nossa opinião, sobrepaira todo esse retorno a Freud, e que, nessa ocasião (da excomunhão), não lhe faltou: Claude Lévi-Strauss.

Cabe aqui insistir: a nobreza de Braudel é ressaltada quando ele diz então: "Nobreza é bem a palavra, quando se trata de acolher aquele que estava na posição em que me encontro – a posição de um refugiado." E Lacan esclarece:

> Ele o fez assim que foi convidado nesse sentido pela vigilância de meu amigo Claude Lévi-Strauss, que me regozija por ter se disposto a me oferecer hoje a sua presença, sabendo o quanto me é precioso esse testemunho da atenção que volta para um trabalho, para o meu – para aquilo que nele é elaborado em correspondência com o seu. (L XI, 8)

CONCLUSÃO

Nesses agradecimentos expressos na inauguração do seminário, tudo está dito. Mas isso em nada indica que Lacan menosprezasse o que devia a Althusser, e mais precisamente o que devia à aura do filósofo envolvendo suas pesquisas num respeito que favorecia seu progresso, embora tudo tenha se dado como se, no exato momento desse reinício, o psicanalista optasse por fazer ouvir mais uma vez tudo o que seu ensino há quinze anos devia às pesquisas de Lévi-Strauss.

Vemos, portanto, que nada parece indicar, no que diz respeito ao vínculo entre Lacan e Althusser, que um ou outro se iludisse com a dívida que os unia em 1963-1964.

E se o psicanalista, nesse momento fundamental de resolução da sua excomunhão, optou por deixar de lado o apoio político que devia ao filósofo, para fazer valer e ouvir as correspondências tecidas, de longa data, com as pesquisas de Claude Lévi-Strauss – correspondências que formam o próprio objeto deste livro –, isto, naturalmente, em nada constitui um prejulgamento quanto a seu futuro.

Será necessário, portanto, escrever sobre o destino dessas correspondências, mas tudo isso confirma:

- o quanto o vínculo entre Lacan e Lévi-Strauss foi forte por longos anos;
- o quanto também foi forte o recalque desse vínculo nas leituras do *corpus* de Lacan;
- o quanto era urgente, portanto, levantar esse recalque que ainda hoje atrapalha:

— 1. essa leitura,

— 2. a análise da filiação simbólica do texto lacaniano,

— 3. e também a análise do *retorno* lacaniano *a Freud*, que foi uma das revoluções essenciais por que passou o campo psicanalítico francês e internacional, tanto no que diz respeito ao registro teórico-clínico de sua atividade quanto no da organização de suas instituições.

Para além da história do pensamento de Lacan, que em nossa opinião precisa ser escrita sem o recalque das correspondências existentes entre as ciências sociais e o texto lacaniano, isto para ouvir o próprio texto dele, é evidente que essa separação dificulta a elaboração de uma verdadeira antropologia psicanalítica que tenha como questão central lançar luz tanto sobre a clínica do caso quanto sobre a da produção das sociedades e de suas adversidades. Todavia, só essa elaboração finalmente permitirá endossar, não (ou não somente) o conjunto do projeto de Lacan, mas o conjunto do projeto freudiano em seu momento clínico mais intenso e, ainda, em seu momento de elucidação do sintoma social. A essa elaboração também será necessário dedicar-se. Mas antes seria necessário, na própria perspectiva da fundação da antropologia psicanalítica, iniciar nossas pesquisas pela análise de sua arqueologia e, mais precisamente aqui, pela análise do que Lacan deve às ciências sociais, a Durkheim, como vimos em nosso trabalho anterior, e a Lévi-Strauss, como mostramos no presente trabalho.

CONCLUSÃO

Notas

1. Alexandre Kojève (1902-1968). Nascido em Moscou, emigra para a Alemanha e depois para a França. Em 1933, quando estudante na Sorbonne, foi escolhido por Alexandre Koyré para ser suplente dos cursos dele na EHESS. Seu comentário da *Fenomenologia do espírito* suscitou à época em Paris uma forte renovação da leitura de Hegel. G. Bataille, R. Caillois, J. Hyppolite, R. Queneau e J. Lacan estiveram entre seus primeiros ouvintes.

2. Bertrand Ogilvie, *Lacan. La Formation du Concept de Sujet*, Paris, PUF, 1987.

3. *Ibid.*, p. 105-106.

4. Joël Dor, *Introduction à la Lecture de Lacan*, vols. 1 e 2 [Introdução à leitura de Lacan, vols. 1 e 2], 1992, *op. cit.*

5. Philippe Julien, Paris, EPEL, 1985.

6. Erik Porge, *Les Noms du Père chez Jacques Lacan* [Os nomes-do-pai em Jacques Lacan], *op. cit.*

7. Alain Juranville, *Lacan et la Philosophie* [Lacan e a filosofia], Paris, PUF, 1984.

8. Guy Le Gaufey, *Le Lasso Spéculaire*, Paris, EPEL, 1997, p. 225-226.

9. *Ibid.*, p. 225-226.

10. Ver nosso *Lacan et les Sciences Sociales*.

11. Louis Althusser (1918-1990). Referência filosófica e política fundamental, os textos de Althusser exerceram fortíssima influência nos intelectuais franceses comunistas das décadas de 1960-1970, mas não só. Suas pesquisas voltaram-se essencialmente para uma releitura dos textos de Marx, inaugurando um retorno a Marx cujas correspondências com o retorno a Freud de Jacques Lacan são patentes. Professor de filosofia na École Normale Supérieure,

ele foi mestre de jovens normalistas que, em seguida, se engajaram com Lacan, em particular com Jacques-Alain Miller, cuja importância para o desenvolvimento do campo lacaniano no plano nacional e no internacional é considerável. Isentado de culpa no processo em torno do assassinato de sua mulher, Althusser redigiu o texto de sua autobiografia, *L'Avenir Dure Longtemps* [O futuro dura muito tempo], Paris, Stock/IMEC, 1992.

12. *La Nouvelle Critique*, n°s 161-162, dezembro-janeiro de 1964-1965, reproduzido *in* Louis Althusser, *Positions*, Paris, Éditions Sociales, 1976, p. 10-11.

13. Vladimir Lenin, *La Maladie Infantile du Communisme (le "Gauchisme")*, abril-maio de 1920, *in Œuvres Complètes*, vol. III, Moscou, Éditions du Progrès, 1962, p. 411-505.

14. Nota da p. 14 da *Revue de l'Enseignement Philosophique*, junho-julho de 1963, reproduzido *in* "Freud et Lacan", *Positions, op. cit.*, p. 12.

15. *Positions, op. cit.*, p. 18.

16. Jacques Lacan, *Les Quatre Concepts Fondamentaux de la Psychanalyse* [Os quatro conceitos fundamentais da psicanálise], *op. cit.*

17. Donde, como já dissemos, o eterno retorno da tese do declínio do pai como formação mítica com valor de substituição dessa lacuna, preservada por Lacan na análise freudiana da origem da psicanálise.

18. Élisabeth Roudinesco, *Histoire de la Psychanalyse en France*, vol. II, Paris, Le Seuil, p. 386. (No Brasil, *História da psicanálise na França*, Rio de Janeiro, Jorge Zahar Editor, esgotado.)

19. *Ibid.*, p. 388.

20. Guy Le Gaufey afirma, por sua vez, que foi Lucien Febvre que, a pedido de Althusser, permitiu-lhe obter uma sala

CONCLUSÃO

na École Normale Supérieure da rue d'Ulm, no contexto da sexta sessão de Hautes Études. Lucien Febvre é um dos fundadores dos Annales, ao lado de Marc Bloch, e foi diretor do projeto enciclopédico para o qual Lacan redigiu o texto de 1938 "Os complexos familiares", amplamente comentado em nosso trabalho anterior.

Posfácio

A descompletude do mundo

A partir do momento em que identificamos a maneira como o *Nome-do-Pai* participa de uma estabilização da identidade subjetiva através da fecundidade do traço unário – por exemplo, na experiência do espelho –, podemos escrever que o sujeito é uma função do Outro do traço unário, ou ainda, dito de outra maneira, o filho do pai morto. Essa estabilização é clinicamente verificada, pelo fato – como vimos – de que, em caso de degradação do estofo pelo *Nome-do-Pai*, observa-se na psicose a elaboração de uma substituição (o delírio) e, na fobia, uma substituição de aspecto mítico (o cavalo do Pequeno Hans, por exemplo).

Mito e delírio surgem quando a função unária do traço é falha, como também o é, então, a unidade do corpo próprio. Eis por que, no seminário sobre a identificação, Lacan volta ao Pequeno Hans para fazer valer a produção do cavalo como um significante que de fato é uma *defesa contra a captura no mundo da mãe*, mas também um "ponto de amarração de algo em que o sujeito se constitui".[1]

Seja o caso da psicose com o delírio, ou da fobia com o mito e seu significante de exceção (por exemplo, o cavalo), ou ainda da neurose com o "ordinário" do *Nome-do-Pai* (fechando a unicidade de um traço), tudo se dá como se a experiência analítica descobrisse um "ponto de amarração em que o sujeito se constitui", ou um significante de exceção ou, ainda, uma concatenação significante substitutiva como o mito ou o delírio.

Esse significante de exceção se escreve em Freud: o pai morto.

Em Lévi-Strauss, esse significante que permite ao pensamento simbólico se exercer é dotado de um valor zero.

Em Lacan, como vimos, esse significante é o *Nome--do-Pai*.

Lendo Freud com Lévi-Strauss, é fácil, assim, indicar que o pai morto freudiano é a *instituição zero* que permite ao pensamento simbólico dos neuróticos se exercer e a sociedade, funcionar.

Lévi-Strauss serializa os nomes do pai dessas sociedades (os nomes do espírito das coisas), o *mana*, o *orenda* etc.

Lacan – é a nossa tese – acrescenta o *Nome-do-Pai* nos neuróticos monoteístas.

Vemos que, se o *Nome-do-Pai* é um operador que serve de amarração ao sujeito e deve ser sempre substituído em caso de degradação e, mesmo, de ausência, é o caso de concebê-lo "desde sempre", com Lacan, em sua pluralidade léxica.

Mas não queremos deixar nossos leitores na ilusão do psicanalista que produz uma teoria do sujeito do inconsciente que encontra no lugar do Outro, ou no lugar dos *Nomes-do-Pai*, uma sólida amarra da qual esse sujeito extrairia uma identidade fiel a si mesma.

POSFÁCIO

Esse tipo de identidade é a que define os filhos do pai morto, os fiéis do Outro divino, os fiéis do *mana* ou do *orenda*, ou, de maneira geral, os fiéis do espírito das coisas.

A falta no Outro

Lacan não se ilude e logo passa a dar ênfase ao valor de ideal desse Outro (que não existe), assim como ao fato de que existe, portanto, uma falta no lugar do Outro.

Na sua álgebra, essa falta se escreve em 1960: "S(Ⱥ), que se lê: significante de uma falta no Outro"[2] (*E*, 818), e o psicanalista indica, como se o lamentasse: "Já era tempo para que devêssemos aqui situar, no mito freudiano, o pai morto." (*ibid.*)

Para Lacan, portanto, é necessário um novo começo:

> Para nós, partiremos do que a sigla S(Ⱥ) articula, o fato de ser, antes de mais nada, um significante. Nossa definição do significante (não existe outra) é: um significante é o que representa o sujeito para um outro significante. Esse significante será, portanto, o significante para o qual todos os outros representam o sujeito: vale dizer que, à falta desse significante, todos os outros nada representariam. Pois nada é representado senão para.
>
> Ora, na bateria dos significantes, na medida em que ela é, estando por isso mesmo completa, esse significante só pode ser um traço que se delineia no seu círculo sem poder ser incluído nele. (*E*, 819)

O significante de exceção em Lacan é, portanto, menos o do Outro (e do léxico dos *Nomes-do-Pai*) que o da falta no Outro S(A̷), e mesmo o da falta do Outro.

Donde a necessidade do psicanalista – em seu percurso teórico – de retornar a sua filiação lévi-straussiana, para se distinguir em termos que nosso leitor agora está em condições de avaliar corretamente:

> Observemos bem, então, *o que pode se objetar confere a nosso significante S(A̷) o sentido do Mana* [grifo nosso] ou de algum de seus congêneres. É que não podemos nos limitar a articulá-lo com a miséria do fato social, ainda que perseguido até um pretenso fato total.
>
> Sem dúvida, Claude Lévi-Strauss comentando Mauss quis reconhecer aí o efeito de um símbolo zero. Mas é antes do significante da falta desse símbolo zero que nos parece tratar-se em nosso caso. E é por isso que indicamos, ainda correndo o risco de incorrer em algumas desaprovações, até onde pudemos levar o desvio do algoritmo matemático para nosso uso: o símbolo $\sqrt{-1}$, ainda escrito *i* na teoria dos números complexos, só se justifica, naturalmente, se não pretender nenhum automatismo em seu emprego subsequente. (*E*, 821)

A lógica lacaniana é implacável.

É no momento em que se distingue de sua filiação que Lacan a exibe.

Sim, afirma ele em 1960, de fato existe um significante de exceção.

Sim, existe um significante: "Impronunciável, mas não sua operação, pois ela é o que se produz toda vez que um

POSFÁCIO

nome próprio é pronunciado. Seu enunciado se equipara a sua significação" (*E*, 819) – assim como o nome do deus dos hebreus.

Sim, existe um significante sem o qual "todos os outros significantes nada representariam" – como na psicose, quando o significante do *Nome-do-Pai* é foracluído.

Sim, existe um "traço" – como o traço unário, sem o qual a subjetividade fica à deriva e a unidade do corpo próprio, fragmentada.

Sim, de fato existe um significante de exceção que *permite ao pensamento simbólico se exercer*, como já escrevia Lévi-Strauss em 1950.

Mas, a esse significante descoberto pela análise estrutural, Lacan não confere, como o faz Lévi-Strauss, um valor zero, pois para ele não é do pai morto que se trata, assim como tampouco é do *mana* ou de seus congêneres, e sim de sua falta, recoberta pela "falsa janela" do ideal do eu, cuja consistência engendra, no entanto, incontestáveis verdades subjetivas.

Desse modo, esse significante de exceção não deve mais ser situado na categoria dos valores zero, mas na dos valores imaginários identificada pela teoria dos números complexos: $i = \sqrt{-1}$.

Essa teoria é colhida pelo psicanalista na tradição da lógica formal derivada dos algebristas italianos do século XVI, destacando-se, entre eles, Cardano e seus alunos, os quais, ao promoverem a invenção dos números imaginários, forneceram métodos de cálculo que alcançaram resultados verdadeiros ao mesmo tempo que permaneciam "misteriosos".

Desse modo, Lacan pode indicar a maneira como as verdades subjetivas do sujeito do inconsciente – suas identificações – se revelam, ao menos em parte, como funções de um ideal do eu descompletado ou, ainda, de um significante da incompletude do outro $S(\text{Å}) = \sqrt{-1}$, sem o qual o neurótico comum não pode funcionar.

Lacan, crítico de Lévi-Strauss

Ao mesmo tempo que julga ultrapassar Lévi-Strauss – correndo o risco da "desgraça" –, Lacan confirma, para a nossa pesquisa, que existe para ele um risco cuja nuance religiosa é patente, mas também confirma, sobretudo, que as investigações do etnólogo realmente funcionavam para ele – pelo menos até então – como uma espécie de *ponto de basta* sem o qual não se pode compreender seu *retorno a Freud* nem sua teoria do *Nome-do-Pai*, que nada mais é, para começar, senão uma teoria regional (monoteísta) do significante de exceção de Lévi-Strauss.

Em 1960, o psicanalista conserva, naturalmente, o conceito de um significante de exceção, mas ao lhe conferir uma escrita renovada – a escrita do significante de uma falta no Outro –, ele se separa daquele cujas graças saboreava (teóricas, mas não só), não deixando de formular a nuance de angústia acarretada pelo fato de não só significar ao Outro o momento da separação, mas de lhe significar sua falta ou, ainda, de maneira mais geral, aqui, a irredutibilidade da falta no Outro.

POSFÁCIO

O risco de desgraça, sem dúvida, envolve essa retificação subjetiva dele numa aura religiosa, demonstrando a força da transferência que o ligava, até então, a Claude Lévi-Strauss, mas, num gesto que designa a vacuidade do "túmulo de Moisés para Freud, assim como o do Cristo para Hegel" (*E*, 818), ele opta pela exclusão de engodos e hipocrisias que, segundo o Freud de 1937, situam o amor pela verdade no próprio cerne da relação analítica.[3]

A releitura crítica dos textos de Lévi-Strauss pode começar.

Um novo período se abre num universo menos completo (S(A)).

Lacan chegaria, inclusive, a criticar a espécie de materialismo ingênuo que levaria Lévi-Strauss a perceber uma "semelhança" entre a estrutura do pensamento, a do cérebro e, mesmo, a do mundo (*in* Seminário, Livro X: *A angústia*, 1962-1963).[4]

Ele indicaria a seus alunos a maneira como convém reler a troca social a partir da circulação do falo, encarnado pelas mulheres nessa ocasião.[5]

A lua de mel transferencial chega ao fim.

O excomungado sublime

No momento em que, em 1964, é ameaçado de ser "trocado" por seus alunos, para se filiarem à IPA, Lacan – prevenido por Freud – recusa, indignado, o sacrifício totêmico que o grupo de seus alunos – na maioria, médicos católicos – se dispõe a perpetrar contra ele.

LACAN E LÉVI-STRAUSS OU O RETORNO A FREUD

Encontra refúgio na EHESS, pelas graças de Claude Lévi-Strauss, que não lhe faltam nessa ocasião.

E esbraveja contra aqueles que, por serem médicos e católicos, estariam dispostos a se livrar dele:

> A atitude de todos vocês não me surpreende: vocês são quase todos médicos, e não se pode fazer nada com os médicos. Além do mais vocês não são judeus, e não se pode fazer nada com os não judeus. Todos vocês têm problemas com seus pais, e é por esse motivo que agem juntos contra mim. Fiquem sabendo que, no futuro, não voltarei meus golpes contra Lagache e os dois Favez, mas contra todos vocês que se aproveitaram do meu ensino e me traíram. No dia em que os receberem, não tenham dúvida quanto ao braço do qual terão partido. Agora, nada mais temos a nos dizer.[6]

O que, finalmente, pareceria indicar em nossa opinião que, *prevenido por Freud*, Lacan identifica o bando de filhos que avança armado com a ameaça totêmica. Ele vocifera e priva do seu seminário sobre os *Nomes-do-Pai* – inicialmente,[7] não os analistas judeus da Internationale, cuja única *culpa* seria não terem morrido nos campos de extermínio nazistas, mas os psicanalistas católicos que, segundo Lacan, o traíram simplesmente por sua relação com o pai, aos quais indica secamente que ele nada mais tem a dizer.

Nada e, especialmente, não aquilo que gostaria de lhes dizer em seu seminário sobre os *Nomes-do-Pai*, que voltasse a fazer aquele que então se considera uma espécie de excomungado sublime ou, ainda, judeu entre os judeus.

POSFÁCIO

Notas

1. Jacques Lacan, *L'Identification, Séminaire, Livre IX* [A identificação. Seminário, Livro IX] (1961-1962) (inédito).
2. "Subversion du Sujet et Dialectique du Désir dans l'Inconscient Freudien" [*Subversão* do sujeito e dialética do *desejo no inconsciente freudiano*], *in Écrits, op. cit.*, p. 793-827.
3. Sigmund Freud, "Analyse avec Fin et Analyse sans Fin" [Análise terminável e interminável], *in Résultats, idées, problèmes*, II, *op. cit.*, p. 263.
4. "... creio (que) o que abordamos aqui para assinalar essa espécie de progresso constituído pelo uso da razão psicanalítica é algo que vem responder precisamente a essa hiância, na qual mais de um entre vocês, por enquanto, permanecem paralisados, aquela que é mostrada ao longo do seu desenvolvimento por Claude Lévi-Strauss nessa espécie de oposição do que ele chama de razão analítica à razão dialética. [...] O primeiro tempo é: existe o mundo. [...] E digamos que a razão analítica, à qual o discurso de Claude Lévi-Strauss tende a dar primazia, diz respeito a esse mundo tal como é, e lhe atribui, juntamente com essa primazia, uma homogeneidade no fim das contas singular, que é de fato a homogeneidade que choca e perturba os mais lúcidos entre vocês, que não podem deixar de assinalar, de discernir o que isso comporta de retorno ao que se poderia chamar de uma espécie de *materialismo primário* [grifo nosso], na medida em que, no limite desse discurso, o próprio funcionamento da estrutura, da combinatória tão fortemente articulada pelo discurso de Claude Lévi- -Strauss, serviria apenas para aproximar, por exemplo,

da própria estrutura do cérebro, e mesmo da estrutura da matéria, e dele representaria apenas, segundo a forma dita materialista no século XVIII, o semelhante, e nem sequer seu sucedâneo. [...] Ora, a dimensão da cena, sua divisão em relação ao lugar mundano ou não, cósmico ou não, na qual se encontra o espectador está de fato aí para ilustrar a nossos olhos a distinção radical desse lugar no qual as coisas, ainda sendo as coisas do mundo, no qual todas as coisas vêm a ser ditas, a se encenar, segundo as leis do significante, que de modo algum poderíamos considerar homogêneas com as leis do mundo." (L X, sessão de 28 de novembro de 1962)

A crítica de Lacan contra o *materialismo primário* de Lévi-Strauss mobiliza:

1. a descoberta freudiana do inconsciente, pois – segundo ele – ela traz à luz as regras da *Outra cena* que impede de encarar o mundo, e "a cena à qual fazemos o mundo subir" (*ibid.*) numa simples perspectiva de semelhança e,

2. sua própria versão do objeto do desejo ou do objeto *(a)* que, a partir do seminário sobre a identificação, o leva – do ponto de vista do sujeito – a perceber o mundo como *(a)*-cósmico.

Nesse momento, ele *aumenta*, portanto, a defasagem que divide o mundo e sua encenação *freudiana*, com a que resulta da eficácia de um objeto real estruturando a partir do "fora do mundo" a relação (fantasmática) do sujeito (do inconsciente) com o mundo. Com isso, Lacan indica também – no que diz respeito, particularmente, ao modo operatório da interpretação analítica – a insuficiência da teoria da

POSFÁCIO

indução intraestrutural, que Claude Lévi-Strauss postulou desde 1949 no princípio mesmo da eficácia simbólica.

Excomungado no ano seguinte e fora do mundo dos analistas, ele retomaria então (*in Les Quatre Concepts Fondamentaux de la Psychanalyse* [Os quatro conceitos fundamentais da psicanálise]) a crítica do *corpus* que, segundo afirma em 20 de junho de 1962 (L IX, *L'Identification* [A identificação]), forja "a alma do ano de 1962" e que tem a ver com a publicação nesse ano, pela pena de Claude Lévi-Strauss, de *Le Totémisme Aujourd'hui* (PUF) [*O totemismo hoje*] e *La Pensée Sauvage* (Plon) [O pensamento selvagem].

5. A encenação do mundo se realiza sob o primado das leis do significante, que conferem seu regime – como vimos – ao registro imaginário da identificação especular.

"Esse investimento da imagem especular é um tempo fundamental da relação imaginária, fundamental na medida em que existe um limite, a saber, que nem todo investimento libidinal passa pela imagem especular. Existe um resto [...] o falo.

"Isto quer dizer que [...] em tudo que seja identificação imaginária, o falo virá sob a forma de uma falta, de um $-\varphi$ [...]. O falo é cortado da imagem especular [...].

"O que constitui a angústia é quando alguma coisa, um mecanismo, faz aparecer [...] no lugar do objeto do desejo alguma coisa, qualquer coisa... o $-\varphi$..." (*L'Angoisse*, sessão de 28 de novembro de 1962).

Existe, portanto, um sistema de troca social cujas condições de funcionamento implicam que a circulação do objeto do desejo $-\varphi$ seja mascarada por um equivalente especular (as mulheres).

LACAN E LÉVI-STRAUSS OU O RETORNO A FREUD

O falo "... encarna a função mais alienante do sujeito na própria troca, na troca social. Nela, o sujeito corre, reduzido a ser portador do falo. É o que resta, a castração necessária a uma sexualidade socializada na qual sem dúvida existem, como observou Lévi-Strauss, proibições, mas também, e antes de mais nada, preferências. É o verdadeiro segredo, a verdade daquilo que Claude Lévi-Strauss faz girar na estrutura em torno da troca das mulheres. Sob a troca das mulheres, os falos vão atendê-las. Não se deve ver que é ele, o falo, que está em causa. Se for visto, angústia [...]. Nesse campo, existem dois tipos de objetos: os que podem ser compartilhados, e os que não podem [...]. O falo [...] seus equivalentes [...] o cíbalo, o mamilo [...] quando entram em liberdade reconhecível nesse campo onde não devem estar, o campo da partilha, [...] a angústia nos indica a particularidade de seu estatuto.

"Esses objetos anteriores à constituição do objeto comum, do objeto comunicável, do objeto socializado, é disso que se trata no *(a)*" (*ibid*., sessão de 9 de janeiro de 1963).

A invenção do objeto *(a)* (sua "descoberta") separa, então, radicalmente Lacan de Lévi-Strauss, pois ele agora vê o etnólogo como aquele que analisa a encenação de um universo ao qual não falta nada; ao passo que ele enfrenta e, portanto, percebe a descompletude do universo, assim como a parte do real (do corpo) que habitualmente não entra no teatro do mundo, exceto quando é importada como causa da angústia.

6. Declarações de J. Lacan a D. Widlöcher, reproduzidas por E. Roudinesco *in Jacques Lacan*, Paris, Fayard, 1993, p. 337-338.

POSFÁCIO

7. Como adianta E. Porge, concluindo "que as 'pessoas' que Lacan designa como o tendo impedido de falar do Nome--do-pai são os analistas judeus da IPA que escaparam aos campos de concentração" (*in Les Nom du Père chez Jacques Lacan*, [Os Nomes-do-Pai em Jacques Lacan] *op. cit.*, p. 130).

Bibliografia

Althusser, Louis, "Freud et Lacan", *La Nouvelle Critique*, n°s 161-162, dezembro-janeiro de 1964-1965, reproduzido *in Positions*, Paris, Éditions Sociales, 1976.

_____ . *Écrits sur la Psychanalyse*, Paris, Stock/IMEC, 1993.

_____ . *L'Avenir dure Longtemps*, Paris, Stock/IMEC, 1992.

Assoun, Paul-Laurent Zafiropoulos M. (orgs.), *Les Solutions Sociales de l'Inconscient*, Paris, Anthropos/Economica, 2001.

Assoun, Paul-Laurent. *Lacan*, Paris, PUF, "Que Sais-Je?", 2003.

_____ . *Leçons Psychanalytiques sur les Phobies*, Paris, Anthropos/Economica, 2000.

Chemama, Roland e Vandermersch, Bernard (orgs.), *Dictionnaire de la Psychanalyse*, Paris, Larousse, 1998.

De Saussure, Ferdinand, *Cours de Linguistique Générale*, Paris, Payot, 1916.

Delrieu, Alain, *Lévi-Strauss Lecteur de Freud*, Paris, Anthropos/Economica, 1999.

_____ . *Sigmund Freud. Index Thématique*, 2ª edição ampliada, 1.568 páginas, Paris, Anthropos/Economica, 2001.

Désvaux, Emmanuel, *Quadratura americana*, Genebra, Éd. Georg, 2001.

Dor, Joël, *Introduction à la Lecture de Lan*, vols. 1 e 2, Paris, Denoël, 1985 e 1992.

Freud, Anna, *Le Moi et les Mécanismes de Défense* (1946), Paris, PUF, 2001.

Freud, Sigmund, "Fragment d'une Analyse d'Hystérie (Dora)", *in Cinq Psychanalyses*, Paris, PUF, 1954.

_____ . "L'Analyse avec Fin et l'Analyse sans Fin" (1937), *in Résultats, idées, problèmes* (1921-1938), Paris, PUF, 1987.

_____ · "L'Homme aux Rats", *in Cinq Psychanalyses.*

_____ · "Le Président Schreber", *in Cinq Psychanalyses.*

_____ · "Lettre à Wilhelm Fliess", n° 52 de 16 de dezembro de 1896, *La Naissance de la Psychanalyse*, Paris, PUF, 1973.

_____ · *Abrégé de Psychanalyse* (1938), Paris, PU 1985.

Freud, Sigmund, Breuer J., *Études sur l'Hystérie* (1895), Paris, PUF, 1956.

_____ · *Die Verneinung* (1925), republicado sob o título "*La Négation*", *in* Sigmund Freud, *Œuvres Complètes*, t. 17, Paris, PUF, 1992.

_____ · *L'Avenir d'une Illusion* (1927), Paris, PUF, 1973.

_____ · *L'Interprétation des Rêves* (1926), Paris, PUF, 1967.

_____ · *La Technique Psychanalytique* (1904-1919), Paris, PUF, 1953.

_____ · *Malaise dans la Civilisation* (1930), Pari PUF, 1971.

_____ · *Métapsychologie* (1915), Paris, Gallimard, 1977.

_____ · *Totem et Tabou* (1912-1913), Paris, PUF, 1998.

Furet, François, *Le Passé d'une Illusion*, Paris, Robert Laffont / Calmann Lévy, 1995.

Griaul Marcel, *Le Mythe Cosmogonique (la Création du Monde Selon les Dogons)*, Paris, 1965.

Hegel, G. W. F., *La Phénoménologie de l'Esprit*, Paris, Montaigne, 1941.

Jakobson, R., "Aspects Linguistiques de la Traduction" (1959), *in Essais de Linguistiques Générale*, Paris, Minuit, 1963.

Julien, Philippe, *Le Retour à Freud de Jacques Lacan*, Paris, EPEL, 1985.

Juranville, Alain, *Lacan et la Philosophie*, Paris, PUF, 1984.

Klein, Melanie, *Essais de Psychanalyse*, 1921-1945, Paris, Payot, 1968.

Kojève, Alexandre, *Introduction à la Lecture de Hegel*, Paris, Gallimard, 1968.

BIBLIOGRAFIA

Kripke, Saul, *La Logique des Noms Propres*, Paris, Minuit, 1980.

Lacan, Jacques, "Fonction et Champ de la Parole et du Langage en Psychanalyse", Discurso do Congresso de Roma realizado no Istituto di Psicologica della Università di Roma em 26 e 27 de setembro de 1953, *in Écrits*, Paris, Le Seuil, 1966.

————. "Intervention sur le Transfert" pronunciada no Congrès des Psychanalystes de Langues Romanes de 1951 – *La Revue Française de Psychanalyse*, t. XVI, n°s 1-2, janeiro--junho de 1952, *in Écrits*, Paris, Le Seuil, 1966.

————. "Introduction Théorique aux Fonctions de la Psychanalyse en Criminologie", *in Écrits*, Paris, Le Seuil, 1966.

————. "La Proposition du 9 octobre 1967 sur le Psychanalyste de l'École", *in Autres Écrits*, Paris, Le Seuil, 2002.

————. "Le Stade du Miroir comme Formateur de la Fonction du Je" (1936, 1949), *in Écrits*, Paris, Le Seuil, 1966.

————. "Lettre à Rudolph Loewestein du 14 juillet 1953", *in La Scission de 1953*, suplemento ao n° 7 de *Ornicar?*

————. "Situation de la Psychalyse et Formation du Psychanalyste en 1956", *in Écrits*, Paris, Le Seuil, 1966.

————. "Subversion du Sujet et Alectique du Désir dans l'Inconscient Freudien", *Écrits*, Paris, Le Sil, 1966.

————. *Le Mythe Individuel du Névrosé*, 1953, *Ornicar?*, n°s 17-18, Paris, Lyse, 1979.

————. *Les Complexes Familiaux* (1938), Paris, Navarin, 1984.

————. *Letters de l'EFP*, 16, 1975, p. 177 a 203.

————. Séminaire, Livre I, *Les Écrits Techniques de Freud* (1953-1954), Paris, Le Seuil, 1975.

————. Séminaire, Livre II, *Le Moi dans la Théorie de Freud et Dans la Technique de la Psychanalyse* (1954-1955), Paris, Le Seuil, 1978.

_____·Séminaire, Livre III, *Les Psychoses* (1954-1955), Paris, Le Seuil, 1981.

_____·Séminaire, Livre IV, *La Relation d'Objet* (1956-1957), Paris, Le Seuil, 1994.

_____· Séminaire, Livre IX, *L'Identification* (1961-1962), inédito.

_____·Séminaire, Livre VIII, *Le Transfert* (1960-1961), Paris, Le Seuil, 2001.

_____· Séminaire, Livre X, *L'Angoisse* (1962-1963), Paris, Le Sevil, 2004.

_____·Séminaire, Livre XI, *Les Quatre Concepts Fondamentaux de la Psychanalyse* (1963-1964), Paris, Le Seuil, 1973.

Laplanche, Jean e Pontalis Jean-Baptiste, *Vocabulaire de la Psychanalyse*, Paris, PUF, 1967.

Le Gaufey, Guy, *Le Lasso Imaginaire*, Paris, EPEL, 1997.

Leenhardt, Maurice, *Do Kamo*, Paris, Gallimard, 1947.

Lemaire, Anika, *Jacques Lacan*, Bruxelas, Pierre Mardaga, 1977.

Lévi-Strauss, Claude, "L'Efficacité Symbolique", *Revue de l'Histoire des Religions* (janeiro-março de 1949), t. 135, n° 1, p. 5-27. Retomado *in* Lévi-Strauss, *Anthropologie Structurale*, vol. I, Paris, Plon, 1958 e 1974.

_____· "La Structure des Mythes", *in Journal of American Folklore*, outubro/dezembro de 1955, retomado *in Anthropologie Structurale*, vol. 1.

_____· "Language and the Analysis of Social Laws", *American Anthropologist*, vol. 53, n° 2, abril-junho de 1951, p. 155-163, *in Anthropologie Sociale*, vol. 1.

_____· "Les Structures Sociales dans le Brésil Central et Oriental" (1952), *in Anthropologie sociale*, vol. 1.

_____· "Sur les Rapports entre la Mythologie et le Rituel", *Bulletin de la Société Française de Philosophie*, t. XLVIII, 1956.

BIBLIOGRAFIA

_____ · Introduction à l'Œuvre de Marcel Mauss, *Sociologie et Anthropologie*, Paris, PUF, 1950.

_____ · *Les Structures Élémentaires de la Parenté* (1947), Haia, Mouton, 1967.

_____ · *Tristes Tropiques*, Paris, Plon, 1955, Pocket, 2001.

London, Arthur, *L'Aveu*, Paris, Gallimard, 1968.

Mauss, Marcel, "Essai sur le Don", *in Sociologie et Anthropologie*, Paris, PUF, 1950.

Ogilvie, Bertrand, *Lacan le Sujet*, Paris, PUF, 1987.

Porge, Erik, *Les Noms du Père chez Jacques Lacan*, Paris, Érès, 1997.

Reich, Annie, *International Journal of Psycho-Analysis*, n° 1, 1951.

Roudinesco, Élisabeth, *Histoire de la Psychanalyse en France*, vol. I, Paris, Ramsay, 1982.

_____ · *Histoire de la Psychanalyse en France*, vol. II, Paris, Le Seuil, 1986.

_____ · *Jacques Lacan*, Paris, Fayard, 1993.

Scubla, Lucien, *Lire Lévi-Strauss*, Paris, Odile Jacob, 1998.

Todorov, Tzevan, *Devoirs et Délices: une Vie de Passeur*, Paris, Le Seuil, 2002.

Vanier, Alain, *Lacan*, Paris, Les Belles Lettres, 2000.

Vernant, Jean-Pierre, *Mythe et Société en Grèce Ancienne*, Paris, La Découverte, 1974.

Zafiropoulos, Markos, *Lacan et les Sciences Sociales (le Déclin du Père: 1938-1953)*, Paris, PUF, 2001.

_____ · *Tristesse dans la Modernité*, Paris, Anthropos, 1996

O texto deste livro foi composto em Sabon LT Std,
desenho tipográfico de Jan Tschichold de 1964
baseado nos estudos de Claude Garamond e
Jacques Sabon no século XVI, em corpo 11/15.
Para títulos e destaques, foi utilizada a tipografia
Frutiger LT Std, desenhada por Adrian Frutiger em 1975.

A impressão se deu sobre papel off-white pelo Sistema Digital
Instant Duplex da Divisão Gráfica da Distribuidora Record.